dedicated to

Robert '*Buffalo Bobby*' Yerike
GA – ME '03/'07/'11
who made a difference to so many hikers' experience of the AT
with his absolute kindness towards everybody

Manuela Pinggèra

Fünf Millionen Schritte
vierzehn Bundesstaaten
ein Weg:

Der Appalachian Trail

Teil II

Bibliographische Information Der Deutschen Bibliothek:
Die Deutsche Bibliothek verzeichnet diese Publikation in
der Deutschen Nationalbiographie;
detaillierte bibliographische Daten sind im Internet über
<http://dnb.ddb.de> abrufbar.

Originalausgabe Februar 2017
© 2017 – Manuela Pinggèra
Umschlaggestaltung, Layout und Satz: Manuela Pinggèra
Photos und Grafiken, wenn nicht anders angegeben, stammen aus der Hand der Autorin
Umschlagphotos: *Mooselookmeguntic Lake* und Aussicht von *Bemis Mountain*, Maine
Herstellung und Verlag: BoD – Books on Demand GmbH, Norderstedt
Printed in Germany

ISBN 9-783-743-12469-1

Inhalt

Vorwort	7
Danksagung	11
Übersichtskarte	12
Der AT Bundesstaat für Bundesstaat	15
01 – Georgia (GA) – erster oder letzter Trailstaat	19
02 – North Carolina (NC), North Carolina/Tennessee, Tennessee (TN)	29
03 – Virginia (VA)	61
blue blaze: Der dritte 'Mann' in der Hütte ...	82
04 – West Virginia (WVA)	109
05 – Maryland (MD)	117
06 – Pennsylvania (PA)	127
07 – New Jersey (NJ)	153
blue blaze: Schöner Austreten auf dem AT	164
08 – New York (NY)	167
09 – Connecticut (CT)	183
10 – Massachusetts (MA)	193
11 – Vermont (VT)	209
12 – New Hampshire (NH)	225
13 – Maine (ME)	257
Epilog	295
Anhang	
I: Bibliographie, Dvds, Internet	303
II: Thru-hiker Corner – *Hiker box*	307
III: Trailjargon und Glossar	324

Vorwort

Dieses Buch hätte es gar nicht mehr geben sollen.
Es war zwar schon längst als Buchprojekt geplant, bevor ich das erste Mal auf den Appalachian Trail kam, doch hinterher wollte das Ganze einfach nicht klappen – da war nichts zu machen; ich fand keinen rechten Einstieg ins Thema, von dem aus das Ganze entwickelt werden sollte. Ein erstes Manuskript brach ich mittendrin ab, weil es nicht das war, was ich mir vorgestellt hatte. Es war wie verhext.
Da wandert man zwei Mal einen Weitwanderweg, zu dem es reichlich zu berichten gäbe – allein, es will einfach nicht funktionieren.
Es sollte keine Tag für Tag Nacherzählung meiner kompletten Wanderungen werden. Erstens gibt es solche Berichte auf dem amerikanischen Buchmarkt zuhauf, zum anderen aber werden diese Berichte schnell etwas eintönig, denn auch auf dem Appalachian Trail erlebt man nicht pausenlos Abenteuer oder hat aufregende Erlebnisse anderer Art.
Dieses fruchtlose Hin- und Her an angestrengtem Überlegen, ein brauchbares Konzept zu finden, mit der Ratlosigkeit darüber, was daran denn nur so kompliziert sein konnte, dauerte gut drei Jahre, bis ich beschloss, unter das Projekt endgültig einen Schlussstrich zu ziehen. Das Vorhaben war für mich also abgehakt.

Im vergangenen Jahr hatte ich ein Klassentreffen mit Klassenkameraden aus meiner Münchner Realschulzeit, zu dem auch einige Lehrkräfte gekommen waren, die uns damals unterrichtet haben. Der Abend verlief sehr erfreulich, mit allerlei Spaß und Unterhaltung; man tauschte sich über dieses und jenes aus – auch der Appalachian Trail war hier und da Thema, wobei es mehr um die grundsätzlichen Informationsaspekte zum Trail ging, als um Einzelheiten meiner beiden Komplettwanderungen (Thru-hikes). Insgesamt war es ein sehr schöner Abend, von dem ich zufrieden nachhause fuhr.
Am Tag darauf wache ich auf, und als sei irgendwo unbemerkt ein Schalter umgelegt worden, stand mir mit einem Mal klar vor Augen, wie dieses Buch zu schreiben sei.

Warum nun zwei Bücher?
Nachdem das Manuskript fertig war, kamen knapp 260 DIN A 4 Seiten reiner Text zusammen, in die noch zahlreiche Photos und Grafiken eingefügt werden sollten, außerdem standen Satz

und Gestaltung des gesamten Buchblocks bevor, damit das Endprodukt lesbar wird.
Es sollte auf keinen Fall ein unhandlicher Wälzer am Ende dabei herauskommen, der womöglich nach kürzester Zeit im Buchrücken auseinanderfällt. Das macht keinem Leser Freude.
Daher gibt es nun einen eher allgemein gehaltenen ersten Teil zu vielerlei Aspekten des Trails mit einigen persönlichen Erfahrungsberichten zwischendrin und als Folgetitel einen zweiten Teil, der dem Verlauf des Appalachian Trails in klassischer Süd-Nordrichtung Bundesstaat für Bundesstaat von Georgia nach Maine folgt, mit gelegentlichen Einschüben aus meiner Erfahrung als Northbounder und als Southbounder.
Beide Buchteile enthalten die vollständigen Anhänge, denn sie 'funktionieren' auch als eigenständige Bücher.

Die folgenden Kapitel beider Bücher enthalten oftmals englischsprachige Ausdrücke, die ich bewusst und auch wiederholt verwendet habe. Dabei handelt es sich um spezifisches Vokabular, das für den Trail typisch ist, weil es aus dem dort gebräuchlichen Jargon stammt.
Es hat hier einfach keinen Sinn, diesen Spezialwortschatz krampfhaft ins Deutsche zu übersetzen, nicht nur, weil es sich mitunter dämlich anhört, aber auch deshalb, weil diejenigen Leser, die daran interessiert sind den Appalachian Trail selbst zu wandern, den Trail-Jargon im Originallaut kennen sollten.
Auch Pflanzen und Tiere werden öfter im englischen Wortlaut genannt, denn kein Mensch wird einem in den Appalachen begegnen, der Flora und Fauna auf Deutsch benennt, einmal abgesehen davon, dass es um ortstypische Tiere und Pflanzen geht, die ich noch nie in Deutschland gesehen habe, um einmal eine Auswahl zu nennen: Blacksnakes, Gartersnakes, Spotted Newts, Mayapples, Trillium, Crested Trillium, Bottle Gentian, Mountainlaurel, Springbeauties, Virginia Creepers, Poison Ivy …

Keines der beiden Bücher hat den Anspruch, einen Wanderführer zu ersetzen – so möchten auch insbesondere Informationen, die ich im Text zu Hostels oder Serviceleistungen entlang des Trails gebe, als individueller Erfahrungsberichtsteil verstanden werden. Ob es eine Einrichtung/Serviceleistung aktuell noch entlang des Trails gibt, muss anhand der neuesten Ausgaben offizieller Handbücher zum Appalachian Trail geprüft werden.
Was die beiden Bücher ebenso nicht bedienen möchten, ist das zurzeit populäre Genre: große Wanderung plus Nabelinnenschau mit womöglicher Selbstfindungsgeschichte.

Eine Weitwanderung ist per se keine Pilgerreise, bei der neben den religiösen Aspekten eine Selbstreflexion durchaus Motivation und Thema sein kann. Zum anderen muss eine Weitwanderung auch nicht zwingend zu einem Selbstfindungstrip werden, um lohnenswert zu sein und die Berechtigung zu erhalten, erzählt zu werden.

Es gibt tatsächlich recht viele Leute, die sich auf einem Weitwanderweg einfinden, einfach, weil sie diesen Wanderweg laufen und die Landschaft mit Drum und Dran erleben wollen, ohne, dass sie unterwegs irgendwelche Baustellen mit sich selbst und ihrem Leben aufzuarbeiten hätten oder nach innerer Wandlung suchten.

Außerdem ist Weitstreckenwandern so, wie man es mit zeitlich begrenztem Visum als Nicht-US-Bürger in den USA zwangsläufig betreiben muss, wenn einer der großen Trails in Gesamtstrecke das Ziel ist, ein körperlich anstrengendes und eher athletisches Unterfangen, bei dem man einfach gar nicht die nötige Muße, geschweige denn Kraft zu einer Selbstreflexion mit möglicher Katharsis hat.

Es gilt, monatelang im Schnitt 10 bis 13 Stunden pro Tag anstrengende Etappen mit Tourenrucksack durch die Berge zu wandern, dabei ein Zeitfenster zu beachten – da ist man nicht mehr imstande, sich auf bahnbrechende innere Wandlungen zu konzentrieren, von denen hinterher groß berichtet werden kann.

Während der Wanderung werden täglich noch viele Photos gemacht, dazu Notizen zu Wetter, Temperatur und diversen Örtlichkeiten, außerdem zu Anekdoten mit anderen Wandernden, Erfahrungen mit Wildtieren und dergleichen mehr.

Obwohl ich eine leidenschaftliche Leseratte bin, war ich nach einem Wandertag nicht mehr in der Lage, mich im Camp entspannt auf ein Buch zu konzentrieren. Die kurzen Einträge in Shelterlogs waren das Maximum.

Ein Buch, das ich noch anfangs bei meiner ersten Wanderung auf dem Appalachian Trail dabeihatte, weil ich dachte, abends im Schlafsack Lesestoff zu benötigen, habe ich bis Hiawassee ungelesen mitgetragen, wo ich es dann aus dem Rucksack entfernte, denn ich war schlichtweg zu müde, um mich geistig noch einem Buch widmen zu können.

Es war *A Tramp abroad* von Mark Twain, was an sich sehr unterhaltsame und angenehm zu lesende Lektüre ist. Wenn man sich nach einer Tagesetappe Wandern nicht einmal mehr auf Mark Twain konzentrieren kann, dann dürfte zur Gesamtverfassung am Ende eines Trekkingtages alles gesagt sein.

Diejenigen Erfahrungsberichte, die Selbstfindungsthematiken behandeln, sind von Personen, die genügend Zeit hatten, ihren Trip, wenn auch mit Anfangsschwierigkeiten aber dennoch,

mit relativer Muße zu bewerkstelligen; die keinen US-Long-Distance-Trail in einer Saison komplett gewandert sind und auch keine Visumsbeschränkungen für die gesamte Wanderung zu beachten hatten, sondern so unterwegs waren, dass es nicht wirklich eine Rolle spielte, wann man irgendwo ankam.
Das sind gänzlich andere Voraussetzungen.

Mit einer Ausnahme, von der im Buch (Teil I) noch die Rede sein wird, habe ich auf dem Appalachian Trail tatsächlich in englisch geflucht, geschimpft und auch das reiche Sortiment amerikanischer Kraftausdrücke ausgiebig genutzt.
Man ist knapp sechs Monate in Amerika, spricht von früh bis spät englisch, liest englische Texte, schreibt Kommentare auf englisch in die Logbücher der Campstellen; das Deutsche wird zwangsläufig zur Nebensache – sogar auf so krasse Weise, dass ich, als mich ein Amerikaner fragte, was 'blanket' auf deutsch hieße, und gemeint war in dem Zusammenhang nicht die Wolldecke, sondern die Bettdecke, erst einmal völlig perplex war, weil mir das Wort Bettdecke nicht einfallen wollte, also sagte ich ihm, das sei ein Federbett ...
Wenig hilfreich war, dass mir in dem Augenblick auch noch die bekannte Wilhelm-Busch-Illustration aus *Max und Moritz* vor dem geistigen Auge schwebte, in der die Spitzbuben die Tüte Maikäfer unter das aufgeplusterte Plumeau kippen.

In der Hoffnung, dass der Mann sich das nicht gemerkt hat und nun denkt, Bettdecke hieße grundsätzlich Federbett im Deutschen,
verbleibe ich mit einem *Happy Trails!*

Mittenwald, im Februar 2017

   Alpine Strider GA – ME '07
          ME – GA '08

Herzlichen Dank - Thank y'all, folks!

Wie schon eingangs berichtet, ist es einem inspirierenden Klassentreffen mit Lehrern und Mitschülern aus meiner Münchner Realschulzeit zu verdanken, dass Tags darauf die ersten Seiten zu diesem Buchprojekt entstanden, das ich längst schon gar nicht mehr verwirklichen wollte. Daher gilt mein besonderer Dank *meinen Klassenkameradinnen und -kameraden aus der Klasse 8 bis 10g der Städtischen Wilhelm-Busch-Realschule in München und den Lehrkräften,* die uns in dieser Zeit unterrichtet haben, von denen auch einige an diesem sehr netten Abend zugegen sein konnten, für den zündenden Input, wie auch immer das geschehen sein mag – *you guys simply are the "bestest" ever!*

Ein ganz dickes Vergelt's Gott geht an *Eugen Bauer,* einem sehr lieben Nachbarn, der sich noch vor etwas über einem Jahr so rührend Mühe gegeben hatte, helfend darüber nachzusinnen, wie ich das Buchprojekt vielleicht doch noch anpacken könnte – *Herr Bauer, jetzt ist es also doch noch vollbracht!*

Im selben Maße möchte ich mich bei meiner ehemaligen Tiroler Nachbarin *Maria* vom Raineck bedanken, die mich unermüdlich anstupste, wenn sie mich im Ort traf, was denn das Buch mache – *Maria, Dein unerschütterlicher Glaube an dieses Projekt, das ich schon längst zu Grabe getragen hatte, hat sich letztlich eben doch ausgezahlt: Do isches!*

Laurie Potteiger from the ever helpful and nice staff of the *Appalachian Trail Conservancy* Headquarters at Harpers Ferry deserves an extra big Thanks a bunch for providing me with the latest updates on the Trail and helping me kindly in obtaining copyright permission for photos I needed very badly in my history chapter on the AT – *this book would not be the same without your great help, Laurie! Thank You so very much and a heartfelt Happy Trails to y'all in Harpers Ferry!*

Last but not least hat mich auch mein Ehemann *Detlef* tatkräftig unterstützt, indem er praktisch die gesamte Heimzentrale am Laufen hielt, als ich nach der überraschenden Wende mit diesem Buchprojekt aus drängender Zeitnot von der Computertastatur nicht mehr wegkam und vollkommen in einer parallel laufenden Trailwelt abtauchte – *vielen, vielen Dank für Deine große Hilfe und Dein Verständnis!*

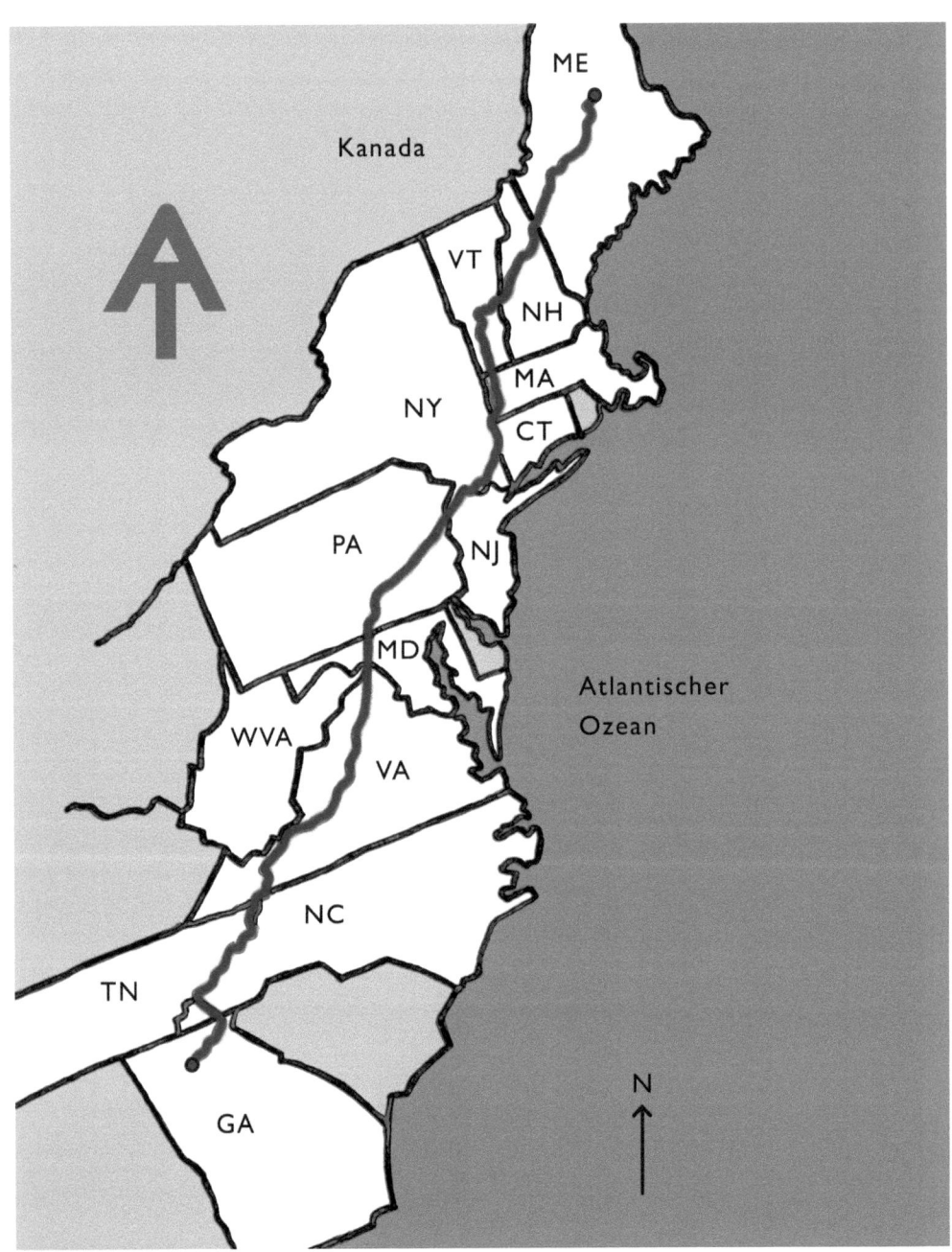

Remote for detachment,
 narrow for chosen company
winding for leisure,
 lonely for contemplation,
the Appalachian Trail beckons
 not merely north and south,
but upward to the body,
 mind and soul of man.

Harold Allen, 1936

[Fern (genug) um sich abzunabeln,
(und doch) nah für gewünschte Gesellschaft
windet er sich zum freien Zeitvertreib,
(und) abgeschieden zur Besinnung;
der Appalachian Trail führt
nicht nur nord- und südwärts,
aber auch hinein in Körper,
Geist und Seele des Menschen.]

oben: Roan Highlands, North Carolina/Tennessee; unten: Appalachen in North Carolina – beide September 2008

Der AT Bundesstaat für Bundesstaat

Das Gebirge, durch das der *Appalachian National Scenic Trail* zwischen Springer Mountain in Georgia und Mount* Katahdin in Maine führt, sind die Appalachen. Sie erstrecken sich vom Bundesstaat Alabama im Süden der USA bis hinunter nach Neufundland in Kanada. Erdzeitgeschichtlich betrachtet eines der ältesten Gebirge, waren sie einst noch gewaltiger als der Himalaya, doch beständige Erosion hat die Appalachen im Lauf der Jahrmillionen zu einem dicht bewaldeten Mittelgebirge mit steilen, lang auslaufenden Bergrücken geformt.
Die höchstgelegene Etappe des Trails verläuft durch den Great Smoky Mountains Nationalpark in North Carolina/Tennessee, wo auf Clingman's Dome mit 2.025 Metern der höchste Punkt des AT erreicht wird; seine tiefstgelegene Stelle ist die Bear Mountain Bridge am Hudson River, mit 38 Metern über Meereshöhe.

Die südlichen Appalachen werden typischerweise mit zwei Dingen verbunden: *Moonshine* und *Bluegrass*.
Moonshine ist die traditionelle Bezeichnung für illegal gebrauten Schnaps, der in unzähligen, heimlich betriebenen Distillerien des Nachts hergestellt wurde und seit jeher für Konflikte mit den Gesetzeshütern sorgte.
Allein während der Prohibition konnten die Schmuggelwaren aus Kanada, der Karibik und Mexiko den Bedarf an illegalem Alkohol in der US-Bevölkerung gar nicht decken – ein Großteil des Alkohols kam aus den Appalachen, wo eben nachts die Distillerien arbeiteten und deren Rauchfahnen in dem blauen Dunst, der diesen Bergen von Natur aus eigen ist, mehr oder weniger gut kaschiert wurden.
Während der dreizehn Jahre, in denen der Volstead Act galt, kam es bis in die entlegensten Berggegenden der Appalachen immer wieder zu wilden Schießereien zwischen Ordnungshütern, die per Gesetz diese Distillerien aufspüren und ausheben sollten und den Schmugglern oder Distillerie-Betreibern, die sich ihr florierendes Geschäft natürlich nicht kaputt machen lassen wollten.
Wenn also in den Appalachen von *Moonshine* die Rede ist, muss nicht unbedingt der Mond damit gemeint sein.

Bluegrass ist eine sehr stark mit den Appalachen verwurzelte Musikrichtung, die sich in den frühen dreißiger Jahren des letzten Jahrhunderts von Tennessee und Kentucky ausgehend entwickelt hat.

|* *Mount* Kathadin versus Kathadin: Sprachlich korrekt wäre *Kathadin* alleine, weil der Name aus der Sprache der Abenaki Indianer stammend bereits 'der größte Berg' bedeutet, womit das vorangestellte *Mount* redundant wird. Ich habe mich dennoch dazu entschieden von *Mount Kathadin* zu sprechen, weil kaum jemand mit dem Abenakischen so vertraut sein dürfte, um hier ständig den Berg doppelt genannt zu verstehen.

Elemente des Folk, aber auch Gospel und Blues bilden die Grundlage dieser amerikanischen Volksmusikrichtung, die zur Countrymusic gehört. Bluegrass gibt es rein instrumental oder mit Gesang, wobei als typische Instrumente Banjo, Fiddle, Gitarre, Dobro, Kontrabass und Mandoline gespielt werden.
Ist man in Amerika unterwegs, kommt man sowieso nicht umhin, viel Countrymusic zu hören. Für die Gegenden in und um die Appalachen bedeutet das *Bluegrass*, der dort nach wie vor sehr populär ist und gepflegt wird.

Ebenso mit den Appalachen verbunden ist eine Bevölkerungsgruppe, die bezüglich ihrer Herkunft große Rätsel aufgibt. Diese Menschen sind zum Teil europäischer Abstammung, aber sie lebten bereits in den Appalachen, bevor die englischen Siedler der Mayflower erfolgreich in Nordamerika Fuß fassten – soviel gilt als gesichert.
In Berggebieten der Bundesstaaten Tennessee, den beiden Carolinas und Virginias bis Kentucky verbreitet, wurden diese Menschen in Berichten englischer und französischer Auskundschafter erstmals im Jahre 1654 beschrieben, als sich die europäischen Erkundungstrupps im Südosten des heutigen Tennessee mit einem Mal einheimischen Bewohnern gegenüber sahen, die unverkennbar europäische Gesichtszüge hatten mit blauen oder braunen Augen, aber dunkelhäutig waren und gebrochenes Englisch der Elisabethanischen Zeit sprachen. Sie bezeichneten sich als *Portyghee* (Portugiesen), lebten in einfachen Holzhütten, bestellten das Land und schmolzen Silber aus dem Gestein der Berge. Ihre religiöse Gesinnung war christlich geprägt.

Im Verlauf der Jahrzehnte nach den Erstkontakten wurden diese Einheimischen bei den Siedlern als *Melungeons* (Mischlinge) bekannt, bei denen sich von der äußeren Erscheinung her drei ethnische Abstammungslinien zeigten: diejenige der Indianerstämme der Gegend, eine schwarzafrikanische und eine europäische Linie.
Als sie von den britischen Siedlern gegen Ende des achtzehnten Jahrhunderts als *free persons of color* klassifiziert wurden, war das der Auftakt zu Diskriminierung in großem Maße:
Man grenzte sie vollkommen aus der Gemeinschaft aus, und ihnen wurden sämtliche bürgerlichen Rechte verwehrt. Sie mussten sich von ihrem Land vertreiben lassen, und das nicht selten mit roher Gewalt, in immer entlegenere und unwirtlichere Gegenden der Berge, wo sie in bitterer Armut um ihr Überleben kämpften. Manche Melungeonfamilien hatten Glück, in der Nähe von Nachbarn zu leben, die ihr immenses Wissen um die Böden für die Landwirtschaft schätzten und sie auf ihren Farmen bleiben ließen, andere dagegen mussten aus purer Not auch mit kriminellen Geschäften wie Moonshining, Wilderei oder Raubzügen in der Gegend versuchen, ihren Lebensunterhalt zu sichern.

Bis ins zwanzigste Jahrhundert hinein galt es als ein schier unüberbrückbarer Makel, ein Melungeon zu sein oder von einem Melungeon abzustammen. Wer aus dem Elend ausbrechen wollte, musste weit weg in einen anderen Bundesstaat ziehen und Stillschweigen bewahren über die eigene Herkunft.

"*The census of 1795 listed 300 'free persons' in the mountains of east Tennessee. These apparently were the Melungeons. Whence they came nobody knows. Their origin is as much lost in the recesses of history as their present status is hidden behind the closed-mouth secrecy of Hancock County today. One thing seems certain - they were part Indian. Another seems apparent - they are disappearing the same way they appeared: by marrying others than their own.*" ~ Bill Rawlins, im *Knoxville News-Sentinel* vom 10. Oktober 1958

["Die Volkszählung von 1795 verzeichnete 300 'freie Personen' in den Bergen von Ost-Tennessee. Das waren offenbar die Melungeons. Woher sie kamen, weiß niemand. Ihre Herkunft ist in den Abgründen der Geschichte genauso verloren gegangen, wie ihr aktueller Status sich hinter der verschwiegenen Geheimniskrämerei des heutigen Hancock County verbirgt. Eines scheint gewiss – sie waren zum Teil indianischer Abstammung. Und noch etwas erscheint offensichtlich – sie sind dabei, auf dieselbe Weise zu verschwinden, die sie hervorgebracht hat: indem sie sich mit anderen als ihren eigenen Leuten verheiraten."]

Die Gegenden, durch die der Appalachian Trail führt, waren nie besonders reich. Wer sich dort niederließ, musste gewöhnlich hart dafür arbeiten, sich und seine Familien zu versorgen. Bei einem Thru-hike kommt man öfters an alten Grabstellen vorbei, wo einzelne Familien Angehörige auf ihrem Grund beerdigt haben.
Darunter gibt es welche, die ergreifend davon Zeugnis ablegen, wie man versucht hat, mit bescheidenen Mitteln eine würdige Grabstätte zu schaffen, weil kein Geld für einen Steinmetz zur Hand war. Im Süden führt der Appalachian Trail direkt an einem schlichten, verwitterten Grabstein vorbei, auf dem ein Mann mit großer Mühe versucht hat, eine Inschrift für seine Anfang 1940 verstorbene Ehefrau hineinzumeißeln.

In den Appalachen sind vor allem drei Wirtschaftszweige seit Alters her typisch: Land- und Holzwirtschaft, außerdem Bergbau. Entsprechend zeigt sich in den umliegenden Ortschaften und Städten nicht das Hochglanz-Amerika, dessen hippes Bild gewöhnlich nach außen transportiert wird: hier ist man im Small-town America von *Appalachia*, wo die Menschen viel bescheidener leben, aber dafür einen Begriff von Gastfreundschaft und Hilfsbereitschaft haben, der überwältigend ist.

Eine Ausnahme vom typisch vorherrschenden Kleinstadtbild, wo es ganz offensichtlich einen gehobeneren Lebensstil gibt, sind Salisbury in Connecticut und Hanover in New Hampshire.

Nördlich des James River, in Zentral-Virginia, kommt man als northbound AT-Hiker auf einer Bergkuppe mit grasigem Hang zur linken an einem Gedenkstein vorbei. Möglicherweise befinden sich darauf kleine Spielzeugautos, Miniaturstofftiere und andere kleine Gaben, die Vorbeiwandernde vor einem dort abgelegt haben.

An dieser Stelle hat man im April 1891 Ottie Cline Powell gefunden, der sich Monate zuvor im November beim Holzsuchen während der Schulpause in den nebligen Bergwäldern verirrt hatte und etliche Meilen vom Schulhaus entfernt dort oben erfror.

Der kleine Junge war kaum fünf Jahre alt gewesen.

> *"Sassafras - kick my ass - mountain was a bitch."*
> ~ Hiker im Walasi-Yi-Hostel, in Porter: *Just Passin' thru*
> ["Sassafras - tritt' mit in den Arsch - Berg war ein Miststück."]

> *"Why, an Indian would die laughing his head off if he saw the Trail. I would have never started this trip if I had known how tough it was, but I couldn't, and I wouldn't quit."*
> ~ Emma '*Grandma*' Gatewood, 1955, zu ihrem ersten Thru-hike
> ["Wie?– ein Indianer würde sich totlachen, wenn er den Trail sähe. Ich hätte diesen Trip nie begonnen, wenn ich gewusst hätte, wie hart das ist, aber ich konnte und ich wollte nicht aufgeben."]

– 1 –

Georgia (GA) – erster oder letzter Trailstaat

Wandert man die 78 Meilen lange Etappe des Appalachian Trails in Georgia, ist man im März/April noch im winterkahlen Chattahoochee Nationalforest unterwegs. Man bekommt an schönen Tagen daher schon recht viel Sonne ab, weshalb ich mir bei meinem Northbound 2007 gleich am zweiten Tag trotz Sonnencreme einen leichten Sonnenbrand auf dem Nasenrücken geholt habe.

An Regen- oder Schneetagen ist man den Elementen direkt ausgesetzt, weil noch kein dichtes Blattwerk einiges davon abfängt. Auch die kalten Winde, die im Frühjahr durch die Berge pfeifen, erwischen einen voll.

Das Terrain ist ein beständiges Auf- und Ab in Achterbahnmanier über bewaldete Berge, die gelegentlich Ausblicke zur Seite ermöglichen. Das Gemeine an diesen Anstiegen ist, dass man sie von unten her kommend falsch einschätzt: zunächst sieht es gar nicht so weit nach oben zur vermeintlichen Kuppe aus, sodass man noch munter hochsteigt. Typisch für diese Berghänge ist aber, dass sie mehrere, aufeinanderfolgende Kuppen haben, allesamt bewaldet, über die es

Die Facetten vom Appalachian Trail in Georgia – alle April 2007

in einer schier endlosen Folge bergauf geht. Man hat noch gar nicht die erste gewölbte Kuppe erreicht, da sieht man bereits, wie sich gleich dahinter eine weitere Kuppe noch weiter hinauf auftut, und danach folgt meist noch eine und noch eine, die man erst in den letzten Anstiegsmetern erblickt. – Eine klassische Sisyphus-Quälerei! Und das ist typisch für die An- und Abstiege in den südlichen Appalachen.

Was auch sofort auffällt, sind die mächtigen Rhododendron-Dickichte, die einen Großteil des Trails in den Talsohlen oder -Mulden säumen, sobald man von Springer Mountain nordwärts auf dem AT unterwegs ist. Diese Rhododendren sind riesige, gut drei Meter hohe Gewächse mit einzelnen Blättern in Bananengröße.

Wenn es regnet, halten auch die noch kahlen Bergwälder im Frühling den Wasserdampf, sodass der gesamte Wald feucht und neblig wird. Diese Feuchtigkeit dringt in alle Gewebe und überall ein, was bedeutet, dass man morgens in einem dampfigen Zelt aufwacht, in dem sich innerhalb der Zeltwände kleine Kondenströpfchen gebildet haben. Im Rucksackstoff, in den Schuhen, aber auch in der Kleidung hat man den feinen Wasserdampf ebenso.

Ebenso diese feuchten Wälder sind typisch für die Appalachen und werden einen bei Regen bis Maine begleiten. Im Sommer kommt schwüle Treibhaus-Hitze hinzu.

Die Bergwälder von Springer Mountain bis Neels Gap halten noch eine weitere Überraschung bereit: Gooch Mountain Shelter und die umliegenden Campstellen waren am 3. April 2007 gesteckt voll mit Northboundern für die Nacht. Am frühen Abend gab es ein kurzes Gewitter,

Hiker auf dem Appalachian Trail in Georgia und typisches Shelterleben – alle April 2007

das mit einem heftigen Regenguss über die Gegend zog und gleich einmal alle Zeltenden ums Shelter gehörig einnässte. Als sich wieder alles beruhigt hatte und jeder im Schlafsack lag und schlief, brach mitten in der Nacht von den umliegenden Bergen kommend, mit einem Mal ein Inferno an wildem Geschrei, begleitet von stakkatoartigen Maschinengewehrsalven los.
Im Nu waren gut vierzig Leute hellwach – *Now what the f**k ?!?*

Nach der ersten Verwirrung dämmerte uns sogleich, was es mit dem nächtlichen Spuk auf sich hatte: dieses Gebiet wird zu Ausbildungszwecken von Spezialeinheiten der US Army für Manöver unter härtesten Bedingungen genutzt. Die Soldaten, die da ausgebildet werden, sind *Marines* und müssen vorgegebene Aufgaben erfüllen, ohne Proviant und weiteres Marschgepäck, abgesehen von ihren Waffen mit Platzpatronen, die sie bei sich tragen. Sie haben auch kein Zelt dabei. Wind, Wetter, Hunger, Durst und Schlafentzug ausgesetzt, müssen sie zusehen, wie sie sich tagelang auch nachts in unbekanntem Terrain zurechtfinden, während ihr Auftrag erfüllt werden muss. Dasselbe gilt für eine Gegnertruppe im selben Gebiet.

Es gibt zwar nicht immer Manöver in dieser Gegend, unsere Gruppe NoBos jedenfalls hatte die überraschende Gelegenheit, so etwas miterleben zu können. Und das hörte sich recht authentisch an. Die Verwirrung war perfekt: Erst noch in einem ruhigen, friedlichen Bergwald in den Appalachen eingeschlafen und mit einem Mal von ratternden Maschinengewehrsalven in nächster Nähe geweckt zu werden, hat schon etwas ziemlich Surreales!

Das erste Hostel direkt am AT, durch dessen Gebäude der Trail sogar hindurchführt, das *Mountain Crossings at Walasi-Yi*, wird nach knapp 31 Meilen in Neels Gap erreicht.
Üblicherweise hat man zu dem Zeitpunkt fünf sehr kalte Nächte in den Bergen verbracht, mit Nachttemperaturen unter minus sechs Grad Celsius und eisigen Winden – davon die vorherige Nacht ziemlich sicher im zugigen Blood Mountain Shelter, wo man den frostigen Nachttemperaturen besonders ausgesetzt ist und es wenig hilft, dass man mit neun bis zehn anderen Hikern darin übernachtet. Da oben wird es in den Aprilnächten einfach nicht warm.

Long Creek Falls

Blood Mountain bietet allerdings einen phantastischen Ausblick mit schönen Sonnenauf- und -untergängen. Seinen Namen hat er indianischer Folklore nach erhalten, weil sich dort ein erbitterter Kampf zwischen den Cherokee und den Creek Indianern zugetragen haben soll, bei dem am Ende das Blut der getöteten Krieger in Strömen vom felsigen Gipfel auf die Bergflanken herabgeflossen sei.

Der weitere Gedanke, dass man sich bei diesen Frost-Temperaturen auch noch in nördliche Richtung bewegt, macht einem nicht gerade rosige Hoffnungen. Hinzu kommen die ersten Eindrücke eines Thru-hikes mit schmerzender Schulter- und Nackenpartie; dem Gefühl, wie ein überpacktes Muli ständig langsam bergauf und bergab zu trotten in einem Bergwald, der noch graubraun und kahl ist und dessen Baumbestand sich wie ein Meer aus mächtigen Pfählen über weite Berghänge ergießt. Der Trail in Georgia ist für viele Northbounder mühsame Arbeit.

Und das ist es tatsächlich: man erarbeitet sich Trailfitness, man erarbeitet sich jede Meile und jeden Berg. In diesen ersten Tagen erhält man einen Eindruck, auf was man sich da eingelassen hat, wo abenteuerliche Vorstellungen an der alltäglichen Wirklichkeit auf dem Trail rasch zerbröseln.

Bitter ist es, von einigen fitten Hikern leichten Schrittes überholt zu werden, denen das Terrain scheinbar keine Mühe macht.
Einige andere Hiker dagegen bekommen zu den Schulter- und Nackenschmerzen schon erste Knie- und Fußgelenkprobleme, weil das ständige Auf- und Ab seinen Zoll fordert.
Deshalb ist bereits in Neels Gap für einen guten Teil von Northboundern Schluss mit dem Thru-hike-Abenteuer.
Erste Hiker verlassen den Trail.

Allgemein gilt: Der AT kann northbound mit normaler Alltagskondition begonnen werden, wenn man beachtet, es anfangs langsamer anzugehen, also nicht mehr als 7-8 Meilen pro Tag wandert, mit vielen Pausen zwischendurch.
So gewöhnt sich der Körper allmählich an das tägliche Fitnesstraining. Man muss allerdings damit rechnen, dass dieses Fitnesstraining hart ist und die ersten drei Trailstaaten dauert, bis man langsam das Gefühl hat, fitnessmäßig auf dem Trail angekommen zu sein. Es stehen also mindestens 467 brutale Meilen durch Georgia, North Carolina und Tennessee an, bei denen man tapfer die Zähne zusammenbeißt, um vorwärts zu kommen.
Aber es ist machbar, denn viele Northbounder gehen durch diese harte Eingewöhnungszeit. Man ist in bester Gesellschaft.

Abendstimmung auf Blood Mountain und Blood Mountain Shelter; Aussicht über die Appalachen Georgias vom Trail aus – alle April 2007

Aussicht von Blood Mountain
im September 2008

Bei mir war es im April 2007 nicht anders; ich kam auch noch als absoluter Backpacking-Neuling auf den AT, habe davor abgesehen von Tageswanderungen in den Alpen noch nicht einmal eine Wanderung mit Übernachtung gemacht, nach der es am nächsten Tag weiterging. Da in Georgia sehr viele Hiker auf dem AT unterwegs sind, kann man sich über vieles untereinander austauschen und lernt so recht schnell voneinander.

Nach einem wohlverdienten Rasttag in Neels Gap, wo man das erste Mal seit Beginn seines Hikes geduscht hat, Hikerkleidung wäscht und in den Store einfällt, der zum Walasi-Yi-Hostel dazugehört, um sich mit allerlei Snacks zu verwöhnen oder mit der erfahrenen Crew dort seinen Rucksack danach prüft, was man heimschicken sollte, damit das Ding leichter wird, geht es wieder weiter am Trail.
Erneut in beständigem Auf- und Ab über einen bewaldeten Berg nach dem anderen; wieder nur mit gelegentlichen Aussichten und weiterhin in 7 bis 8 Meilenetappen pro Tag.
Im April wird es ohnehin erst gegen sieben Uhr früh hell; am Spätnachmittag ab 5 Uhr geht die Sonne wieder unter, sodass es in den Bergen mit einem Mal sehr schattig und eiskalt wird. Da sitzt man üblicherweise schon im Camp und kocht sein Essen, um sich warm zu halten.

Weitere vier Tage Traillife, wie man es nun kennengelernt hat, bringen einen schließlich zur Dicks Creek Gap, von wo es 11 Meilen westlich in die Ortschaft Hiawassee geht, ein wichtiger Stop, um Proviant aufzustocken, Postdinge zu erledigen und einen Rasttag einzulegen.
Auf gut einem Drittel Weg zwischen den Traileinstiegen in der Gap und Hiawassee befindet

sich das *Blueberry Patch* Hiker Hostel von Gary und Lennie Poteat.

Für mich waren die Hostels am oder in Trailnähe immer eine aufregende Sache.
Jedes ist einzigartig, obwohl es im Grunde ähnlichen Service gibt – Bunkroom mit mehreren, einfachen Holzstockbetten, auf denen man seinen Schlafsack ausrollt und natürlich mit neun bis zwölf Leuten im selben Raum schläft.
Außerdem gibt es eine Toilette nebst Duschmöglichkeit und einen Gemeinschaftsraum, in dem man sich aufhält, um seinen Rucksack neu zu ordnen und zu packen; wo man sich mit anderen Hikern unterhält oder sein Journal schreibt, sein Essen kocht – was auch immer erledigt werden muss. Dennoch hat jedes Hostel seinen eigenen Flair, in dem ich mich immer sofort wohlgefühlt habe.
Im Blueberry Patch kümmern sich Gary, selbst ein AT Thru-hiker von 1991, und seine Frau Lennie rührend um die Hiker, denen die Wäsche gewaschen und getrocknet in den Hostel-Bunkroom zurückgestellt wird.
Man muss seine Wäsche nicht erst nach Hiawassee mitnehmen und im dortigen Laundromat selbst waschen, was natürlich eine schöne Zeitersparnis bedeutet, denn immer noch stehen Besorgungen im Supermarkt für die nächste Etappe an, die Bibliothek zwecks freiem Internet und das Postamt.

Mountain Crossings at Walasi-Yi in Neels Gap,
Aussicht von Tray Mountain (September 2008),
Rhododendren am Wasser

Three Forks; Backyard vom Blueberry Patch Hostel und Hiawassee

Auf den amerikanischen Weitwanderwegen funktioniert die Logistik auch über *Maildrops* oder *Bounceboxes*. Das ist kein Luxus-Spleen sondern eine schlichte Notwendigkeit.
Ein *Maildrop* ist ein Paket, das man sich selbst am Trail vorausschickt, entweder zu einem Hostel oder Motel, bei dem man plant zu bleiben, oder zu einem Postamt entlang des Trails. Solche Maildrops sind einmalige Angelegenheiten. Bei anderen Weitwanderwegen in den USA sind Maildrops sogar entscheidend, dass man weiterwandern kann, weil der einzige Ort, an den man sich das Paket hinschicken kann, etwa nur eine Tankstelle auf einer Landstraße im Nirgendwo ist, die gerade einmal Snacks und Getränke verkauft, aber keine Lebensmittel, die man als Thru-hiker für zwei Wochen auf dem Trail braucht.

Eine *Bouncebox* ist im Prinzip ähnlich, nur dass man diese mit jeweils neuen Adressetiketten versehen öfters verwendet, um Dinge, die man für einen bestimmten Abschnitt oder zunächst nicht benötigt, hineinzugeben, um sie dann später am Trail wieder in den Rucksack zu packen.

Das ist beispielsweise eine gute Idee, wenn man regelmäßig Medikamente braucht, die man nicht unterwegs bekommen kann, oder Kontaktlinsen für sechs Monate, die man nicht insgesamt im Rucksack mitschleppen möchte und die in den USA (übrigens auch in Kanada) zudem rezeptpflichtig sind. Oftmals kauft man zuviel Proviant ein, weil die Packungsgrößen im Supermarkt zu groß waren oder es gibt ein Sonderangebot, das man ausnutzen möchte, sodass die überschüssigen Artikel eben auch in die Box kommen als Vorrat für künftige Etappen auf dem Trail.
Alleine die 37 Karten, die für den AT von Georgia bis Maine genutzt werden, wiegen fast zwei Kilo (genau: 1.950 Gramm) – wer möchte das auf den ganzen 3.500 Kilometern zusätzlich schleppen, wenn man je nach Etappe immer nur eine bis drei Karten braucht bis zum nächsten Stop an einem günstig gelegenen Postamt oder Hostel?
Denn der Rucksack wird auch so schon schwer genug!

Bei meinem Southbound habe ich außerdem zwischen Zelt und Biwak gependelt – je nachdem, welches Terrain mir bis zur nächsten Stadteinkehr bevorstand; und so schickte ich mir entweder das Zelt oder meinen Outdoor-Biwaksack am Trail voraus.

Vom Trailhead in Dicks Creek Gap sind es neun Meilen bis Bly Gap. Wie gewohnt, verlaufen auch diese neun Meilen in einem stetigen Auf und Ab mit unverändert bekannter Vegetation. Doch ein Detail macht jedem Northbounder etwas kräftigere Beine als sonst: in Bly Gap verläuft die Grenze zwischen Georgia und North Carolina, dem zweiten Trailstaat auf dem AT. Dieser Grenzübertritt wird am entsprechenden Marker aufgeregt und glücklich mit High-Five-Handklatscher und Photos gefeiert, auf denen strahlende Gesichter zu sehen sind.
Bye bye Georgia – Hello, North Carolina!
First State down, 13 to go!

Blick von Wesser Bald, September 2008; Regendunst und Rhododendron-Tunnels am Trail

> "*If Bryson were to ever walk into my store, I'd tie his ass to a board, rub honey over him, and set him down by the river next to the bee box. That would sweeten him up a little. [...] That pansy-ass wouldn't know which side of the mountain to walk off when I was done with him. You know, he pissed off a lot of people along this trail, and he better not show his face around here again. [...] Tourists stop by our little store all the time just to get a glimpse at the rednecks behind the counter.*"
> ~ Jensine Crossman, *Rainbow Springs Campsite* in North Carolina

["Wenn Bryson jemals in meinen Store käme, würde ich seinen Hintern an einem Brett festbinden, ihn überall mit Honig beschmieren und ihn drunten am Fluss neben den Bienenstock setzen. Das würde ihn ein bisschen süßer machen. [...] Diese Heulsuse würde nicht mehr wissen, von welcher Seite des Berges er herunterlaufen müsste, wenn ich mit ihm fertig wäre. Wissen Sie, er hat einen Haufen Leute entlang dieses Trails verärgert, und er taucht besser in dieser Gegend hier nicht wieder auf. [...] Touristen halten die ganze Zeit bei unserem kleinen Store an, nur, um einen Blick auf die Rednecks hinter dem Tresen zu erhaschen."]

– 2 –

North Carolina (NC)
North Carolina/Tennessee
Tennessee (TN)

In North Carolina kommt nach 95,5 Meilen auf dem AT bei Doe Knob im südlichen Teil des Great Smoky Mountains Nationalpark der Bundesstaat Tennessee hinzu. Man wandert ab da auf weiteren 212 Meilen mehr oder weniger gleichzeitig in beiden Bundesstaaten, oder der Trail mäandert mal nach North Carolina, mal nach Tennessee hinüber. Durch die Smokies folgt der AT der Grenzlinie beider Bundesstaaten.

Ab den Doll Flats verlässt man North Carolina endgültig und wandert noch 74 Meilen in Tennessee bis zur Grenze nach Virginia auf Holston Mountain.

Die alte *White Oak* bei Bly Gap

Zunächst aber verlässt man in Bly Gap den Chattahoochee National Forest Georgias und betritt nun den Nantahala National Forest in North Carolina.

Die Namen dieser Forste, aber auch Ortsnamen, gehen im Süden auf die Cherokee Indianer zurück, die diese Berggegenden bewohnt hatten, bevor die ersten Siedler aus Europa kamen und sie trotz größter Bemühungen, sich den weißen Siedlern anzupassen, schließlich doch vertrieben wurden.

Ab Doe Knob, wenn man gleichzeitig zwei Bundesstaaten bewandert, ist man auf östlicher Seite mit einem Bein noch immer im Nantahala Nationalforest unterwegs, mit dem anderen Bein auf westlicher Seite im Cherokee Nationalforest Tennessees. Nach Davenport Gap, dem nördlichen Ende des Great Smoky Mountains Nationalpark auf dem AT, verlässt man aufseiten North Carolinas den Nantahala Nationalforest und betritt den Pisgah Nationalforest, den man mit regelmäßigen Abstechern nach Tennessee und in den Cherokee Nationalforest bis zu den Doll Flats durchwandert.

Gleich nach Bly Gap kommt man an einer schönen, alten White Oak (amerikanische Weißeiche) vorbei, die fast schon jugendstilartig gebogen ist. Danach legt der Trailverlauf sofort an Steigung etwas zu: *Welcome to North Carolina, hikers!*

North Carolina unterscheidet sich vom Terrain in Georgia, als dass hier die An- und Abstiege nun steiler und länger werden; außerdem bewegt man sich durchschnittlich 300 Höhenmeter höher hinauf als noch in Georgia.

Das Terrain hier gilt allgemein als härter, was die Beine enorm trainiert. Doch man wird erstaunt feststellen, dass erste 12-Meilen-Tage möglich sind, nach denen man zwar fix und fertig an seiner Campstelle für die Nacht ankommt, aber immerhin. Der Trail durch Georgia hat Wirkung gezeigt.

Wenn man sich das nicht schon in Georgia durch den Kopf hat gehen lassen, überlegt man spätestens in North Carolina, was für ein Unterschied ein Neun-Stunden-Tag vor dem Computer im Büro zu dem ist, was man hier tagein, tagaus tut, und wie jeder daheim sich natürlich völlig falsche Vorstellungen macht von dem, was man gerade im Schweiße seines Angesichts bewerkstelligt.
Dass man etwa fröhlich und unbeschwerten Schrittes durch blühende Traumlandschaften in den Bergen dahinspaziert, womöglich einem sorglosen, angenehmen *Dolce far niente* frönt, während das wirkliche Leben auf dem Trail zu diesem Zeitpunkt ganz anders aussieht ...

Nach wie vor wandert man in Bergmulden oder weiter unten entlang mächtiger Rhododendron-Dickichte, deren dunkle, glänzende Blätter weit in den Trail hineinreichen und einen beständig abwatschen, wenn man nicht aufpasst. Echte Hallo-Wach-Momente erlebt man bei Regen, wenn man früh morgens auf dem Trail unvermutet ein paar nasskalte Rhododendronblatt-Ohrfeigen bekommt, nach denen einem Wassertropfen kreislaufanregend über den Hals bis unter das Shirt laufen.
Auch die Bäume im Nantahala Nationalforest sind noch graubraun und kahl, aber erstes, undefinierbares Grün kommt hier und da so langsam am Waldboden heraus.
Möglicherweise hatte ich in Georgia noch kein Auge dafür, aber ein weiteres, typisches Gewächs, das den Trail oftmals sogar gleichzeitig mit Rhododendren säumt, ist Mountainlaurel. Dieser wächst nicht so hoch, wie die Rhododendren, kommt aber in sehr dichten Buschformationen vor und hat kleinere, aber ebenso dunkelgrüne, glänzende Blätter.

An Aussichtspunkten entlang des Trails bemerkt man, wie unten in den Tälern langsam der Frühling die Oberhand bekommt und alles in junges Grün mit Blüten verwandelt, während oben in den Bergen noch gefühlter Spätwinter herrscht.
Mit North Carolina kommen Feuertürme, die sich auf manchen Bergen befinden und bei schönem Wetter 360 Grad Panoramen über die Appalachen dieses Bundesstaats bieten.
Den ersten dieser Türme erreicht man knapp 21 Meilen weiter nördlich, nach einem supersteilen Anstieg auf Albert Mountain, wo man schönes Wetter haben sollte.

Blick von *The Jump Off* auf die Appalachen North Carolinas, September 2008; Bergwald im April

Außerdem lernt man eine Landschaftsformation kennen, die so nur in den südlichen Appalachen vorkommt: die *Southern Balds*. Hohe Berge, die entweder gänzlich oder teilweise nur mit Gras bewachsen sind.

Diese Balds sind zwar menschengemacht, allerdings ist nicht ganz klar, wie es dazu kam.

Vermutlich haben schon die Cherokee bestimmte Berge als Weideflächen genutzt oder aus einem andern Grund von Bäumen und Sträuchern nahezu befreit, indem sie dort wiederholt die Vegetation kontrolliert abbrannten.

Jedenfalls werden diese Southern Balds weiterhin erhalten, und erste davon lernt man auf seiner Wanderung des AT in North Carolina kennen. Die ersten sogenannten Balds sind jedoch zunächst enttäuschend, weil sie eben nicht so 'kahl' sind, wie man sich das vorstellt.

Da wäre als erstes Siler Bald, die nur eine offene, rundliche Grasflanke zur Seite hat, umrandet von hochwachsenden Bäumen. Als nächstes kommt Wayah Bald mit einem steinernen Aussichtsturm am Gipfel, der abgesehen von einer kleinen Lichtung oben herum auch bewachsen ist. So wird man etwas ungeduldig, denn beim Vorbereiten auf den AT hat man ja ganz andere Photos von den Southern Balds gesehen – mächtige Grasberge, die sich bis weit in den Horizont hinein erstrecken.

– Also, wo sind die nun?

Noch nicht hier. Zuerst, scheint es, muss man die 'Dreiviertel-Balds' kennen und schätzen lernen, bevor man auf die richtig Großen losgelassen wird.

Also geht es weiter durch bewaldete steile Berge hinauf und hinab, während aus dem Nirgendwo kommend erste Gerüchte gestreut werden, dass der Trail in Virginia ganz easy sei ....

Schließlich erreicht man über einen steilen, viereinhalb Meilen langen Abstieg den Nantahala River und das dort ansässige Nantahala Outdoorcenter (NOC) mit beheizten Bunkroomhütten, gut sortiertem Outfitter, Restaurants, Minimarkt und Zughaltstelle.
– Ein regelrechtes Paradies nach fünf Tagen *butt-kicking* Terrain in North Carolina, das einen 'Baumwolle spucken' lässt, wie Amerikaner das recht bildlich ausdrücken.

Im NOC wimmelt es im Frühjahr nur so vor Hikern, denn viele nehmen sich hier einige Tage frei, um die ersten 59 Meilen Appalachian Trail in North Carolina zu verdauen, andere haben mit Knien und Gelenken zu tun, und wieder andere müssen ihre Wasserblasen behandeln, die richtig schlimm geworden sind.
Wer Lust hat, kann vor Ort Wildwasser-Rafting mitmachen, denn das ist ganz großer Sport auf dem Nantahala River.

Gewöhnlich plant man im NOC seine weiteren Maildrops, denn nach der nächsten Etappe geht es schon in den Great Smoky Mountains Nationalpark hinein, wo man am AT nirgendwo vorbeikommt, um Proviant aufstocken zu können – für die Etappe im Nationalpark benötigt man als Northbounder fünf Tagesrationen Essen, die durch die Smokies getragen werden

Cheoah Bald und Blick von Cheoah Bald auf den Nantahala Nationalforest; April 2007

müssen. Außerdem muss man für die direkt bevorstehende Wegstrecke bis zum Nationalpark neuen Proviant besorgen.

Das wirklich schlimme Übel nach Raststops und neuem Proviant ist ja, dass man nun mit rappelvollem Rucksack gleich wieder stramm bergauf loswandern muss. Im Falle des NOC bedeutet das: extrastramm.
Sechs lange, steile Meilen hinauf zu Swim Bald, die sich dann auch wieder als so eine halbschalige 'Bald' entpuppt, worüber man sich oben angekommen gleich ärgert.
Das Terrain im Nantahala Nationalforest, gerade um den Nantahala River, wird von AT Hikern gerne als die *Nantahell* bezeichnet. Wandert man als Northbounder in der Gegend, weiß man warum. Daran ändert leider auch der schöne Name der Cherokee nichts, deren Sprache nach Nantahala mit Land der Mittagssonne übersetzt wird.
Nach Swim Bald kommt bald darauf Cheoah Bald, auf der man schließlich doch lachen muss, denn es gibt zwar eine grasige Lichtung ganz oben, aber auch diese ist teils von hochwachsenden Bäumen umsäumt, von denen einer sogar ein Hinweisschild trägt, auf dem zu lesen ist: *Cheoah Bald*.
Wenn diese Bald wirklich nur grasbewachsen wäre, wie es sich für eine ordentliche Bald gehört, dann gäbe es keinen Baum dort oben, an dem man ein solches Schild befestigen könnte.

Weiter geht's über Wegkehren hinunter Richtung Locust Cove Gap, wo ich bei meinem NoBo 2007 mit einem anderen Hiker glaubte, ein feines Plätzchen für eine ruhige Nacht gefunden zu

Shelter-life: frühmorgends; später Nachmittag im Groundhog Creek Shelter; April 2007

haben, um sich eine wohlverdiente Mütze voll Schlaf zu genehmigen. Jeder hatte bereits eine gute Stelle für sein Zelt gefunden, als zwei andere Hiker hinzustießen. Ein etwas älteres Herrenduo, wovon der eine eine Outdoor-Hängematte zwischen zwei Bäumen spannte, während der andere ein farbenfrohes Ein-Mann-Kuppelzelt in meiner Nähe aufstellte, das aussah wie ein Miniatur-Zirkuszelt.
Wirklich niedlich mit fröhlichen Farbelementen in Blau, Rot, Gelb und Grün auf weißem Untergrund.
Als weniger niedlich sollte sich allerdings recht bald in der Nacht herausstellen, dass mein Zirkuszelt-Nachbar imstande war, ganze Bergwälder abzuholzen mit dezibelstarkem Schnarchen. Auf der anderen Seite, wo der Hiker campierte, der mit mir in die Gap hinuntergekommen war, gab es auch keine Nachtruhe, denn der Herr mit der Outdoor-Hängematte hatte offensichtlich eigene Probleme, zunächst einmal in seine Hängematte hineinzukommen, was mit viel Grunzen schließlich umständlich bewerkstelligt wurde; dann wollte der Mann doch wieder hinaus, wofür er sich erst wieder geräuschvoll aus seiner Hängematte herausschälen musste; in der weiteren Nacht wälzte er sich nicht minder geräuschvoll in seiner Hängematte herum – kurz, der andere Hiker kam auch nicht zu seinem wohlverdienten Schlaf.
Inzwischen taufte ich brennenden Auges meinen musikalischen Zeltnachbarn im Stillen auf den Trailnamen "The Circus-Tent-Snorer".
– Was war noch gleich wieder der Grund, weswegen man auf dem AT plus/minus einskommafünf Kilo Dackelgarage (Zelt) mitschleppt ...?

Im Laufe meines ersten Thru-hikes habe ich sämtliche Ohropax-Präparate ausprobiert, die der amerikanische Markt zu bieten hat. Nichts half.

Entweder, ich konnte die Schnarcher trotzdem hören, oder meine Ohren waren so zu, dass ich stattdessen meinen eigenen Blutkreislauf rauschen hörte, was wieder nicht zum gewünschten Ergebnis führte. Das war ein echtes Kreuz. Alles andere kann man noch mit Humor nehmen und hinterher sogar Witze darüber reißen. Schnarchen aber, wenn man nach einem körperlich anstrengenden Tag auf dem Trail nur noch schlafen möchte, und die Tage sind ausnahmslos alle körperlich anstrengend, ist blanker Terror.

Das ist übrigens ein ständig aktuelles und erbittertes Thema auf dem gesamten AT zwischen Schnarchern und Nichtschnarchern.

24. April 2007, Davenport Gap Shelter, *Orange Moon* und *August* haben Spaß mit Anekdoten vom bisherigen Trailgeschehen:

August: *"You remember what he said to that heavy snoring guy in the shelter the other night?"*
Orange Moon: *"Yeah, this guy kept him awake with hard snoring, so he woke him up and told him to do something about it. That guy sez, sorry but I can't do anything about it. So Leo said: actually, yes, there is something you can do about it – get 'breathe right stripes' at the pharmacy!"*

["Weißt du noch was er zu dem Typen gesagt hat, der neulich Nacht im Shelter so stark geschnarcht hat?"
"Uh ja, der Typ hat ihn mit seiner Schnarcherei wach gehalten, also weckte er ihn auf und sagte ihm, dass er was dagegen tun soll. Da sagt der Typ, sorry, aber da kann ich nix dagegen machen. Also sagte Leo: Doch, da gibt's schon was, was man dagegen tun kann – 'Atme richtig Streifen' in der Apotheke kaufen!"]

Was zur Komik dieser Episode noch beiträgt, ist der Umstand, dass sich das Ganze in einem der Shelter im Great Smoky Mountains Nationalpark zugetragen hatte, wo die nächste Apotheke in etwa so weit weg erscheint wie die Andromeda-Galaxie von der Milchstraße.

25. April 2007, Groundhog Creek Shelter: *"If I snore tonite, I don't give a rat's ass!"*, ~ *Robo*, vorsorglich schon mal als Warnung an alle Anwesenden im Shelter.

["Wenn ich heute Nacht schnarche, dann ist mir das scheißegal!"]

Stecoah Gap mit anschließender Etappe hinüber zu Brown Fork Gap sieht auf der Karte geradezu lächerlich einfach aus – ein Hügel, mehr ist das nicht, easy ...

Am Shelter auf der anderen Seite angekommen, um sich noch immer nach Luft ringend zu verpusten, gibt es von Northboundern herbe Kritik an Karten und Höhenprofil, denn das, was man eben überrundet hat, entspricht der dargestellten Grafik ganz und gar nicht.

Überhaupt ist das so eine Sache mit den Höhenprofilen in den Karten: sie sehen grundsätzlich

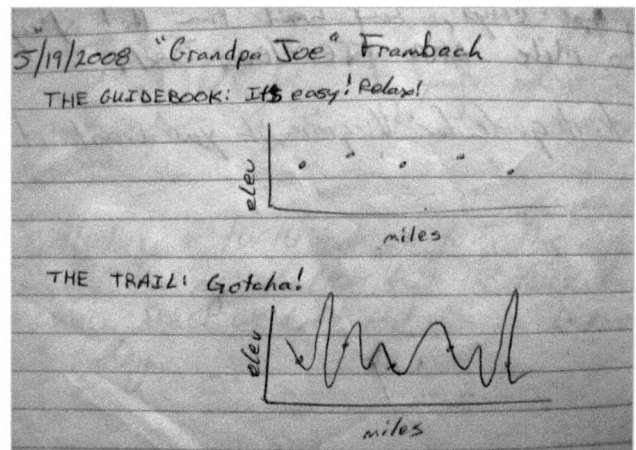

Spring Mountain Shelter-log: Trailguide versus Realität am Trail; ebenso: Höhenprofile, und wie der Trail sich dann tatsächlich gestaltet – so isses!

viel harmloser aus, als sie sich dann tatsächlich unter den Bergstiefeln anfühlen, wenn man die Strecke wandert. Ganz besondere Vorsicht ist bei verdächtig geraden Linien geboten – egal, ob waagerecht, steil auf- oder absteigend. Das entsprechende Stück Trail ist in Wahrheit dann alles andere als glatt nach unten, oben oder geradeaus!

Weitere, im Höhenprofil verharmlosend einfach dargestellte Meilen bringen einen schließlich zu Fontana Lake, der südlichen Grenze zum Great Smoky Mountains Nationalpark. Dort ist ein Near-O-Day geboten, denn es gibt die nächsten fünf Tage keine Dusche, keinen Supermarkt und auch keine 'creature comforts' – fünf Tage strammes Wandern durch die Smokies stehen an.
Wenn man als Northbounder dort ankommt, ist das Visitor's Center für die Saison noch geschlossen, einzig ein luxuriöses Shelter, das Fontana Hilton (für Hiker-Standards) steht bereit, außerdem sind die Toiletten mit Warmwasser und Duschen vom Visitor's Center zugänglich. Seinen Rasttag verbringt man entweder in Fontana Village oder in einem Motel mit Shuttle-Service östlich von Fontana Lake.

Mit erneut rappelvollen Rucksäcken geht es am nächsten Tag über Fontana Dam, den größten Staudamm im Osten der USA, der Fontana Lake aufstaut und westlich den Little Tennessee River speist, in den Great Smoky Mountains Nationalpark hinein.
Bei beiden meiner Thru-hikes war der Eintritt als AT Thru-hiker noch gratis, man musste lediglich bei einem Self-Registrationkiosk am Parkeingang ein Formular mit geplanten Über-

Fontana Lake (September 2008) und im April 2007, Fontana Dam; *Alpine Strider* (ich) auf Wayah Bald und AT Hiker beim Cowboycamping

nachtungsstellen im Park ausfüllen, eine Kopie für die Parkranger in einen Briefkasten werfen und das andere Papier griffbereit bei sich aufbewahren, so lange man sich im Park bewegte. Nun ist der Nationalpark auch für AT Hiker kostenpflichtig und man muss vor Betreten des Parks online ein Backcountry-Permit von der Parkbehörde erwerben, das man ausdruckt und bei sich zu tragen hat, während man in den Smokies wandert.

Wenn man als SoBo Thru-hiker aus den Smokies kommt, hat das Visitor's Center geöffnet, was in einen ungezügelten Zuckerrausch aus Eis, diversen Schokoriegeln und Pop-Getränken mündet, bevor man sich wieder loseisen und weiterwandern kann. Bei meinem Southbound bin ich 30 Meilen durch die Smokies gestiefelt, um nachts gegen elf Uhr noch das Fontana Hilton Shelter zu erreichen, damit ich am nächsten Tag in den Giftshop des Visitor's Center einfallen konnte. Als Thru-hiker macht man so etwas – das Versprechen auf Eis, Pizza, Schokoriegel oder Pop-Getränke löst einen noch heftigeren Pavlov'schen Reflex aus als Fressnapfscheppern bei Hunden.

In den Smokies bewegt man sich auf dem Appalachian Trail zwischen 1.200 und 2.025 Metern Höhe, weshalb mit sehr kalten Nächten und im Frühjahr bei Regen mit Schneefall und Frost zu rechnen ist.

Als Northbounder packt man für diese Etappe in jedem Fall einen extra Fleecepullover ein, falls die Nächte dort oben selbst mit Wanderjacke, Mütze, Handschuhen und drei Paar Socken zu kalt werden.

Bei schönem Wetter kann man nach ein paar Meilen Aufstieg von Fontana Dam kommend eine schöne Panorama-Aussicht vom Feuerturm auf Shuckstack Mountain genießen, der über einen kurzen Seitentrail vom AT aus zu erreichen ist.

Bald danach kommt man an Doe Knob vorbei, ab wo man nun gleichzeitig den Bundesstaat Tennessee bewandert.

Es heißt landläufig, der erste Tag in den Smokies sei sehr hart. Das konnte ich als Northbounder nicht bestätigen, obwohl man an diesem ersten Tag über 900 Höhenmeter hochsteigt. Ich empfand den zweiten und den dritten Tag in den Smokies als knüppelhart. Möglicherweise hatte das mit der ungewohnten Höhe zu tun, auf der man sich mit einem Mal die ganze Zeit bewegt, denn vorher kommt man zwar in gewisse Höhen, steigt aber sogleich wieder ab.

In den Smokies aber bleibt man hoch oben.

Selbst bei meinem Southbound, als ich fast überall viel schneller unterwegs war im Vergleich zu meinem Northbound, brauchte ich für die Great Smoky Mountains doch noch drei Tage. Festhalten kann man daher, dass die Strecke durch den Great Smoky Mountains Nationalpark anstrengend ist, was der Grafik des Höhenprofils dieser Etappe natürlich nicht anzusehen ist.

Aussicht über Fontana Lake und Appalachenketten North Carolinas von Shuckstack Firetower im Great Smoky Mountains Nationalpark; September 2008

Dafür kommt man als Northbounder am zweiten Tag zu einer Wegstrecke, auf der einige kleinere Southern Balds zu überwandern sind, und diese kommen der Definition dieser Landschaftskulisse schon viel näher.
360 Grad Panoramablick und grasbewachsen – *now that's more like it!*
Allerdings sind sie noch nicht so mächtig wie diejenigen, die man von den Photos her in Erinnerung hat.

Als Northbounder fallen einem recht bald die kleinen weißen Blumen auf, die üppig verstreut wie einzelne Schneeflocken den Boden links und rechts vom Trail bedecken: das sind Springbeauties.
Was man in den Smokies auch schonungslos zu sehen bekommt, sind ganze Berghänge sterbender Nadelhölzer, die von saurem Regen angegriffen als kahle Baumgerippe in den Himmel staken. Das Ökosystem im Great Smoky Mountains Nationalpark ist stellenweise sehr angegriffen, was mit dem Smog von umliegender Industrie am Rande der Appalachen zu tun hat, der als ätzender Regen in den Smokies herunterkommt. Gerade das Gebiet dort erfährt die höchsten Regen- aber auch Schneeniederschläge im gesamten Süden.
Die malerisch tiefroten Sonnenuntergänge, für die der Great Smoky Mountains Nationalpark berühmt ist, sind tatsächlich ein trauriges Zeichen für die große Luftverschmutzung über dem Parkgebiet.
Bei Clingman's Dome, auf dem sich eine futuristisch anmutende Aussichtsplattform befindet, weil der Berg selbst trotz seiner 2.025 Meter Höhe mit Nadelhölzern bewaldet ist, sollte man

schönes Wetter erwischen, denn dort oben hat man großzügig Gelegenheit zu Rundum-Panoramaaussichten – im Westen nach Tennessee und im Osten nach North Carolina.

Kurz nach Clingman's Dome kommt man zur Newfound Gap, die für Northbounder eine Art magische Linie darstellt.

Fast jeder AT Hiker kennt den Bestseller zum Appalachian Trail, den ein amerikanischer Autor, dessen größtes Pech wohl darin besteht, nicht als Engländer geboren worden zu sein, in den neunziger Jahren publiziert hat.

Unter AT Hikern ist dieses stellenweise lustige Buch allerdings sehr umstritten, um es höflich auszudrücken.

Jedenfalls war es in Newfound Gap im Great Smoky Mountains Nationalpark, wo jener Autor seinen geplanten Thru-hike, auf den er einen Kumpel aus Jugendtagen mitgeschleppt hatte, abbrach und sich nach Gatlinburg in Tennessee hinunterbringen ließ, von wo aus das ganze AT-Abenteuer sich nur noch in einzelne Etappen oder Tageswanderungen hier und da entlang des Trails zerfaserte.

Im ersten Shelter, das nach Newfound Gap auf dem AT zu erreichen ist, dem Icewater Spring Shelter, ging es 2007 entsprechend hoch her, was die Gatlinburg-Episode jenes Autors betraf. Dabei fielen selbstzufriedene Kommentare zuhauf, dass man es in jedem Falle weiter geschafft habe als er.

Die Kritik an diesem Autor ist allerdings nicht ganz unberechtigt.

Bergwälder im Great Smoky Mountains Nationalpark: die Folgen von Saurem Regen; Dunst und Nebel – alle September 2008

The Great Smoky Mountains:

Aussicht von Newfound Gap; Blick auf Charlie's Bunion; Aussicht unterwegs vom Trail und weiße Springbeauties im Gras

Einmal abgesehen von den wirklich unterhaltsamen und rein informativen Stellen in seinem Buch sind etliche Dinge, die ihm den AT schließlich versauert haben, selbst verschuldet.
Der Mann lebte in dieser Zeit in ziemlicher Nähe zum AT in New Hampshire, von wo er vor der Abreise nach Georgia den Wetterbericht für die südlichen Appalachen mitverfolgte und daher wusste, dass Blizzarde unterwegs waren.
Jeder vernünftige Mensch würde seinen Startzeitpunkt am AT nach hinten verlegen, wenn im Süden heftiger Schneefall angekündigt ist.
Da geht man doch nicht Anfang März auf Backpacking-Tour in die Berge, wo man auf jeden Fall in den Schnee hineinwandert. Und schon gar nicht in die Smokies, die ihrer Höhe wegen ja erstrecht von Schneefall betroffen sind. Das Ganze dann auch noch völlig untrainiert, ohne Backpacking-Erfahrung, mit Jeanshosen bekleidet und einem Partner, der wohl offenbar in seinem Leben noch nie einen Berg bestiegen hat.

Hinzu kommen noch einige ganz üble Stellen im Buch.

Sonnenaufgang von Silers Bald aus gesehen; Great Smoky Mountains Nationalpark (September 2008)

Die Menschen im Süden der USA haben beim Verfasser grundsätzlich keine Lobby. Das ist bei diesem Mann leider nicht das erste Mal, dass er seine Landsleute aus den Südstaaten abfällig darstellt. Wenn sie ihm nicht irgendwie nützlich waren, erscheinen sie nahezu ausnahmslos negativ, in abwertender Beschreibung oder werden gleich lächerlich gemacht, womit der Autor das Klischee des Südstaaten-Rednecks oder Hill Billys auf Kosten der geschilderten Personen übertrieben ausreizt.
Das war übrigens ein Punkt in dem Buch, der mich durchweg richtig entsetzt hat – da lernt man von Anfang an gastfreundliche, großzügige Menschen im Süden um den AT herum ken-

Great Smoky Mountains Nationalpark

nen und fragt sich die ganze Zeit unangenehm betroffen, ob sie eine leise Ahnung davon haben, wie abfällig und lächerlich sie in einem Welt-Bestseller vorgestellt worden sind.

An anderer Stelle zeichnet der Autor von Emma 'Grandma' Gatewood das geringschätzige Bild einer inkompetenten Spinnerin, weil sie sich bei ihrem allerersten Thru-hike-Versuch in den Wäldern der Hundred Mile Wilderness in Maine verlief und von Rangern hat gerettet werden müssen, die sie mit entsprechend harschen Worten nachhause schickten.

Was er aber unterschlägt, ist die Tatsache, dass Emma Gatewood trotz dieses ersten misslungenen Versuchs Anfang der fünfziger Jahre kurz darauf auf den Trail zurückkam und im Alter von 67 Jahren ihren ersten Thru-hike von Georgia nach Maine bewältigt hat, danach in noch höherem Alter einen zweiten, und später, als noch betagtere Frau, eine dritte komplette Wanderung in einzelnen Abschnitten als Section-hiker. – Und zwar *alleine*.

Während unser Autor mit der kessen Lippe, in seinen Vierzigern befindlich bei seinem ersten Thru-hike-*Versuch*, auf keinen Fall alleine auf dem Trail wandern wollte und dann bereits im Great Smoky Mountains Nationalpark die Schnauze gestrichen voll hatte, von wo aus er sich nicht nur nach Gatlinburg hat chauffieren lassen, sondern gleich eine gehörige Etappe weiter nördlich bis nach Virginia, um in der denkbar unmöglichsten Jahreszeit, die man sich dafür vorstellen kann, durch den Shenandoah Nationalpark zu wandern: wenn fast nichts blüht, die Wälder noch kahl sind und auch wildtiermäßig kaum etwas zu erwarten sein dürfte, womit die nachfolgende Episode mit dem angeblich nächtlichen Bärenbesuch im Camp so ziemlich lächerlich erscheint.

Was einige Wegbeschreibungen in North Carolina und den Smokies betrifft, wüsste ich gerne, wo der Mann da unterwegs gewesen sein will – die vermeintlich zu gähnenden Abgründen ausgesetzten Stellen, die er da beschrieb, gibt es auf dem AT nicht.

Wenn es seit den neunziger Jahren keine substanzielle Verlegung des Trails in North Carolina und in den Smokies gegeben hat, ist es mir bis heute ein Rätsel, welchen Trail der Autor an den betreffenden Stellen beschreibt. Big Butt Mountain etwa, der sich laut Buch in der Nähe von Albert Mountain befinden soll, kommt tatsächlich erst 95 Meilen nördlich von Newfound Gap auf dem AT – jener Stelle, an der Autor und Kumpel den Trail allerdings in Richtung Virginia via Gatlinburg, Tennessee, verlassen haben, sodass die beiden dort überhaupt gar nicht gewandert sein können, ganz zu schweigen davon, eine Beschreibung der Lokalität abzugeben, die sowieso nicht stimmt.

Dieser Punkt entbehrt zudem nicht einer gewisse Süffisanz, da der Leser bereits groß darüber aufgeklärt worden ist, wie verbesserungsfähig das Kartenmaterial zum Appalachian Trail sei, sodass man den Eindruck gewinnen konnte, hier mit einem echten Kartennavigationsprofi zu tun zu haben, und eben dieser Spezialist setzt mir nix dir nix einen Berg in eine Gegend, in der dieser Berg auch auf der entsprechenden Karte überhaupt nicht existiert – dafür können die AT Karten aber ganz sicher nichts.

Solange man den Appalachian Trail nicht selbst hat kennenlernen können, ist dieser Bestseller recht unterhaltsam und man findet ihn auch tatsächlich gut erzählt. Kennt man den Trail in Wegstrecke und anderen Aspekten jedoch selbst, wird das Buch zu einem Ärgernis.

In Harpers Ferry habe ich 2007 über jenes Werk mit Laurie Potteiger gesprochen, gerade, weil es unter AT Hikern so umstritten ist. Laurie Potteiger gehört zum Team der Appalachian Trail Conservancy und kennt den AT natürlich von ihrem eigenen Thru-hike und der täglichen Arbeit um dessen Belange sehr gut. Selbstverständlich kennt sie auch das Buch.

Um das Thema mit einer Sachverständigenmeinung zu schließen: das Ökosystem um den Appalachian Trail hat der Autor hervorragend dargestellt.

Außerdem ist es natürlich sein Verdienst, dass der Trail einen sehr viel größeren Bekanntheitsgrad gewinnen konnte und damit einhergehend ein Interesse daran, was es erleichtern dürfte, Unterstützung zu finden, damit der Appalachian Trail auch künftig erhalten werden kann.

Die letzte Etappe im Nationalpark führt wie viele Teilstrecken davor durch bewaldetes Gebiet, wo man an einer Wegkehre in der Gegend um den Mount Cammerer Abzweiger bei einer Kurve rechts unten im Abhang Reste von silberner Aluminiumverkleidung bemerkt, die seltsam unpassend für den Ort sind. Dort ist vor Jahren ein kleines Flugzeug in den Hang hinein abgestürzt, dessen einzelne Trümmer noch immer Zeugnis vom Vorfall abgeben.

Davenport Gap Shelter – letztes Shelter in den Smokies für Northbounder; *Cabin* im Standing Bear Farm Hostel

Kurz vor Davenport Gap, dem nördlichen Ende des Great Smoky Nationalparks auf dem AT, gibt es ein Shelter, in das die meisten Hiker einkehren, bevor sie den Park verlassen. Wärmstens zu empfehlen aber wäre, sich noch weitere dreieinhalb Meilen zusammenzureißen, um die Nacht in einem rustikalen, herrlich urigen Hostel auf Tennessee-Seite zu verbringen, der *Standing Bear Farm*. Das Hostel sieht tatsächlich aus wie eine alte Farm in einer Talsohle und hat mehrere Holzbauten, die in schönem Vintage-Flair dekoriert sind. Statt einer Waschmaschine gibt es hier Waschzuber und Waschbrett, womit man einmal ganz altmodisch seine Hikerwäsche säubern kann. – Man muss aber nicht mit kaltem Wasser duschen.

Ich erwähnte ja schon, dass ich Hostels immer bevorzugt angesteuert habe, weil jedes ein einzigartiges Flair bietet. Curtis Owen und Maria Guzman haben hier etwas ganz Originelles mit Retrocharme geschaffen, das man einfach erlebt haben muss.
Bei meinem Northbound habe ich dummerweise bereits im Davenport Gap Shelter übernachtet, weil ich nach dem langen Abstieg von den Smokies hinunter keine Lust mehr darauf hatte, auch nur noch einen Schritt weiter zu tun. Der Abstieg ist tatsächlich etwas unangenehm, weil man meilenweit die ganze Zeit bergab läuft, und das in einem Steigungswinkel, der sich recht schnell unangenehm brennend an den Oberschenkel- und Wadenmuskeln auswirkt.
Wenn der kurze Seitentrail zum Shelter endlich auftaucht, biegt der Körper praktisch von alleine ab, bevor man geistig überhaupt beschlossen hat, das Shelter anzusteuern.
Die Standing Bear Farm aber ist weitere fünfeinhalb Kilometer meist bergab wirklich wert.
Dort gibt es außerdem einen kleinen Hostelstore mit hikertypischem Proviant für die knapp zwei Tage Strecke bis Hot Springs in North Carolina.

Standing Bear Farm Hostel

Außerdem kann man am nächsten Tag den Anstieg von 850 Höhenmetern hinauf zu Snowbird Mountain in besserer Verfassung bewältigen, als wenn man vorher erst noch vom Shelter in die Gap abgestiegen ist. Oben bietet sich ein überwältigender Blick zurück auf die Great Smoky Mountains, der bestimmt nicht ohne gewissen Stolz genossen wird!

Auf der Nordseite des Berges kommt Groundhog Creek Shelter, bei dem sich auf beiden meiner Thru-hikes ein seltsamer Zufall ereignete.
Bei meinem Northbound 2007 übernachtete ich direkt im Shelter, das zu dem Zeitpunkt gesteckt voll war mit anderen Hikern; selbst die umliegenden Campstellen waren gut besetzt. Wir hatten uns schon alle in die Schlafsäcke eingemümmelt und waren am Einschlafen, als etwas weiter hinter dem Shelter auf einmal ein Baum krachend umfiel.
− Natürlich fallen in Wäldern Bäume einfach so um, man sieht ja genügend am Waldboden liegen. Das passiert. Doch wann passiert so etwas, wenn man zugegen ist?
Sofort waren alle wach und strömten aus dem Shelter, um bei den Campierenden nachzusehen, ob bei ihnen alles okay sei, nicht, dass jemand von dem Baum erschlagen wurde. Es standen schließlich genügend Zelte herum. Es hat Gott-sei-Dank niemanden erwischt, alle waren wohlauf und unversehrt.

Im September 2008, bei meinem Southbound, kehrte ich für eine kurze Rast in dasselbe Shelter ein, denn ich wollte mir diesmal die Standing Bear Farm nicht entgehen lassen. Das Wetter war schlecht und es regnete.

Aussicht von Max Patch Bald

Während ich etwas aß und im Shelterlog las, fiel schon wieder irgendwo am Berghang hinter dem Shelter ein Baum um!
Das Eigenartige ist, so ein umfallender Baum hört sich immer dermaßen laut an, als sei er in unmittelbarer Nähe umgestürzt – dann allerdings wäre er direkt auf das Shelter gefallen. Was übrigens auch vorkommen kann. Ziemlich regelmäßig müssen Shelter am AT repariert werden, weil ein Baum auf das Dach gestürzt ist und es dabei entzweibrach.

Nach dem Shelter mit den fallfreudigen Bäumen kommt ein schönes Schmankerl: Max Patch Bald, eine echte, grasbewachsene Bald, die ihrem Namen so richtig alle Ehre macht. Von oben gibt's bei schönem Wetter 360 Grad Panoramen, und von unten kommend wird's in jeder Wetterlage lustig, wenn wieder einige Kerle unter den Hikern auf schottische Art mit Hiking-Kilts wandern und von unten her Windstöße unter die Rockschöße geraten ...
– Ein herzerwärmender Anblick, wie sichtlich irritierte Hiker im plötzlichen Sauseschritt über eine windige Max Patch Bald eilen!

Ansonsten geht es weiter durch bewaldetes Gebiet in stetiger Abfolge von Auf- und Abstiegen. Seit den Smokies hat sich in den tieferen Gegenden vegetationsmäßig einiges getan, Blattwerk wächst in frischem Grün und das Unterholz in den Wäldern verdichtet sich.
Rhododendren tragen vielversprechende Knospen, auch der Mountainlaurel bekommt Knospenstand. Vereinzelt wächst wilder Lauch (ramps) im Wald.

Rückblick auf Hot Springs und French Broad River

Doch Hot Springs zieht an den Hikerbeinen: die erste Stadt, durch die der Appalachian Trail direkt hindurchführt und die wieder einen Meilenstein auf der Gesamtetappe darstellt: 274 Meilen (441 km) geschafft!

Hot Springs hat neben der üblichen Infrastrukur, die für Hiker wichtig ist, ein besonderes Highlight: Dort gibt es direkt an der Hauptstraße Elmer's *Sunnybank Inn* in einem wunderschönen, weißen Haus von 1840, das im amerikanischen viktorianischen Stil erbaut ist.
Elmer Hall, der Besitzer, sowieso schon ein Mensch mit feinsinnigem Gespür für Ästhetik, bietet hier Unterkunftsmöglichkeiten in einem liebevoll mit erlesenen, alten Gegenständen eingerichteten Haus, dessen hohe Räume noch Seidentapeten haben.
Allein die schönen, alten Möbel, die so gut in das Gesamtkonzept passen, sind schon eine Augenweide. Elmer bereitet seinen Gästen abends köstliche, vegetarische Gerichte für ein gemeinsames Dinner an einer großen Tafel zu. Das ist ihm sehr wichtig, denn er findet, dass Leute sich heutzutage viel zu wenig Zeit dafür nehmen, sich zu einem gemeinsamen Essen zusammenzusetzen und dabei auch miteinander zu sprechen. Ein Aufenthalt im Sunnybank Inn ist ein sehr schönes Erlebnis, das man in Verbindung mit dem ohnehin sehr freundlichen Hot Springs bewahrt.
Die Kleinstadt am French Broad River, in der zu Zeiten des 1. Weltkriegs deutsche und italienische Soldaten in ziemlich locker gestalteter Kriegsgefangenschaft interniert waren, hat bereits den Soldaten so gut gefallen, dass sie gar nicht mehr nach Europa zurückgebracht werden wollten, als der Krieg zu Ende war.

Bergwälder in North Carolina: nördlich von Max Patch Bald und nördlich von Hot Springs; beide September 2008

Wer Probleme mit seiner Ausrüstung hat, findet im örtlichen Outfitter fachkundige Leute und ein sehr gutes Sortiment vor, was wichtig ist, denn bis Damascus, Virginia, weitere 193 Meilen auf dem AT, kommt man an keinem großsortierten Sportgeschäft mehr vorbei.

Abgesehen davon, dass nach Hot Springs die Vegetation immer mehr zulegt, vor allem je tiefer man steigt, bleibt es beim ständigen Auf- und Ab am Trail. Aussichtspunkte gibt es gelegentlich, dann wieder viele Etappen in bewaldetem Gebiet.
Unterwegs kommt man direkt am Trail liegend an der Shelton Gravesite vorbei, bei der an Lynchjustiz aus den Zeiten des Bürgerkriegs erinnert wird. Ein Onkel-Neffe-Team aus North Carolina, David und William Shelton, kämpfte auf Seiten der Union und kam noch während des Krieges auf einen Besuch nachhause, um an einer Hochzeitsfeier in der Familie teilzunehmen. Als die beiden sich wieder auf den Weg gemacht hatten, um zur Front zurückzureiten, sind sie zusammen mit ihrem Späher am Weg abgepasst und als Verräter erschossen worden. Es ist mitunter nicht so bekannt, dass dieser Bürgerkrieg auch Familien dahingehend entzweiriss, welcher Seite das eine oder andere Familienmitglied seine Loyalität gab, was zudem im Umfeld der Ortsgemeinschaften, in die diese Familien eingebunden waren, zu erheblichen Spannungen führte.
Die Grabstätte der Männer jedenfalls wird liebevoll gepflegt.

Bergwald nördlich von
Hot Springs;
September 2008

Nach einer langen Geduldsstrecke schließlich führt der AT wieder über eine grasbewachsene Bald, Big Bald, auf deren Gipfel man sich immerhin auf 1700 Metern Höhe befindet. Dort oben kann man einen spektakulären Ausblick auf die umliegenden Berge haben, wenn das Wetter mitspielt.
Bei meinem Northbound hatte ich tatsächlich Glück; bei meinem Southbound war die ganze Bald in einen feuchtkalten Nebel eingehüllt. Knapp eine Wanderwoche später, nach Zwischenstopp in Erwin, Tennessee, kommt dann endlich, worauf man seit den ersten Balds in North Carolina gewartet hat: die richtig weitläufigen, großen Southern Balds!
– Leider aber haben die Trailgötter für Northbounder einen Berg davorgesetzt.
Und auch das Terrain vor diesem Berg geht ziemlich anstrengend in die Beine, sodass man in Hughes Gap angekommen schließlich etwas mitgenommen vor einem strammen Drei-Meilen-Aufstieg steht, der in steilen Wegkehren zu Roan Mountain hinaufführt und im letzten Drittel sogar noch steiler wird.
In einem Hostel, in das 43 Meilen nach diesem Anstieg sehr gerne eingekehrt wird, hängt eine Karte mit dem gesamten Trailabschnitt, auf der jemand mit Kugelschreiber aus Roan Mountain GRoan Mountain gemacht hat: der Aufstieg über 640 Höhenmeter nach einem ohnehin anstrengenden Terrain davor lässt jeden Northbounder tatsächlich stöhnen und ächzen.
Kommt man auf dem bewaldeten Gipfel völlig ausgepumpt, schweißüberströmt und mit wirren Haaren um den Kopf an, ist sogar die halbe Meile zum Shelter fast zuviel – tatsächlich ist man kurz davor, in unkontrollierten Bögen gegen die nächsten Tannen am Wegrand zu taumeln.

Roan Highlands in North Carolina/Tennessee

Wer einen Aufstieg dieser Art als einzelne Tageswanderung macht, erlebt das Ganze sicher als einen schönen Spaß, aber nicht mit schwerem Tourenrucksack, einer bereits anstrengenden Tagesetappe und nach wochenlangem Auf- und Ab durch die Berge.

Die Belohnung erhält man dafür am nächsten Tag: Gleich nach Roan Mountain geht es in die Roan Highlands, und dort sind die echten, mächtigen Southern Balds, die sich auf 14 Meilen nach Norden erstrecken. Ein grasbewachsener, hoher Berg nach dem anderen folgt mit phantastischer Aussicht auf die umliegende Berglandschaft.
Hiker, die aus dem Westen kommen, haben den Eindruck, in Montana unterwegs zu sein.
In einer Abfolge führt der Trail über Round Bald, Jane Bald bis hinüber zur mächtigsten in der Gruppe, Hump Mountain, auf dem im oberen Drittel Longhorn-Rinder grasen.
Die Etappe durch die Roan Highlands ist absolut herrlich.
Bei beiden Thru-hikes hatte ich das große Glück, dass das Wetter schön war, denn bei schlechtem Wetter kann diese atemberaubend schöne Southern Balds Landschaft extrem gefährlich werden, weil man über eine lange Strecke auf großer Höhe allen Elementen ausgesetzt ist.
Dort oben zwischen 1.752 und 1.450 Metern Höhe hat es bereits Todesfälle durch Unterkühlung gegeben.

Beim Abstieg von Hump Mountain passiert man auf halber Höhe die Doll Flats, wo es nun heißt: Bye bye North Carolina, and: only 54 Miles left in Tennessee.
Second State down, twelve to go!

... auf dem AT
über die Roan Highlands;
Blick auf Overmountain Shelter in Yellow Gap

Immer öfter werden zu diesem Zeitpunkt wieder die Gerüchte um 'easy Trails' in Virginia laut, sodass jeder davon infiziert wird und es kaum erwarten kann, nach Virginia zu gelangen, wo der AT endlich angenehm sein soll ...

Zunächst aber geht es in gewohnt anstrengender Manier durch die Bergwälder des Cherokee Nationalforest wieder bergauf & bergab, bis endlich bei Dennis Cove Road ein echter Hostel-Klassiker erreicht wird: das 'never closed' *Kincora Hostel* von Bob und Pat Peoples.

Bob engagiert sich schon lange Jahre über leidenschaftlich für Trail-Angelegenheiten, was sich nicht nur im Unterhalt seines urig-rustikalen und unendlich gemütlichen Hostels erschöpft. Er ist Trailmaintainer am Appalachian Trail und unternimmt mit seiner *Hardcore Crew* Weginstandhaltungsarbeiten, bei denen er gerne auch absolute Neulinge anleitet und ihnen beibringt, wie die Arbeiten am Trail gemacht werden.

Seine Hardcore Crew hat mit ihm zusammen am AT das Mountaineer Falls Shelter gebaut, an dem man fünfzehn Meilen südlich vom Hostel vorbeikommt.

Bis 2007 kümmerte sich auch Bobs Frau Pat mit aller Kraft um die Betreuung der Hiker im Hostel.

Tennessee:
AT nördlich der Doll Flats; außerdem entlang Elk River, bevor es erneut in eine bewaldete Etappe mit dem nächsten Aufstieg geht.

Was keiner von uns damals wusste, ja noch nicht einmal ahnte, denn man sah der netten Frau nichts an – Pat war zu dem Zeitpunkt sehr schwer an Krebs erkrankt und ist um die Jahreswende 2007/2008 verstorben.
Das ist ganz schrecklich. Da sind so ungemein liebenswerte Leute, die beide zusammen etwas aufgebaut haben, das die warme, frohe und positive Atmosphäre dieser Menschen ausstrahlt, wo sich schon Hunderte von AT Hikern so unendlich willkommen und wohlgefühlt haben, und dann geschieht diesen Menschen etwas so Entsetzliches.
Im September 2008 kam ich wieder im Kincora vorbei und es war ergreifend, wie tapfer Bob Peoples versuchte, Haltung zu bewahren, obwohl es spürbar war, wie sehr ihn der Tod seiner Frau aus der Bahn geworfen hatte und er damit kämpfte, das Ganze zu verarbeiten.
Im Kincora hängen an fast allen Wänden und sogar schon an den Zimmerdecken unzählige Photos von strahlenden Hikern, die die wohltuende Gastfreundschaft von Bob und Pat Peoples genießen durften und hinterher ein *'Thank You so much!'* zurückgeschickt haben.
Dieses Hostel ist seiner Gastgeber wegen ein ganz besonderes Wohlfühl-Juwel in Trailnähe.

Leider muss man sich mit neuem Proviant, frisch geduscht und hergerichtet auch vom Kincora loseisen, wonach man recht bald an den schönen Laurel Fork Falls vorbeikommt, dann recht angenehm weiter am Laurel Fork River entlang, bis sich wieder eine echte Gemeinheit in Bergform vor einem auftut.
Der Aufstieg im Höhenprofil der Karte sieht gar nicht so schlimm aus – zwei Meilen bis zu den Pond Flats? Na, das bekommen wir doch hin!
Man steigt also von seinen Fähigkeiten überzeugt in Wegkehren hinauf, und hinauf, und es wird wärmer und wärmer, denn der Frühling ist mittlerweile auch in den Bergen angekommen, und man steigt eine gefühlte Ewigkeit schwitzend weiter, denkt sich, na, aber langsam müsste man doch oben sein, als ein kurzer Flachpunkt erreicht wird, nach dem es sogar noch steiler als vorher weiter nach oben geht.
Auf dieser Wegstrecke, an der einem bereits die Haare wieder wirr vom Kopfe abstehen, wo man sich gerade mit rappelvollem Rucksack für die Etappe bis Damascus, Virginia, hochschleppt, da kommen einem von oben fröhlich wandernde Slackpack-Terroristen entgegen, mit nur einer 0,5 l Wasserflasche in der Hand, bei der sie nicht recht wissen, ob sie die nun links oder rechts tragen sollen ...

Slackpacker sind AT Thru-hiker, die sich an bestimmte Traileinstiege chauffieren lassen, von wo aus sie die jeweils leichtere Route am AT bis zur nächsten Gap abwandern, an der sie wieder abgeholt werden, um zum Übernachten zurück ins Hostel zu fahren. Es kann also sein, dass

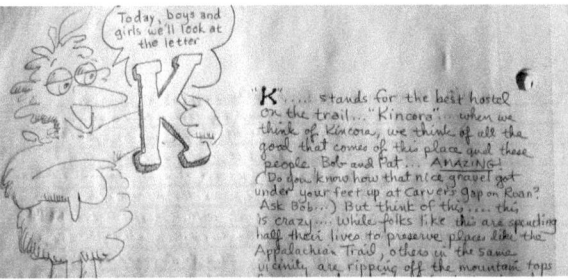

The one and only Kincora Hostel:

Hostel, Hiker im Hostel; ein Logeintrag im Hostellog, bei dem à la *Sesamstraße* sämtliche Vorzüge des Kincora auf einer ganzen Seite erklärt werden;
Bob Peoples, und auf der Veranda sitzen *Buffalo Bobby* (links) und *Ronin*.

Alle Photos bis auf Hostellog von 2007.

diese Hiker etappenweise mal Northbound oder Southbound unterwegs sind – je nachdem, von welcher Seite aus das Höhenprofil angenehmer aussieht.

AT Thru-hiker, die mit vollem Marschgepäck den Trail in einer Richtung white blaze für white blaze abwandern, hassen Slackpacker.

Auch wenn es am Appalachian Trail oberstes Gebot ist, dass man seine eigene Wanderung machen soll - *Hike your own hike* - gibt es beim Thema Slackpacking unter echten Thru-hikern keine Gnade. – Sowas tut man einfach nicht.

Und schon gleich gar nicht, wenn Andere sich in der richtigen Richtung einen steilen Anstieg nach dem anderen hinaufquälen. Slackpacking folgt bei ernsthaften AT Thru-hikern auf der Skala der verpönten Dinge ganz kurz nach Yellowblazing.

Diesem Aufstieg, bei dem ich erste Feuerazaleen und Mountainlaurel in Blüte gesehen habe, folgt

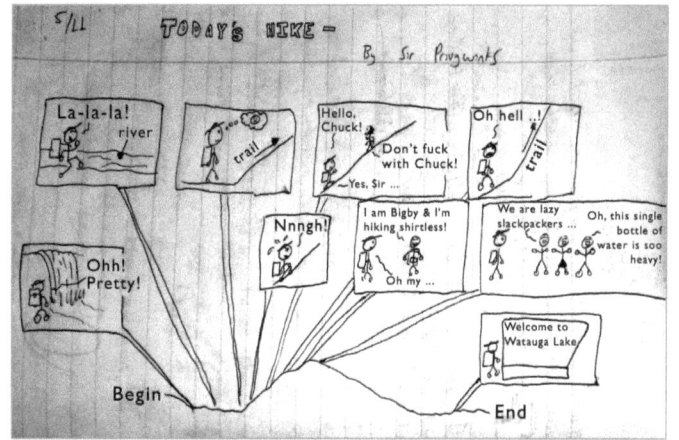

Etappe Kincora bis Watauga Lake für Northbounder, von *Sir Privywinks*

nach einem angenehmen Abstieg Watauga Lake, ein herrlich gelegener Stausee, umrandet von Bergen, an dem man eine Zeit lang entlangwandert.

Kurz darauf geht es erneut etwas bergauf Richtung Watauga Dam, und dahinter kommt man recht bald zur Wilbur Dam Road hinauf, einer ruhig gelegenen, geteerten Bergstraße. In deren Nähe gibt es eine verführerische Campstelle mit schöner Aussicht auf den See hinunter.

Da haben wir uns in einer kleinen Gruppe dazu hinreißen lassen, das Ganze einen Tag zu nennen (– verfluchte Slackpacker!) und unser Camp für die Nacht eingerichtet.

Das war an einem Freitagabend.

... auf die Frage, ob ihm denn der Trubel in der Hiker-Saison nicht zuviel würde, antwortete Bob Peoples 2007:
"If things get too tough, I take my hearing-device out!" – "Wenn's zu heftig wird, nehme ich einfach mein Hörgerät heraus!"

Wir lagen in unseren Zelten und schliefen, als die vermeintlich ruhig gelegene Bergstraße sich als ein lärmender Renn-Parcours der umliegend wohnenden Dorfjugend entpuppte, auf dem dezibelstarker Verkehr bis weit nach Mitternacht einsetzte.
Ein Wort: Ausgehzeit – party-time!
Alles saß aufrecht in den Schlafsäcken, während in unmittelbarer Nähe pausenlos Autos lärmend vorbeirasten.
Als der Verkehr sich endlich beruhigt hatte und auch wir wieder einschlafen konnten, drangen kurz darauf in den frühen Morgenstunden vom See her kommend dröhnende Außenbord-Motorengeräusche zu uns hoch. Die Stunde der Freizeitfischer hatte geschlagen, die am Samstag in aller Herrgottsfrühe schon auf dem See zugange waren ...

Todmüde AT Thru-hiker mit tiefen Augenringen packten ihr Camp zusammen.
Tipp: Einige Meilen weiter nördlich gibt es das Vandeventer Shelter mit ebenso schöner Aussicht auf den See. Man ist zwar fix und alle, wenn man es vom Kincora bis zur Wilbur Dam Road geschafft hat, doch es gilt, die Zähne abermals zusammenzubeißen und sich zum Shelter zu schleppen.
Campt man doch in der Nähe von Straßen, was man aus Sicherheitsgründen eigentlich nicht tun sollte und auf gar keinen Fall, wenn man alleine unterwegs ist, ist es ratsam, gelegentlich den Kalender zu beachten. Am Trail selbst verliert man rasch das Zeitgefühl für Wochenrhythmen, die in der

Tennessee – Seite links: Laurel Fork Falls; Fußbrücke über den Laurel Fork River und Watauga Lake; für Northbounder alles nach dem Kincora Hostel. Diese Seite: Abendstimmung am Appalachian Trail von Buckeye Mountain aus gesehen; Cherokee Nationalforest mit Coon Den Falls nördlich von Buckeye Mountain; für Northbounder alles vor dem Kincora Hostel.

zivilisierten Welt gelten. Es spielt in den Bergen einfach keine Rolle, welcher Wochentag es ist – man wacht auf, packt zusammen und wandert, bis man sein nächstes Camp erreicht hat. Beim Campieren in Straßennähe macht es allerdings einen Unterschied, ob man da freitags, samstags oder mittwochs übernachtet.

Knapp zwei Tagesmärsche später heißt es auf Holston Mountain bei Appalachian Trail Meile 463 ab Springer Mountain: Bye, bye Tennessee – Hello, Virginia!
Three States down, eleven to go! Yay!!!

Trail durch Tennessee-Farmland in Low Gap
zwischen Iron- und Holston Mountain

"*Virginia is for Lovers*"
~ offizieller Slogan zum Old Dominion State

– 3 –

Virginia (VA)

Mit dem Grenzübertritt auf Holston Mountain geht es sogleich in den Thomas Jefferson National Forest hinein, den man in großen Teilen mit gelegentlichen Wechseln in den George Washington National Forest bewandern wird. Wie weitere sechs Präsidenten der USA nach ihnen, stammten die verdienten Staatsmänner der ersten Stunde beide aus dem Bundesstaat Virginia, wo ein jeder sich einen beeindruckenden Landsitz errichten ließ: Thomas Jefferson mit *Monticello* und George Washington mit *Mount Vernon*.
Virginia hat mit 539 Meilen (etwa 867 km) die längste Etappe auf dem Appalachian Trail, was bedeutet, dass man im *Old Dominion State* sehr viel Zeit zubringen wird.
Wenn man Virginia erreicht hat, hat sich der Trail bereits erneut etwas gelichtet, was Northbounder betrifft. Aber auch in Virginia selbst werden noch viele Hiker den Trail verlassen.
Etwa um Zentral-Virginia herum wandert man als Northbounder oft bereits stundenlang alleine am Trail, ohne jemand anderen zu treffen, und es kommt sogar vor, dass man alleine in Sheltern übernachtet.

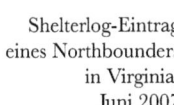
Shelterlog-Eintrag
eines Northbounders
in Virginia,
Juni 2007
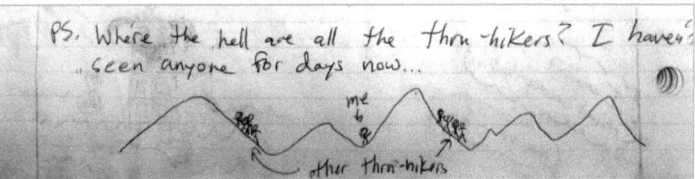

Und nun die ganz üble Nachricht: *Thar' ain't no flats in Virginia*.
Der Appalachian Trail in Virginia wird weder flacher noch leichter. Das ist ein Trailmythos, der scheinbar nicht totzukriegen ist und jedes Jahr hoffnungsvolle Northbounder durch das

Anmerkung zum '*Virginia Welcomes You*' Schild: Der Vogel auf dem Hartriegelzweig ist ein *Cardinal* mit feuerrotem und schwarzem Gefieder. Hartriegel, *Dogwoods*, sind im Süden typische Gewächse, die man bereits in Georgia in den Tälern blühen sieht, bevor man auf die Berge hochsteigt.

8/5/08 After all the speel about the great flats of Virginia from many hikers i am left in two minds; First I wonder if the 'flats' are some sort morale booster or incentive to keep going through North Carolina/Tenessee OR secondly whether there has been a substancial amount of seismic activity since April 27th of this year. Frankly the last 2 hills have put our failing tickers through the mill.

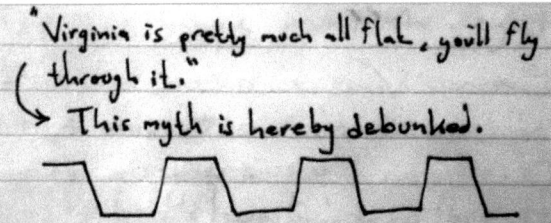

"Virginia is pretty much all flat, you'll fly through it."
→ This myth is hereby debunked.

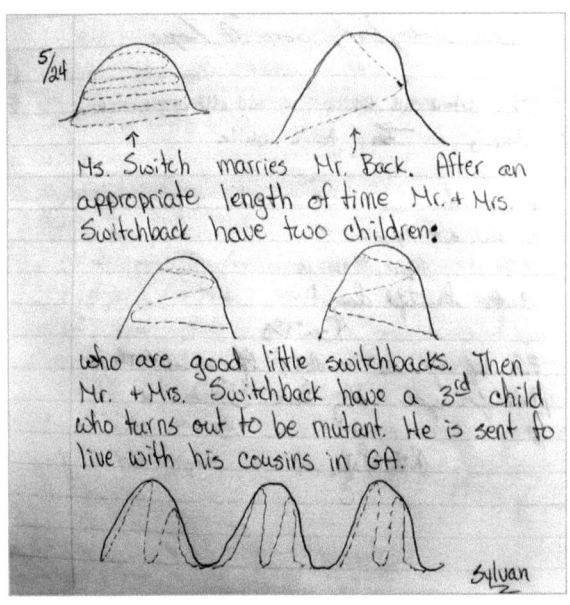

5/24
↑ ↑
Ms. Switch marries Mr. Back. After an appropriate length of time Mr. + Mrs. Switchback have two children:

who are good little switchbacks. Then Mr. + Mrs. Switchback have a 3rd child who turns out to be mutant. He is sent to live with his cousins in GA.

Sylvan

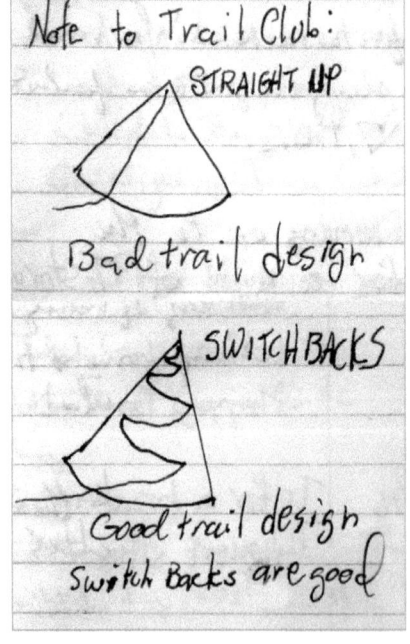

Note to Trail Club:
STRAIGHT UP
Bad trail design
SWITCHBACKS
Good trail design
Switch Backs are good

Ganz oben: *The Virginia Flats* – Logeintrag von 2008 im Maupin Field Shelter, wo man es bereits sehr weit nach Virginia hineingeschafft hat und die Geduld langsam auf eine harte Probe gestellt wird; darunter Logeintrag von 2007. Außerdem: erste Kritik am Trailverlauf …

anstrengende Terrain North Carolinas und Tennessees treibt, in der süßen Hoffnung, Virginia zu erreichen, um endlich auf dem Trail dahinsegeln zu können. Doch – *no cruisin' in Virginia, hikers!*

Dieses Gerücht hat uns Northbounder von 2007 schon den Mund wässrig gemacht; den Northboundern 2008 offenbar ebenso, denn ich fand in einem Shelterlog enttäuschte Einträge, was denn nun Sache sei mit den '*Virginia flats*'. Und auch in einem online blog von 2011 waren diese wundersamen Virginia flats, die natürlich nie kamen, ein Thema.

Wie gesagt, es gibt sie nicht. Es muss weiterhin beständig bergauf und bergab gewandert werden. Zwar nicht mehr so hoch wie noch in North Carolina und Tennessee, aber immer noch ordentlich über jeden Tag verteilt.

Mittlerweile ist es Mitte Mai geworden und damit der Frühling in vollem Gange, was in den Bergen und überall sonst deutlich zu sehen ist. Die Vegetation hat üppig ausgetrieben, sodass neben frisch belaubten Bäumen und Sträuchern der Mountainlaurel in voller, weißer Blüte steht; Mayapples, Trillium und Crested Trillium den Trail säumen, außerdem wilde Iris und auch erste Maiglöckchen, die man von zuhause her kennt (– ein echter Erfolgstreffer, weil bisher nur gemeiner Löwenzahn, Gänseblümchen, Klee und Gras einwandfrei identifiziert werden konnten).

Was es erfreulicherweise kaum zu geben scheint, sind Brennnessel. Auf dem gesamten Trail habe ich nur einige bei Pochuck Mountain in New Jersey gesehen und größeren Bestand an der Nordflanke von Mount Killington in Vermont. Allerdings – wer Poison Ivy hat, braucht keine Brennnessel mehr als heimischen Vegetationsschrecken.

Gegen Mitte Mai/Anfang Juni springen die vielen Knospen an den Rhododendren prachtvoll auf und Virginias Bergwälder verwandeln sich in einen üppig blühenden und dicht bewachsenen Zauberort.

In Virginia gilt es allerdings auch, seine Tagesmeilenzahl anzuheben, denn man hat noch nicht einmal ein Viertel des gesamten Trails geschafft, doch das Zeitfenster ist unverrückbar gegeben, sowohl vom B2 Visitor's Visum als auch von Mount Katahdin. Es hilft nichts – damit muss man sich befassen.

Das sind genau diese Punkte, die allen Vorstellungen vom fröhlich-genussvollen Weitwandern zuwiderlaufen: Zeitmanagement und Zeitdruck durch äußere Umstände; Tagesetappen, die durchgeplant und abgelaufen werden müssen. Das hört sich allerdings unangenehm nach Job an und nicht nach monatelanger, unbeschwerter Freiheit in der Natur.

Leider sind das aber Aspekte eines Thru-hikes auf einem US-Weitwanderweg.

Damascus, Hauptstraße und Eingangsbogen, den Hiker beim Hineinwandern passieren

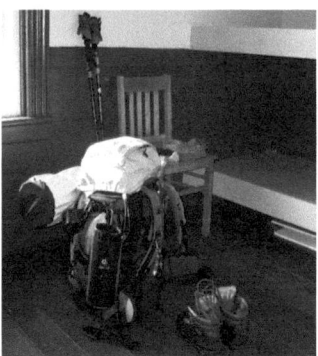

The Place Hostel in Damascus mit Bild zu Earl Shaffers 1998-er Hike und den Trail Days ein Jahr später

Rechts, drei Photos untereinander: Mount Rogers Gebiet nach Damascus mit Blick auf die Appalachen in Tennessee (Mitte).
Oben: Vorgriff auf einen der Brushy Mountains mit grasigem Bergrücken, und Regendunst im Thomas Jefferson Nationalforest südlich von Pearisburg

Es gibt sogar noch mehr einzuplanen, etwa, dass man sich verletzt und eine Zeit lang aussetzen muss, wofür man sich zur Sicherheit noch einen Zeitrahmen extra schaffen muss, falls es zu so etwas kommt. Auch deswegen sind weitere Tagesetappen geboten.

Man hat leider keine Gewähr dafür, dass man sich nicht irgendwann im Lauf der Wanderung verletzt. Das Risiko ist gegeben und etlichen Hikern passiert es auch, dass sie sich mit Borreliose infizieren, oder sich Knöchel verstauchen bis hin zu solchen Dingen wie Knochenbrüchen an Armen, Handgelenken und Beinen. Solche Unglücksfälle hat es 2007 am AT unter Northboundern leider gegeben.

Knapp vier Meilen, nachdem man in den Thomas Jefferson National Forest hineingewandert ist, erreicht man mit Damascus, *der* Trailtown auf dem Appalachian Trail schlechthin, einen weiteren Meilenstein auf der Gesamtstecke.

Durch diese sehr hikerfreundliche Kleinstadt in Süd-Virginia führt der Trail geradewegs hindurch. Hier bleibt man ein bis zwei Rasttage, für die üblicherweise in einem weiteren legendären Hostel eingekehrt wird: *The Place*, ein zweistöckiges Haus in typisch amerikanischem Stil der Privatwohnhäuser, das seit Jahrzehnten schon von der örtlichen Methodistenkirche auf Spendenbasis betrieben wird.

Als Northbounder wird man möglicherweise keinen Platz mehr in den Bunkrooms im Ober- und Erdgeschoss finden, weil Damascus zu dieser Zeit im Mai voll ist mit Hikern für die jährlich veranstalteten Trail Days. Aber auf dem großflächigen Rasen um das Hostel herum ist Campieren erlaubt, wo man mit einem freien Plätzchen Glück haben dürfte.

In Damascus weiß man, was mit der eigenen Ausrüstung funktioniert und was eher nicht, sodass man im örtlichen gut sortierten Outfitter für Abhilfe sorgt, oder sich während der Trail Days bei den Ausrüstungsherstellern an den Ständen umsieht, was man da ergattern kann.

Es ist nun auch die Zeit, seine Winterausrüstung auszusortieren und in eine Bouncebox zu geben, die man sich etappenweise entlang des Trails bis nach Hanover, New Hampshire voranschickt, denn auf der gesamten Strecke zwischen Damascus und dort benötigt man diese Ausrüstung nicht mehr: sommerliche Temperaturen sind schon im Gange.

Der US Postal Service hält Päckchen bis maximal einen Monat postlagernd für einen bereit, daher muss man seine Ausrüstung über mehrere Etappen schicken, denn in einem Monat wandert kein Mensch von Damascus, Virginia, bis Hanover, New Hampshire.

Nördlich von Damascus führt der Appalachian Trail unterhalb des bewaldeten Gipfels von Whitetop Mountain vorbei, dem zweithöchsten Berg* Virginias. Vom Trail aus hat man gegen Süden einen phantastischen Ausblick zu den Appalachen in Tennessee, während man zur

|* der höchste Berg Virginias ist Mount Rogers ganz in der Nähe zum Appalachian Trail

Abwechslung auf einer grasigen Bergstrecke wandert, die nicht die ganze Zeit über durch Bergwälder verläuft.

Gleich nach Whitetop Mountain geht es hinunter zu Elk Garden und damit in die Grayson Highlands, einer wildschönen, hochgelegenen und weiten Graslandschaft, die 360 Grad Panoramaaussichten bietet. Diese Highlands haben hier und da vereinzelte Baumgruppen und Buschvegetation, sind aber hauptsächlich eine mit Wildblumen und Gras bewachsene Landschaft. Und diese ist nicht natürlich so entstanden, sondern vor Generationen als Weideflächen gerodet und durch stetes Grasen von Nutzvieh zu dem geworden, was man heute genießen darf, wenn man dem Appalachian Trail hindurch folgt.

Die Grayson Highlands sind ein Beispiel, wo der Eingriff des Menschen in die Natur etwas Wunderschönes hervorgebracht hat.

Tourenrucksackgeplagte AT Thru-hiker lieben die Etappe dort schon deshalb, weil sie angenehm zu wandern ist. Wenn es eine Stelle neben den Southern Balds in den Roan Highlands gibt, auf der sich bis zum aktuellen Standort als AT Hiker Genusswandermomente einstellen, dann hier. Mit Glück sieht man auch einige der Ponies, die in dieser Hochlandgegend leben.

Nach den Grayson Highlands kommt man beim Verwaltungsgebäude der *Mount Rogers National Recreation Area* vorbei, bei dem sich das Partnership Shelter befindet.

Grayson Highlands auf dem AT nördlich von Damascus im Mount Rogers Gebiet

Das ist ein zweistöckiges, geradezu luxuriöses Shelter mit warmer Duschgelegenheit und Spülbecken, in denen man seine Wäsche waschen kann.
Im Verwaltungsgebäude gibt es während der Öffnungszeiten einige Snacks und Getränke zu kaufen, und direkt vor dem Gebäude kann man sich über ein öffentliches Münztelefon warme Pizza liefern lassen.
Es ist keine Frage, dass Thru-hiker einen solchen Service auch ausgiebig nutzen. Auf der Etappe Damascus bis Pearisburg liegen andere mögliche Ortschaften zur Einkehr entlang des Trails etwas ungünstig, sodass solche Gelegenheiten, in denen man seinen Proviant etwas strecken kann, hochwillkommen sind.

Es dürfte mittlerweile aufgefallen sein, dass typische Thru-hiker-Nahrungsmittel im großen Ganzen aus der Kategorie *Junkfood* stammen. Das hat den einfachen Grund, dass damit wesentliche Bedürfnisse gedeckt werden, die den Körper bei der täglichen Wanderei leistungsfähig erhalten: Zucker, Fett und Kohlenhydrate. Vitamine und Mineralstoffe werden über allerlei Sport- und Müsliriegel aufgenommen, die sie als Zusatz enthalten, ansonsten über Multivitaminpräparate, die man obendrein einnimmt.
Ein AT Thru-hike entspricht keinem gesundheitsbewussten Wellnesswandern. Man könnte weder die nötigen Lebensmittelmengen schleppen, die man dazu bräuchte, einmal von der Menge her und zum anderen vom Gewicht her nicht, noch würden sie in der Hitze der Sommermonate am Trail genießbar bleiben, ganz zu schweigen davon, dass man die benötigte kalorische Energie nicht erhielte, die man tagtäglich auf dem Trail verbrennt, und die ohnehin schon mit den Junkfood-Artikeln im Proviant nicht voll gedeckt wird, denn man nimmt ja trotzdem noch an Körpergewicht ab.

 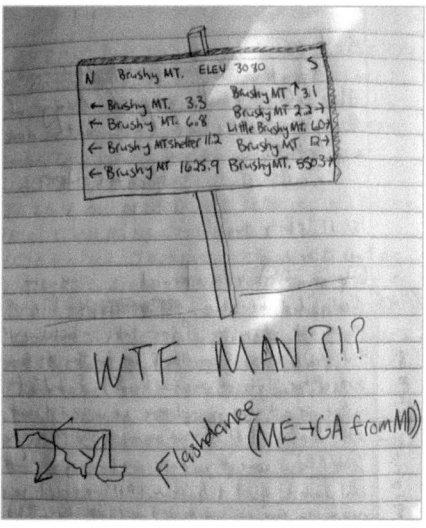

Partnership Shelter und Logeintrag im Knot Maul Branch Shelter zur Brushy Mountain Problematik ...

Bei gesundem Essen, so fein das im normalen Alltag auch sein mag, schafft man einen Langstreckentrail wie den AT als Komplettwanderung einfach nicht.

Gerade solche Hiker, die sowieso schon sehr schlank zum Trail kommen oder zierlich gebaut sind, müssen während des Thru-hikes zusehen, dass sie sich mit Junkfood mästen, um nicht zu viel Körpergewicht zu verlieren, und das geht einfach nicht mit Salaten und viel Gemüse.

Da müssen Pizza und Nudeln mit viel Käse, Chips und Fritten her. Außerdem reichhaltige Milkshakes, Snickers, Donuts mit allerlei Zuckerglasur, Cola und andere pappsüße Getränke, ebenso Sahneeiscreme in Großportionen. Auch fettige Würstchen, Kartoffelpüree und Mc Donald's in allen Varianten, die die amerikanische Systemgastronomie nur hergibt.

Auf der Etappe bis Pearisburg führt der Appalachian Trail über zahlreiche Berge, die *Brushy Mountain* heißen. Manche folgen sogar aufeinander. Da empfiehlt es sich, genau aufzupassen, welche der namensgleichen Landschaftserhebungen man gerade bewandert, damit man nicht durcheinanderkommt.

Überhaupt ist das so eine unterhaltsame Sache mit den Bergnamen bei den Amerikanern. Nix da mit Grünkopf, Predigtstuhl oder Jungfrau und dergleichen; in der US-Bergwelt wimmelt es allerorten von *Butt-Mountains*, die im Westen als *Butte* geschrieben werden – allein in North Carolina ist man erst über einen *Big Butt Mountain* gewandert, dessen Höhenprofilgrafik am runden Gipfel tatsächlich eine 'Handwerkerspalte' in der Mitte zeigt. Nicht zu vergessen die *Grand Tetons* im Westen, bei denen die Amerikaner auf die Franzosen verweisen, die das Gebirge so

Rhododendrondickicht über Kopf; blühender *Catawba-Rhododendron* (pink) und blühender *Mountainlaurel*

benannt haben sollen, bevor die Gegend von der USA übernommen wurde.

Also, wenn gerade keine anderen Bergnamen zur Hand sind, wird in der US-Bergwelt gerne auf greifbare Körperteile zurückgegriffen, was beim Kartenlesen natürlich für große Heiterkeit sorgt, ebenso wie diese Abfolge von Brushy Mountains in Virginia, für deren Namen wohl das Gestrüpp auf diesen Bergen ausschlaggebend gewesen sein dürfte.

Was man in den Bergwäldern nun auch zu sehen bekommt, sind prachtvoll aufblühende Rhododendren, durch deren Dickichte der Trail immer wieder verläuft. Ein Blütenmeer aus wachsweißen bis zartrosafarbenen Blüten rings um einen herum und auf dem Boden ein Teppich von abgefallenen Blüten, über die man wandert.

Ein traumhaft schöner Anblick!

Solche üppigen, großen Rhododendren habe ich in Europa noch nicht gesehen, wie sie vor allem im Süden in den Appalachen wachsen. Einmalig schön – da sind die '*Rhodo-slaps*' (Rhododendronblatt-Ohrfeigen) vom Frühling schnell vergessen.

Immer öfter passiert es einem nun in der Früh, dass man unversehens geradewegs mit dem Gesicht voran in ein Spinnennetz latscht, das genau über dem Trail gespannt ist. Nervenaufreibende Sekunden mit hektischem Abrubbeln und eingebildetem Spinnengekrabbel auf der Haut und unter Kleidungsstücken folgen, bis man wieder eini-

blühender *Great Rhododendron* in wachsweiß bis zartrosa. Es gibt auch pink-weiß-gestreifte Blüten bei den Rhododendren in den Bergwäldern der südlichen Appalachen

germaßen beruhigt weiterwandern kann. Diese Art von Wildtiererlebnissen werden einen die nächsten Monate über ein steter Begleiter bleiben, denn irgendwie scheinen die Spinnen in den Appalachen große Freude daran zu haben, bei wärmeren Temperaturen in der Nacht ihre Netze exakt auf Gesichtshöhe über dem Appalachian Trail aufzuspannen.
Und der Sommer ist gerade erst im Anmarsch.

Ein Erlebnis der Extraklasse sind die üppigen Mountainlaurelbüsche zu beiden Seiten des Trails. Wenn es zu regnen aufhört oder wenn man schon erleichtert dachte, einem nächtlichen Schauer unbeschadet in einem Shelter entkommen zu sein, kommt die Stunde des Mountainlaurels: von der Hüfte abwärts bis in die Schuhe hinein erhält man eine kräftige Autowäsche, bis die Kleidung tropfnass an einem klebt und die Bergschuhe schon Geräusche machen, so voll werden sie mit Wasser.
Diese Büsche halten Regenwasser, das glaubt man nicht.
Da ist der Regen schon längst vorbei, und trotzdem läuft man von der Hüfte abwärts tropfnass durch die Bergwälder Virginias. Und diese Bergwälder sind üppig bewachsen!
Da gibt es stellenweise eine dermaßen dichte Vegetation, dass man eine Machete bräuchte, um sich abseits vom Trail durch die Wälder zu bewegen. Farne in regelrechten Plantagen stehen über einen Meter hoch und erfüllen den Wald mit ihrem süßlichen Duft.
An den Bäumen wachsen lianenartige Pflanzen hoch, die *Virginia Creepers*, die den Wald bei Re-

gen mit dem typischen Dunst wie einen tropischen Regenwald aussehen lassen.
Virginia explodiert geradezu in üppigster Vegetation, wenn man als Northbounder durch die Bergwälder durchkommt.

Zwar gibt es immer wieder Etappen auf dem Appalachian Trail, die aus den Bergwäldern auf grasbewachsene oder felsige Bergrücken führen und über kleinere Lichtungen; auch Aussichtspunkte kommen immer wieder vor und natürlich eine schöne Strecke mit Farmland, vorbei an Kühen und durch sanft hügelige Weiden hindurch – der Großteil der Gesamtstrecke durch Virginia aber wird in den Bergwäldern gewandert.
Und das führt bei etlichen Hikern nach einer Zeit zu einem *Green-Tunnel-Syndrome*, das sie so aufregt, dass sie den Trail genervt verlassen.
Es ist eine mentale Herausforderung, die mancher wohl auf Dauer nicht gut verkraftet, tagelang in einem dicht bewachsenen Waldstück unterwegs zu sein.
Wesentlich mehr Hiker erreichen noch die Grenze Tennessee/Virginias als diejenige Virginia/West-Virginias.
Von meiner eigenen Erfahrung mit zweimaligem Durchwandern Virginias kann ich diese Empfindungen, die andere Hiker auf dem Trail wohl bekommen, nicht bestätigen.
Ich fand die Bergwälder abwechslungsreich, denn man wandert ja nicht immer durch dasselbe Vegetationsschema. Mal ist es feuchter, mal felsig und trockener – entsprechend ändert sich die Vegetation von üppig dicht zu eher luftig mit offenem Bewuchs.

Thomas Jefferson Nationalforest südlich von Pearisburg

Wenn man Pearisburg erreicht, wo wieder Raststelle ist mit allen notwendigen Stadterledigungen, erlebt man das erste Mal eine sehr weitläufig und hügelig gelegene Ortschaft, in der es große Strecken zu laufen gibt. Unterwegs zum *Holy Family Church Hostel*, das von der örtlichen Katholischen Kirchengemeinde auf Spendenbasis unterhalten wird, kommt man glücklicherweise an kleineren Geschäften vorbei, in denen man sich schon einmal vorab etwas gönnen kann, bis man beim Hostel ankommt.

Das Hostel liegt am Ende einer kleinen Straße durch eine Wohngegend auf einem Hügel, gleich neben der Kirche. Umgeben von einem großzügigen Rasen, mit einer riesigen, überdachten Veranda und Grillgelegenheit, hat man hier wieder ein wunderschönes, uriges Gebäude zumeist aus Holz, in dessen Obergeschoss sich einfache Matratzenlager befinden.

Auch das war wieder ein Hostel, das mir vom ganzen Ambiente und der Ausstrahlung her sofort gefallen hat.

Man hat hier zwar mit einfach gehaltenen, schlichten Unterkünften zu tun, doch jedesmal auch mit einem eigenen Charme, der mich gleich für sich einnahm.

Nach Pearisburg wandert man in ein Gebiet auf Peter's Mountain, in dem Gipsymotten oben in den Bäumen aktiv sind. Anfangs schaut man noch irritiert gen Himmel, weil man dicke Regentropfen auf das trockene Laub am Waldboden fallen zu hören glaubt.

Morgenstimmung auf einem Bergrücken der Brushy Mountains; Aussicht auf das Holston Valley und die kleine Ortschaft Troutdale

Aber vom Himmel kommen keine Wassertropfen, sondern diese beständigen Kotkrümel, die die Motten beim Laubvertilgen abdrücken. Cowboycamping und Essen kochen unter freiem Himmel mit offenem Topf ist hier keine so gute Idee. Man weiß ja nicht mit Sicherheit, dass einem nachts im Schlaf nicht doch etwa irgendwann die Kinnlade aufklappt, wenn man gerade am Rücken liegt, während die Motten oben in den Bäumen weiterhin munter ihr Geschäft verrichten ...

Auch das Mottengebiet hat einmal ein Ende - zumindest vorläufig, denn in Maryland und Pennsylvania kommen erneut einige Stellen - und in Virginia folgen nun einige abwechslungsreiche Strecken: Auf einem grasigen Wegstück im Tal nach John's Creek Mountain kommt man an einer mächtigen Eiche mit weit ausladenden Ästen vorbei. Das Alter von *Keffer Oak* wird auf 300 Jahre geschätzt. Einen weiteren Baumgiganten dieses Ausmaßes sieht man erst wieder im Dutchess County im Bundesstaat New York.

An dieser Stelle soll eingeschoben werden, dass den Bergwäldern der Appalachen, die sowohl aus Laubbäumen als auch aus Nadelhölzern bestehen, eine sehr typische Baumart verloren gegangen ist, die das Erscheinungsbild der Appalachen noch bis ins frühe zwanzigste Jahrhundert hinein geprägt hat: der *American Chestnut Tree*.

Diese Amerikanische Kastanie wuchs typischerweise zu mächtigen, riesigen Bäumen mit hoher Baumkrone heran, nicht unähnlich der alten Eichen am Trail, aber um ein Vielfaches höher. Die Baumstämme dieser mächtigen Kastanien waren so umfangreich, dass mehrere erwachsene Menschen sich an den Händen fassen mussten, um einmal um den gesamten Stamm herumzureichen und selbst dann noch im Vergleich zum Baumstamm disproportioniert klein wirkten.

kurze Etappe entlang am Holston River; im urig-schönen Holy Family Church Hostel in Pearisburg

eingerahmt von der mächtigen Keffer Oak ist Dragon's Tooth auf Cove Mountain

Ein aus Asien eingeschleppter Pilz hat diese Baumart um 1904 herum, wo er in New York City erstmals entdeckt wurde, innerhalb kurzer Zeit im gesamten Gebiet der Appalachen und deren Ausläufer ausgerottet, womit so ziemlich auf einen Schlag 30-40 % *des gesamten Baumbestands* der Appalachenwälder verloren gingen.

Man schätzt, dass es einst bis zu vier Milliarden American Chestnut Trees in den Bergwäldern des Ostens gegeben hat.

Zwar wachsen nach wie vor kleine Sprösslinge der American Chestnut nach, doch sie sterben nach kurzem Wachstum plötzlich wieder ab. Mittlerweile versucht man, mit einer Kreuzung aus American Chestnut und einer Europäischen Esskastanienart aus Südtirol, eine widerstandsfähigere Kastanienart zu züchten, um den Verlust der American Chestnut auszugleichen. Das Projekt befindet sich allerdings noch am Anfang und wird wohl Jahrzehnte an weiterer Forschung benötigen, bis sich zeigt, ob der gewünschte Erfolg eintritt. Wenn man in Massachusetts vom AT zur Upper Goose

Pond Cabin abbiegt, kann man sich über das Rettungsprojekt informieren, denn dort stehen einige kleine Setzlinge der Kastanien.

Eine weitere Etappe bringt einen auf Cove Mountain hinauf, mit kurzem Seitentrail zu Dragon's Tooth, einem säulenartigen Felsen, der tatsächlich etwas von einem steilen Riesenzahn hat. Es folgt im Abstieg in die Lost Spectacles Gap ein spannendes Stück an einer felsigen Wand hinunter, wo man sich auf schmalen Vorsprüngen im Zickzack-Kurs nach unten bewegt. Tom Campbell, ein Mitglied des Roanoke Appalachian Trail Club, der in den frühen dreißiger Jahren des letzten Jahrhunderts maßgeblich daran beteiligt war, den Streckenverlauf des AT in dieses Gebiet zu verlegen, benannte sowohl die Felsformation Dragon's Tooth als auch die Lost Spectacles Gap, nachdem ihm dort seine Brille bei einer Auskundschaftswanderung abhanden kam.
  Der Abstieg jedenfalls ist schon einmal ein guter Vorgeschmack darauf, was einen in New Hampshire und Maine erwarten wird, mit dem Unterschied, dass in Virginia noch Eisenstreben zum Einhalten angebracht sind. In den Neu-England-Staaten hat man diesbezüglich eine abenteuerlichere Philosophie.

Unten angekommen führt der Trail bald durch Weideland, auf dem Kühe grasen. Es gibt dort keine Gatter, die man öffnet, um hinein- oder hinauszugelangen, man übersteigt etliche *Stilts* – klappleiternartige Holzgestelle, die mitunter eine recht wackelige Angelegenheit sein können. Man muss dabei bedenken, dass man ja mit schwerem Rucksack unterwegs ist, denn unter den Klappgestellen hindurch verläuft der Stacheldraht, mit dem die jeweiligen Weiden eingezäunt sind. Vorher zu prüfen, wie robust die Gestelle noch sind, ist also angebracht, nicht, dass man mitsamt Gestell seitlich im Stacheldraht landet.

Irgendwie ist in Amerika ja alles größer – Entfernungen, Portionen beim Essen, Bäume, Autos, Wanderwege ... und Kuhfladen. Von den Almwiesen in den Alpen hat man eigentlich einen ziemlich guten Ausgangspunkt zur Hand, wie groß die Dinger gewöhnlich sein können. Doch das ist nichts im Vergleich zu den Fladen, die man auf Virginias Weiden vorfindet.

Ich bin direkt stehengeblieben und habe so ein Riesenteil angestarrt; vor allem, nachdem die Kühe ja gewohnte Normalgröße haben.

– Wie machen die das?

Abgesehen von bemerkenswertem Kuhdung hat man mit der in sanften Hügeln gehaltenen Landschaft entlang der Weiden übrigens einen herrlichen Augenschmaus beim Wandern.

Bald darauf steigt man auf Catawba Mountain hinauf und gelangt zu McAfee Knob, einem der Traumplätze des Appalachian Trails in Virginia. Man steht auf einer flachen, felsigen Lichtung auf dem langgezogenen Bergrücken mit einem vorgelagerten Felsstück, das stegartig über den steilen Abgrund herausragt. Ein traumhafter Ausblick in das unten liegende Catawba Valley mit den angrenzenden Bergrücken breitet sich vor den Augen aus. Beide Male hatte ich das Glück, schönes Wetter zu haben, denn bei Regen oder Gewitter ist diese ausgesetzte Felsstelle kein Spaß, zumal es noch weiter entlang dieser Ridgeline

Entlang und durch Virginia Farmland, dann hinauf auf McAfee's Knob mit spektakulärer Aussicht auf das Catawba Valley; Blick über das Carvin Cove Reservoir beim Abstieg von Tinker Mountain

geht, bis der AT wieder in den Bergwald hineinführt. Auf McAfee Knob folgen ziemlich bald im Anschluss mit Tinker Mountain die Tinker Cliffs, auf denen sich erneut herrliche Aussichten in das Catawba Valley unterhalb bieten, während man oben in sicherem Abstand entlang des steilen Felsrands wandert.

Etwa zwei Tageswanderungen weiter nördlich kreuzt der Appalachian Trail in Black Horse Gap das erste Mal den Blue Ridge Parkway, der im Shenandoah National Park direkt in den Skyline Drive übergeht. Auf gut 200 Meilen verläuft der Trail in gewissem Abstand parallel mit dieser Panoramastraße auf dem Rücken den Appalachen.
Hat man den ruhig fließenden James River überquert und weitere Tageswanderungen durch die nachfolgenden Berge Virginias geschafft, betritt man schließlich die Priest Mountain Wilderness im George Washington National Forest. Mittlerweile ist für Northbounder schon die erste Juniwoche vergangen, die Temperaturen in Virginia sind richtig sommerlich, was sich leider auch auf Wasserquellen entlang des Trails auswirkt, die nun lauwarm werden.
The Priest, the beast, fühlt sich von südlicher Seite kommend erst gar nicht so schlimm an, da man schon sehr weit oben auf dem Bergstock unterwegs ist und nur einen kleinen Anstieg zum Gipfel hat. Die böse Überraschung kommt meist am nächsten Morgen, wenn man vom Priest Shelter aufbricht, die Bergkuppe überrundet und dann einen fünf Meilen langen Abstieg in steilen Wegkehren hinunter zum Tye River serviert bekommt, dass man die letzten Kehren am liebsten im Dauerlauf hinuntersprinten möchte, weil die dauernde Belastung derselben Muskelgruppen in Hintern und Beinen einen schier verrückt macht.
Endlich unten am Tye River angekommen, will man nichts mehr, als aus den qualmenden Bergstiefeln hinaus und mit den Füßen hinein in ein erfrischendes Bad im Fluss – und muss enttäuschenderweise feststellen, dass der Fluss lauwarm ist.

Dunst über dem
James River Valley

Wolken und Dunst über dem
James River Valley
nach Westen

Vom Tye River geht es sofort wieder auf sechs Meilen über stramme Wegkehren bergauf in die Three Ridges Wilderness, die oben angekommen zwar herrliche Aussichten bietet, während man über grasbewachsene Bergkuppen wandert, doch die sechs Meilen Aufstieg müssen erst bewältigt werden, und zwar in Sommerhitze. Witzigerweise habe ich bei beiden Thruhikes in diesem Gebiet eine Landschildkröte am Trail getroffen: 2007 beim Aufstieg zu den Three Ridges, 2008 beim Aufstieg hinauf zu The Priest Mountain. Diese Tiere sind ein gutes Sinnbild dafür, wie man sich mit seinem Rucksack bei solchen Anstiegen vorkommt.
Wenn man die Three Ridges geschultert hat, kommt man recht bald zum Maupin Field Shelter, wo es im Shelterlog nun richtig bitter hergeht, was die vorangegangene Etappe betrifft und den als blue blaze aus-

auf der Landstraße aus Glasgow Richtung Trailhead;
Abendstimmung auf Bluff Mountain

gewiesenen Mau-Har-Trail, auf dem sich die Three Ridges im Bergwald umwandern lassen. Von der Definition her ist es so, dass Trails, die als blue blaze markiert sind, leichter sein sollen als die weiß markierte AT Route. Leider aber muss das nicht immer so sein, denn manchmal dienen diese Trails lediglich als Ausweichstrecke, um ausgesetzte Stellen am AT bei gefährlichem Wetter sicherer umgehen zu können.
Den letzten Punkt merken sich die meisten Hiker nicht, sie speichern nur ab: blue blaze = leicht.
Nachdem The Priest die Hikerbeine so ziemlich auslaugt, denken sich einige Gewiefte, man könne die Three Ridges mit dem Mau-Har-Trail easy umwandern UND hat unterwegs Wasserfälle UND Schwimmgelegenheiten obendrein.
Leider ist es Sommer, wo auch in Virginia Wasserstellen trockener, Wasserfälle zu Rinnsalen und Schwimmgelegenheiten sehr seicht werden können und tragischerweise noch hinzukommt, dass der vermeintlich leichtere Mau-Har-Trail tatsächlich noch anstrengender zu wandern ist als die original AT Route ...
Das Shelterlog des Maupin Field Shelters jedenfalls ist ein Quell der Freude, wenn Leute vor einem unterwegs waren, die sich dazu haben hinreißen lassen, die vermeintlich leichtere Variante einzuschlagen, die wie der AT schließlich zum Shelter führt. Bei meinem Southbound 2008 verbrachte ich einen wunderbar vergnüglichen Abend mit etlichen erbosten, vor Wut schäumenden Einträgen. Herrlich!

Kurz nach dem Maupin Field Shelter konnte man bis 2007 einen Abstecher bei Rusty's *Hardtime Hollow* machen, einem Raststop der seinesgleichen sucht, und zwar am gesamten AT.
Nicht weit vom Blue Ridge Parkway gelegen folgte man zunächst einer Kiesauffahrt nach unten, in der hunderte von verschiedenen Verbotsschildern hingen, die einen ziemlich unschlüssig ließen, was man wohl in der kleinen Talmulde am Ende zu erwarten hätte, wenn man bei Rusty Nesbitt's uriger Appalachenfarm ankommt.
Tatsächlich ist die Driveway-Beschilderung zur Unterhaltung gedacht, und Rusty, ein weißbärtiger Mann in blauen Latzhosen im Stil der Waltons-Family, der auf seiner Farm lebt, entpuppte sich als gemütlicher, toleranter Appalachenbewohner mit viel schrägem Humor.
Auf mehrere Holzgebäude verteilt gab es einfache Hütten zum Schlafen, ein Brunnenhaus, ein Plumpsklo, eine Duschhütte, die mit gesammeltem Regenwasser funktionierte, eine Saunahütte und eine riesige Wohnküche in Rusty's Wohnbereich, die seine Gäste nutzen durften.
Es gab keinen elektrischen Strom.
Als ich im Juni 2007 dort übernachtete, hatte ich zusammen mit *Circadian* in Rusty's Saunahäuschen ein unerwartet prickelndes Erlebnis.

Aussicht über die Blueridge Mountains in Virginia von Spy Rocks, in der Priest Wilderness (oben und Mitte)

Brown Mountain Creek

– blue blaze –

Der dritte 'Mann' in der Hütte ...

Solche Dinge wie Sauna findet man entlang des AT eher nicht, daher war ich bei meinem Northbound schon ganz scharf darauf, Rusty's Hard Time Hollow zu erreichen, denn dort gab es eine Saunahütte.
Was ist entspannender, als sich die gesamten Trailstrapazen bei einer ordentlichen Schwitzkur aus dem Körper zu befördern? – eben! Der glückliche Zufall hatte es, dass ich just in der Gegend auf *Circadian* traf, einen weiteren Northbounder, der selbst schon ein begehrliches Auge auf die Saunahütte geworfen hatte.
So liefen wir also schon ganz aufgeregt bei Rusty ein, in der Hoffnung, die Hütte auch nutzen zu dürfen.
Rusty hatte nichts dagegen, erklärte, wie der Ofen zu handhaben sei und wies uns noch an, dort vorher auszukehren, denn es seien Mäuse unterwegs und die Hütte stehe schon längere Zeit unbenutzt.
Als wir später in der Kabine auf unseren Handtüchern saßen und dabei waren zu entspannen - draußen war es schon dunkel geworden und der Ofen hatte schließlich finnische Saunatemperatur erreicht - gab es mit einem Mal ein kratzendes Geräusch.
Als ich vorher schon Richtung Hütte verschwunden war, warnte Rusty *Circadian*, dass wir beim Verlassen der Hütte in der Dunkelheit aufpassen sollten, denn ein Schwarzbär kreuzte dort desöfteren sein Grundstück, wo die Saunahütte war, nicht, dass wir geradewegs in das Tier hineinliefen.
Dieses Detail erfuhr ich erst hinterher.
Während ich noch dachte, dass das sicher eine Maus gewesen war, wurde *Circadian* hellhörig und fragte mich leicht alarmiert, ob das Geräusch in der Hütte gewesen war oder außerhalb.
Ich wunderte mich schon, was die Frage sollte, als es erneut dieses kratzende Geräusch gab – diesmal aber definitiv innen, und zwar von oberhalb des Türstocks kommend, über dem eine Art Regalbrett in rechtem Winkel angebracht über zwei Hüttenwände verlief.
Unbekümmert antwortete ich daraufhin, dass das Geräusch von drinnen gekommen war, und dass ich mal nachsehen ginge – wahr-

Rusty – *just a good old boy!*

scheinlich sei's eh nur eine Maus, die da oben auf den Brettern herumlief. Ich hatte meine Stirnlampe mitgebracht, die zu dem Zeitpunkt leider etwas schwache Batterien hatte, sodass die Weitsicht sich auf die gefühlte Qualität einer 10-Watt-Funzel beschränkte, daher musste ich sehr nah zu dem Türstock hingehen, von woher das Geräusch zweifellos gekommen war.
Wie ich auf das Regalbrett über meinem Kopf blickte, bemerkte ich, dass es links, direkt über dem Türstock ein Loch hatte, über dem sich etwas bewegte.
Schon wollte ich sagen: *"Wusst' ich's doch – nur 'ne Maus; der ist's wohl zu heiß geworden da oben –"* als ich bemerkte, dass etwas Dunkles durch das Loch hindurchkam, und da ich nichts näher erkennen konnte, war der nächste Gedanke, *'das muss aber eine große Maus sein, die da so lange zugange ist –'*; in dem Augenblick erkannte ich auch schon, was da von oben durch das Loch hinunterkam: eine Schlange!
Sofort prallte ich zurück und meldete *Circadian*, der das Ganze ja nicht hat sehen können, weil ich davorgestanden hatte, was los war. *Circadian* meinte daraufhin wenig hilfreich, ich solle doch mal näher herangehen und ausleuchten, um zu sehen, ob das eine Mokkassin sei oder überhaupt – *"Eine Mokkassin!"* (Sehr giftig: augenblickliche Schnappatmung) *"Um Gottes Willen! No Way! Ich geh' da keinen Zentimeter näher 'ran! Aber ganz bestimmt nicht!"*
Sweet Jesus! – Was für eine Situation! Erst konnte es uns gar nicht schnell genug gehen, dass der Ofen endlich aufheizte, doch nun war

es schlagartig zu heiß – ja, geradezu röstend zu heiß; und wir konnten nicht aus der Kabine hinaus, denn am einzig möglichen Ausgang ließ sich gerade in schneckenhafter Langsamkeit, Millimeter für Millimeter ein langes Monstrum von undefinierbarer Schlange herunter, genau vor der Türe!
– Oh Mann!
Das dauerte Ewigkeiten, die wir angespannt unsere Augenpaare auf das Reptil geheftet ließen und schon dachten, in der Kabine elendiglich zu Tode rösten zu müssen oder von einer möglichen Giftschlange gebissen zu werden.
Die dunkle Schlange indes schien kein Schwanzende zu haben, denn sie ließ sich noch immer gemächlich aus dem Loch oben herab, als ihr Kopf unten bereits den Boden berührte.
Dort war glücklicherweise ein weiteres Loch, auf das sie nun zusteuerte. Als sie mit dem Kopf in diesem Loch verschwunden war, materialisierte sich nun oben auch das Schwanzende, dann fiel der restliche Körper mit einem hörbaren Plopp auf den Boden, während die Schlange weiter durch das Loch unten davonkroch.
Kaum, dass der Schwanz darin verschwunden war, stürzten wir aus der Saunahütte heraus – das war's! Keine Sauna mehr!
Die Hütte befand sich am Fuß eines kleinen Hangs gelegenen, von Rusty's Farm entfernt, aber das tat in diesem Augenblick nichts zur Sache; auch nicht, dass es stockdunkel war und wir so gut wie nichts sahen. Wir wickelten uns im Laufen die Handtücher irgendwie um den Körper und schossen zu Rusty hoch, dem wir atemlos berichteten, dass er eine Schlange in seiner Sauna habe und wie wir gerade noch entkommen waren.
Rusty hielt sich den Bauch vor Lachen und klärte uns darüber auf, dass dies seine Hausschlange sei, die auf seinem Farmgelände lebte. Es handelte sich um eine ungiftige Blacksnake, die er ohnehin immer einsammle und aufs Grundstück mitnähme, wenn er welche am Blueridge Parkway sehe, denn diese Schlangen hielten ihm die Klapperschlangen vom Grundstück.

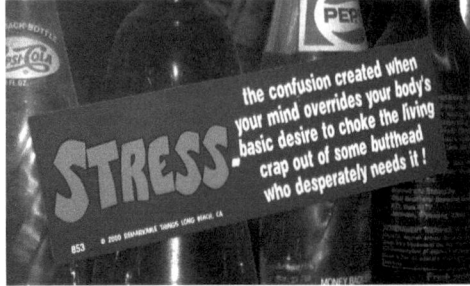

Rusty's *Hard Time Hollow*:

oben links mit Saunahütte vorne im Photo; das *Ritz Way* Plumpsklo; die Küche mit Ausblick und natürlich Hinweisschildern wie überall und meine Koje in einer der Hütten – das war ein herrliches Erlebnis!

Rusty zeigte uns ein Photo, auf dem er mit seinem Haustier zu sehen war – er in blauer Jeanslatzhose und seine Blacksnake in einem Hosenbein, das Kopfende oben auf Rusty's Schulter und das Schwanzende aus dem Hosenbein herausragend auf seinem Schuh.

Und ja – Blacksnakes sind die einzige Schlangenart der Appalachen, die senkrecht hochklettern können. Man sieht sie daher nicht nur am Boden; diese jettschwarzen, langen Reptilien können auch Baumstämme hochkriechen oder in den Rhododendrondickichten im Wald über dem Kopf hängen, während man arglos darunter durchwandert.

Rusty hat seit Anfang der Achtziger Jahre wohl mehr als 12.000 Gäste auf seiner urigen Farm beherbergt, darunter nicht nur Appalachian Trail Hiker, aber auch Radwanderer, und sogar blue blaze Hiker und yellow blaze 'Hiker'.

      Nun war der Mann schon 2007 nicht mehr bestens bei Gesundheit, denn Rusty ist zuckerkrank, was sich zum Jahr 2008 wohl verschlimmert hat, denn im Frühjahr gab es von der ATC die Meldung, dass Rusty's Farm dieses Jahr nicht geöffnet sei, weil er mit gesundheitlichen Schwierigkeiten zu kämpfen habe.

Seither gab es keine weiteren Hinweise mehr, dass Rusty's Hard Time Hollow wieder geöffnet sei. Insofern bin ich sehr dankbar, dass ich zusammen mit *Circadian* ein Rusty-Erlebnis der Extraklasse haben durfte, das zwar zunächst wenig komisch war, hinterher aber zum klassischen Schenkelklopfer schlechthin wurde.

Rusty's Driveway

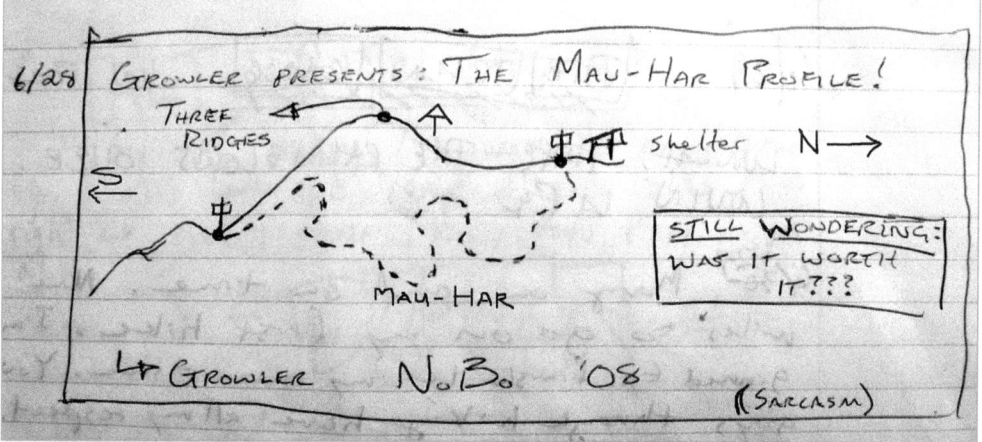

Maupin Field Shelter, Virginia: Logeinträge zur Etappe über die Priest- und die Three-Ridges-Wildernesses und dem Mau-Har-Trail als blue blaze zum AT ...

Shenandoah Nationalpark: Ausblick über den Skyline Drive; die Blueridge Mountains von Mary's Rock gesehen und Aussicht vom Skyline Drive.
Rechts: Ausblick von Mary's Rock (oben, Mitte) und vom Skyline Drive .

Schon nähert man sich Rockfish Gap, dem südlichen Ende des Shenandoah National Park, und damit Nord-Virginia.

Hier ist wieder eine Stadteinkehr nach Waynesboro angesagt, denn es stehen fünf Tage Nationalpark und die Etappe bis Harpers Ferry bevor. Im Shenandoah Nationalpark kommen zwar mehrere Waysides, wo man in Restaurants essen, oder sich in den Shops etwas zu essen kaufen kann, doch diese Stops sind vor allem dazu gedacht, den Proviant im Rucksack zu strecken, damit man nicht am nördlichen Ende des Nationalparks nach Front Royal trampen muss, das etwas ungünstig liegt.

Zwischen Waynesboro, den Waysides im Park und Harpers Ferry gibt es noch das *Bear's Den Hostel* im sogenannten *Rollercoaster* nördlich von Manassas Gap, wo es eine kleinere Snackauswahl zu kaufen gibt, was alles eingeplant werden muss, damit man die Etappe proivanttechnisch schafft.

Waynesboro ist die freundliche Stadt, in der Trailangels einen auf Telefonanruf in Rockfish Gap abholen und bei der örtlichen YMCA Sportanlage absetzen, deren Einrichtung AT-Thru-hiker nutzen dürfen, während sie auf dem Rasen vor dem Gebäude campieren.

Noch etwas weitläufiger als in Pearisburg sind die Strecken in Waynesboro, um Supermarkt, Postamt, Laundromat und Bibliothek abzudecken. Da wird sehr deutlich, dass amerikanische Städte für Autofahrer angelegt sind und nicht für Fußgänger, es sei denn, man ist bereit, richtige Märsche auf sich zu nehmen. Mit dem Schritttempo, das man zu diesem Zeitpunkt als trainierter Thru-hiker jedoch hat, legt man die Strecken recht zügig zurück.

Für Shenandoah Nationalpark ist zwar ein Backcountry Permit nötig, damit man im Park wandern und campieren darf, doch noch ist dieses Papier für AT-Thru-hiker kostenlos bei den jeweiligen Registrierungskiosken an den Eingängen des Parks in Nord und Süd direkt am AT zu bekommen. Man füllt das Formular ähnlich wie bei den Smokies aus, gibt seine Campstellen an und wirft einen Durchschlag in den Briefkasten, während das andere Papier, das auf Tyvekfolie gedruckt ziemlich wetterbeständig ist, außen sichtbar am Rucksack befestigt wird.

Und hinein geht es in den Park *'der Tochter der Sterne'*, was die indianische Wortbedeutung hinter Shenandoah ist.

Auf 98 Meilen mäandert der Appalachian Trail mal östlich, mal westlich vom Skyline Drive, der Panoramastraße durch den gesamten Park, die insgesamt 28 Mal gekreuzt wird. Das Wanderterrain ist für Thru-hiker eher angenehm und bietet viele günstig gelegene Aussichtspunkte am Trail.

Dass Trail und Skyline Drive so nah aneinander liegen, liegt daran, dass der Appalachian Trail ursprünglich in großen Streckenabschnitten auf der Route der erst später gebauten Panoramastraße durch den Park verlief und dieser Fahrbahn aber wei-

üppiges Grün im Shenandoah Nationalpark und erste
Sonnenstrahlen brechen durch Laub und Dunst

chen musste, sodass er nun in einem beständigen Kreuzungskurs mal östlich, mal westlich der Straße verläuft. Im Park gibt es neben eingerichteten Campstellen für motorisierte Besucher mit Zelt oder mit Wohnmobilen, die man auch als Hiker kostenpflichtig nutzen kann, entgeltfreie Huts und Shelter.

Im Gegensatz zur üblichen Bedeutung sind Shelter im Shenandoah National Park nur als Tagesraststätten gedacht, bei denen nicht campiert werden darf, während Huts (Hütten) den Sheltern entsprechen, die man vom AT her kennt.

Weil nun der Skyline Drive recht nah zum Trail verläuft und man mit wilden Campstellen, die man sich entlang des Appalachian Trails im Park durchaus auch suchen kann, nicht sicher ist, habe ich bei beiden Thru-hikes grundsätzlich darauf verzichtet, unterwegs wild zu campen und bin von Hut zu Hut gewandert.

Das ist eine Vorsichtsmaßnahme, die ich in meiner Lage als allein Wandernde einfach geboten fand, unter den gegebenen Umständen mit einem bis heute ungeklärten Doppelmord an zwei jungen Frauen bei einer inoffiziellen Campstelle und dem Überfall auf eine Mountainbikerin vom Skyline Drive aus.

In den Huts sind immer mehrere Hiker, denn der Park ist in den Sommermonaten ein beliebtes Wandergebiet auch für Section-hiker. Weder beim Northbound noch bei meinem Southbound habe ich jemals alleine in einer der Huts übernachtet. Dort ist die Sicherheit in der Anzahl der Übernachtenden gegeben.

Außerdem gibt es bei den Huts Vorrichtungen, an denen man seinen Proviant bärensicher weghängen kann.

Wenn man als Northbounder bisher Pech hatte, Bären in freier Wildbahn zu sehen, dann ist die Chance nun sehr groß, dies in den fünf Tagen im Park erleben zu können, denn der Park hat eine große Schwarzbärenpopulation, die innerhalb des Geländes auch nicht gejagt werden darf.

Die sogenannten *Bearpoles*, an denen man bei den Huts seinen Proviant über Nacht weghängt, sind allerdings ein Erlebnis für sich.

So ein Bearpole ist eine im Boden festzementierte, gut fünf Meter hohe Eisenstange, an deren oberen Ende kranzförmig Haken angebracht sind. Mit einer weiteren, losen Stange, die am oberen Ende einen Haken hat, soll man theoretisch seinen Proviant von einem auf den anderen Haken befördern.

Praktisch allerdings stellt man sich an wie der letzte Idiot, während andere Sheltergenossen einem belustigt dabei zusehen, wie die ohnehin schon schwere Eisenstange wegen des Gewichts am oberen Ende nach vor, zurück und zu den Seiten schwingt, während man schlingernd in jeweils alle Richtungen torkelt, um nicht das Gleichgewicht zu verlieren, bis man das Ganze dann (hoffentlich) irgendwann zustandebringt und die Dinger oben hängen.

Thru-hiker-Proviantsäcke sind ja keine leichtgewichti-

Vegetation in den Wäldern des Nationalparks und die "Vergeblichkeits"-Stange fürs Bearbagging bei den Huts, zur allgemeinen Belustigung für alle Anwesenden

gen Pausenbrotangelegenheiten, sondern wiegen mehrere Kilogramm, und das noch zwei- bis dreifach, je nachdem, wieviele Säcke man da hat. Und ich hatte drei klotzschwere Dinger.

Neben der lohnenden Aussichtspunkte entlang des Appalachian Trails im Park erlebt man, wie Weißschwanzrehe in ziemlicher Nähe zum Trail grasen, während man an ihnen vorbeiwandert. Man sieht Ricken mit noch gepunkteten Kitzen, die neugierig die Köpfe heben und zu einem herüberblicken, wenn man daherkommt.
Bei meinem Southbound sah ich in unmittelbarer Nähe eine Ricke mit zwei Kitzen - bisher wusste ich gar nicht, dass sie auch zwei Kitze haben können - und einen jungen Hirsch, der erhaben im Grün neben dem Trail stand und zu mir hersah, bevor er langsam weitertrottete.
Außerdem kommt man an alten Grabsteinen vorbei und wandert auch auf einem Wegstück, das von ehemaligen Bewohnern dieser Gegend angelegt worden war.
Der Shenandoah Nationalpark wurde im Jahre 1935 auf Land gegründet, das zu diesem Zeitpunkt noch von knapp 465 Familien bewohnt gewesen war, die dort ihre Farmen betrieben. Die Bewohner wurden mehr oder weniger freiwillig umgesiedelt, nur 45 älteren Bewohnern war es gestattet, bis zu ihrem Tode in ihren Häusern im nun neugegründeten Parkgebiet zu verbleiben.

Seit einiger Zeit schon dürfte man bemerkt haben, dass die Kleidung, die man trägt, nie trocken ist, weil die Wälder eine dampfig-schwüle Wärme halten, in der man sich wie durch ein Treibhaus bewegt und nicht richtig trocknen kann. Diese schwülwarmen Temperaturen werden einen noch sehr lange begleiten, sogar bis in die Neu-England-Staaten hinein.
Man friert nicht, weil es so warm ist, aber alles an einem dran ist halt immer etwas feucht und klebrig, was mit dem eigenen Schweiß noch unterstützt wird.

Nördlich vom Shenandoah Nationalpark kreuzt der Appalachian Trail Manassas Gap, mit der allmählich immer mehr Bürgerkriegsgeschichte zu einem Thema entlang des Trails wird.
Als konföderierte Soldaten am 12. April 1861 Fort Sumter in South Carolina unter Beschuss genommen hatten und das Fort schließlich einnahmen, reagierte der Norden mit einem Gegenschlag.
Am 21. Juli 1861 fand bei Manassas die erste Schlacht des Amerikanischen Bürgerkriegs statt, zu der Unionstruppen in den Norden Virginias einfielen und gegen den Süden verloren.
Für die Union war dies die Schlacht bei Bull Run, für die Konföderierten die Schlacht von Manassas. Es war dieser Einfall, der den späteren General der Konföderierten, Robert E. Lee, dazu bewog, auf Seiten der Konföderierten zu kämpfen.

bei Sonnenuntergang im Shenandoah Nationalpark unterwegs
Richtung Bearfence Hut,
11. August 2008

Nicht, weil Lee hinter der Sache des Südens stand, sondern weil die Union Virginia attackiert hatte und es ihm primär darum ging, seinen Heimatstaat Virginia zu verteidigen.

Robert E. Lee hatte längst Anfragen vom Norden erhalten, im Kriegsfalle als General auf deren Seite gegen den Süden zu kämpfen. So, wie viele künftige Generäle auf beiden Seiten, hatte Lee eine exzellente Ausbildung an der renommierten Militärakademie in West Point genossen; seine Fähigkeiten waren in Militärkreisen bekannt, weswegen der Mann auch im Norden sehr gefragt war.

Der Angriff auf Virginia entschied für Robert E. Lee die Seitenfrage.

Es mag befremdlich klingen, dass die Amerikaner trotz gemeinsam geführten Unabhängigkeitskriegs gegen die Briten keinen gesamtstaatlichen Patriotismus pflegten, doch nicht nur für Lee galt in diesen Zeiten, dass er zuallererst Bürger seines Bundesstaates war, und dann erst Amerikaner. Aus der Bürgerkriegszeit gibt es rührende Berichte von ganzen Regimentern aus Maine, die bei den später folgenden Schlachten Seite an Seite geradezu Heroisches geleistet haben, im Verständnis, für ihren Heimatstaat ordentlich einzustehen.

Manassas Gap, durch die heute ein US Interstate führt, folgt am Trail recht bald der sogenannte Rollercoaster: auf einer Strecke von 13,5 Meilen geht es über zehn bewaldete Berge hinauf und wieder hinunter, und zwar geradeaus hoch und geradeaus hinunter, ohne Wegkehren, denn dieses Trailstück verläuft auf einem sehr schmalen Korridor, der keine andere Wahl ließ, als das Ganze in Achterbahnmanier anzulegen, daher auch der Name.

Ein Trostpflaster gibt es jedoch, denn nach dem achten Anstieg kommt kurz nach Bear's Den Rocks, die eine Aussichtsgelegenheit ins Shenandoah Tal zum Westen hin bieten, ein Seitentrail zum *Bear's Den Hostel*.

Dieses Hostel befindet sich in einem älteren, schottisch anmutenden Steinbau, den man in den Appalachen nicht erwarten würde. Dort gibt es ein Hiker-Special, das neben den üblichen Hostelservices noch Pizza, Sodagetränke und einen großen Becher Ben&Jerry's Eiscreme beinhaltet. Wer bis hierher auf dem AT verblieben ist, muss das nicht zweimal gesagt bekommen, um mit regelrechten Siebenmeilenstiefeln über den Rollercoaster zu rauschen, in Richtung Bear's Den Hostel.

Als ich mich am 18. Juni 2007 bereits um 6 Uhr 35 früh vom Rod Hollow Shelter aus auf den Weg in Richtung Hostel zu machen vermeinte, schlug ich vor lauter Vorfreude auf Ben&Jerry's Eiscreme bei der Abzweigung zurück zum AT glatt die falsche Richtung ein und wanderte southbound, ohne es zu merken. Ich hätte wohl nach 15,5 Meilen mit ziemlich langem Gesicht wieder in Manassas Gap gestanden, wären mir nicht zwei andere Northbounder am Trail begegnet, die mich sogleich erfreut fragten, ob ich denn Southbounder sei.

Ich verneinte und erzählte ihnen, dass ich Richtung Bears's Den unterwegs sei, worauf sie mich informierten, dass ich dann aber in die falsche Richtung liefe, denn sie beide seien auch Northbounder und die Richtung, aus der ich käme, sei die richtige.

Nun hatten die beiden freundlichen Herren keine Ahnung, wie überzeugt ich jedoch davon war, in der richtigen Richtung zu laufen und daher ganz forsch meinte, sie seien in der falschen Richtung unterwegs.

– Ein Klassiker!

Die Situation auf dem Trail mitten im Wald entbehrte keiner Komik, und konnte erst aufgelöst werden, als die beiden mich fragten, ob ich das gestern spät abends noch gewesen sei, die im Dunkeln mit Stirnlampe Richtung Rod Hollow Shelter unterwegs war, denn sie hatten ziemlich in Trailnähe campiert und mich gehört.

Das war tatsächlich so gewesen, denn ich erreichte das Shelter erst gegen halb elf Uhr nachts. Auch ich konnte mich daran erinnern, unterwegs an Zelten vorbeigelaufen zu sein.

Damit war die Situation natürlich klar und wir drei hatten einen herzhaften Lacher, denn wären die beiden nicht dahergekommen, hätte ich mich noch länger gewundert, wo denn der angekündigte Rollercoaster nur bliebe – soweit war ich nämlich schon von ganz alleine gekommen, dass mir der normale Trailverlauf etwas seltsam vorkam; aber nicht, dass ich etwa in der falschen Richtung unterwegs war, *mind you!*

Abendstimmung bei Turk Gap (2008), Shenandoah Nationalpark; Ausblick über die Blueridge Mountains entweder noch von den Three Ridges aus oder im Shenandoah Nationalpark von einer der Aussichtspunkte (2007) und Ausblick vom Glasshollow Overlook, südlich von Rockfish Gap (2008)

Die Virginia Woods im Frühjahr und Sommer mit Dampf und üppiger Vegetation

Witzigerweise ist einem anderen Hiker nach mir genau dasselbe passiert, als er den Seitentrail vom Shelter hochkam und auf den AT abbog.
Und noch witziger ist, dass ich einen kleinen Kompass vorne am Rucksackträger hängen hatte, mit dem das Ganze auf einen Blick zu prüfen gewesen wäre, doch auf die Idee kam ich gar nicht erst, denn natürlich waren meiner Meinung nach die beiden anderen Hiker in falscher Richtung unterwegs, ganz klare Sache!
Da hätte mir ein Trupp Pfadfinder entgegenkommen können und selbst denen hätte ich mit voller Überzeugung auf die Stirn zugesagt, allesamt in falscher Richtung zu laufen – da kenn' ich nix!
Bei meinem zweiten Thru-hike ein Jahr später traf ich meine beiden Retter aus Nordvirginia zufällig beim sogenannten Lemon-Squeezer im Bundesstaat New York auf dem Trail, als ich southbound (diesmal richtig) und sie wieder northbound unterwegs waren.
Das war vielleicht ein Hallo mit viel Gelächter über die köstliche Anekdote südlich der Rollercoasteretappe vom Vorjahr. – *"Now wasn't that hilarious?"* als rhetorische Frage gestellt, denn natürlich war das der Brüller des Tages gewesen!

Nach dem lohnenden Aufenthalt im Bear's Den Hostel kommt man durch ein Bergwaldgebiet, das in Zeiten des Bürgerkriegs Operationsstätte einer sehr schillernden Figur der Konföderierten gewesen war. Die Rede ist von dem als *The Gray Ghost* berühmt-berüchtigten Oberst der Konföderierten Armee, John Singleton Mosby, der mit seinen Männern den Unionstruppen

... and yes, Virginia IS for lovers!

gehörig zusetzte. Seine Attacken, die er oftmals auf eigene Faust unternahm, zeichneten sich durch große Schnelligkeit, Geschick und Waghalsigkeit aus und erfolgreich war er obendrein. Außerdem war er ein exzellenter Späher und Spion, der Truppenbewegungen der Union gut einschätzen konnte.

Ihm gelang es mit seinen Männern, bei einem ihrer Überfälle auf Unionstruppen dreißig Soldaten gefangenzusetzen, ohne einen einzigen Schuss Munition dabei zu verlieren, und mit den dreißig Unionssoldaten noch zusätzlich drei hochrangige Offiziere, darunter den Brigadegeneral Edwin H. Stoughton, den er aus dem Schlaf gerissen haben soll. Auf Stoughton's empörte Frage, ob ihm denn klar sei wen er vor sich habe, stellte Mosby die Gegenfrage, ob Stoughton denn wisse, wer Mosby sei? Darauf der Brigadegeneral: *"Ja, kennen Sie den Halunken etwa?"*, worauf Mosby ihm entgegnete: *"Der Halunke hat Sie gerade gefangengenommen!"*

Während man durch dieses Gebiet wandert, wird nach nicht einmal vier Meilen hinter Bear's Den Hostel die erste Grenze zu West-Virginia passiert, wo es nach sehr langer gemeinsamer Zeit im Old Dominion State nun heißt: Bye bye, my lovely Virginia – Hello, West-Virginia! Fourth State down, ten to go!

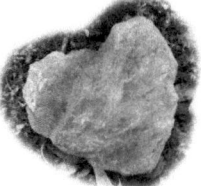

... nachdem ich im Paul C Wolfe Shelterlog eine glühende Liebeserklärung an den Staat Virginia hinterlassen habe, finde ich einige Meilen später auf dem Trail diesen handtellergroßen Stein – 15. August 2008

Enziane im September 2008 entlang des Trails von
Tennessee bis Georgia:
Weiß-blau gestreifter *Bottle Gentian*
und Ungarischer Enzian (?)

Trillium (Frühjahresblume):

Toadshade Trillium (Georgia),
Crested Trillium (North Carolina),
Large Flowered Trillium (North Carolina),
Purple Trillium (North Carolina und Maine)

mir unbekannte Pflanze in North Carolina (September);
links:
Painted Trillium in Maine

Ladyslippers in New Hampshire und Maine

Bunchberry in New Hampshite and Maine – die kleinen Kügelchen in der Blüte werden zu knallroten Beeren; *Blueberries* und blühender *Mountainlaurel* in Massachusetts

Rhododendren, Azaleen und Pfirsiche,
Tennesse bis Virginia

Vermont, Anfang Juli 2008:

Wildblumen in den Wiesen
(oben und mittlere Reihe);
Engelstrompeten am Fuß von Mount Killington
und *Cinquefoil*

links oben bis Mitte: ?, Maine und Virginia

unten links: Walnussbaum (Virginia), daneben *Indian Pipe*

kleine Auswahl an Pilzen entlang des Trails:
die Baumpilze direkt oberhalb (2 Photos)
werden knallorange;
die Baumpilze rechts oben kommen in
Braun-, Grün- und Grautönen vor

links oben: *Spiderwort* (?) und daneben: *Mullein* (Königskerze) auf Max Patch Bald, North-Carolina/Tennessee;
Mitte links: *Queen Anne's Lace* (?), Virginia, und *Wild Sarsaparilla* (?), Tennessee;
unten: *Wild Stonecrop*, Virginia – alle August/September 2008

Lilie, *Blackeyed Susan* (?), Feuerlilie, Wildrosen, Feuerlilien – alle entlang des Trails oder am Grasstreifen bei Straßen, die der AT kreuzt

Malven, Wildblumen und Wilde Iris
entlang des Straßenrands bei
Glencliff, New Hampshire,
im Juni 2008

"I tell Yankees that the shelter mice are reincarnated Southern generals and they're looking for northern hikers, to chew through their packs."
~ Jabberwocky, in Setzer: *A Season on the Appalachian Trail*

["Ich erzähle den Nordstaatlern, dass die Sheltermäuse reinkarnierte Generäle der Konföderierten seien und dass sie nach Hikern aus dem Norden suchen, um sich durch ihre Rucksäcke zu fressen."]

— 4 —

West-Virginia (WVA)

Weiter durch ehemaliges Mosby Operationsgebiet unterwegs, gilt es, mit sich selbst auszumachen, ab wo für einen nun Virginia endet und West-Virginia beginnt, denn eigentlich ... – ja, eigentlich beginnt West-Virginia so richtig erst knapp 14 Meilen weiter nördlich auf den Loudoun Heights. Die Etappe bis dahin verläuft ähnlich wie in den Smokies direkt auf der Grenzlinie beider Bundesstaaten, doch ich nehme mir einfach heraus, diese gut 14 Meilen auf dem Appalachian Trail West-Virginia zuzuschlagen, denn sonst besteht der Anteil dieses Bundesstaats auf dem Trail im großen Ganzen aus der historischen Stadt Harpers Ferry und einer Brücke, die es davor zu überqueren gilt, bevor schon der nächste Bundesstaat bewandert wird. West-Virginia mit seinen 2,7 (plus 14 gemeinsamen) Meilen ist derjenige Bundesstaat mit der kürzesten Wegstrecke auf dem AT.

Allerdings gibt es hier noch mehr Bürgerkriegsgeschichte, was schon mit dem Staat selbst beginnt, dessen Gebiete sich 1861 während des Bürgerkriegs gemäß der Wheeling Konventionen von Virginia lossagten und zu einem eigenen Bundesstaat wurden, worin sich aber nach wie vor viele Landkreise befanden, die die Seite des Südens unterstützten.
Am 20. Juni 1863 trat West-Virginia in die Reihen der Union.
Noch heute wird die Abspaltung vom Mutterstaat und der Beitritt zur Union aufseiten Virginias als schmählicher Verrat empfunden, und es kursieren sehr gebräuchliche Witzeleien,

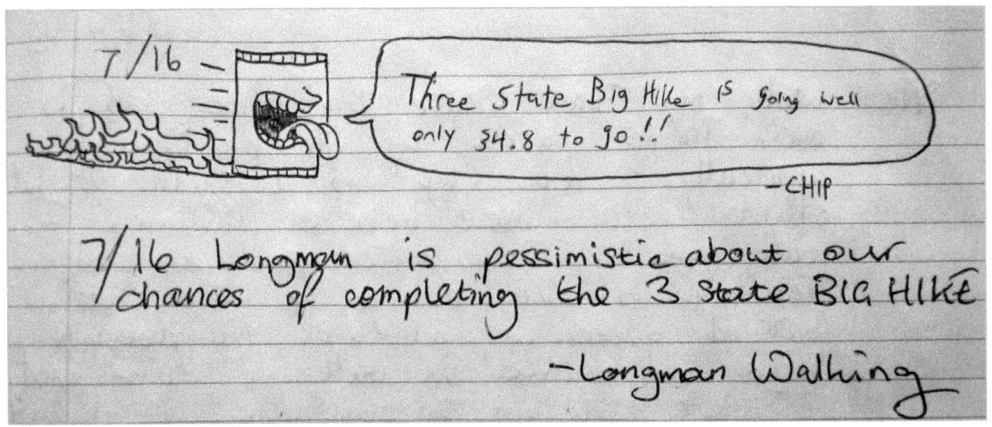

Three-State-Challenge aka *Big Hike*: im Ed Garvey Shelterlog kurz nach Harpers Ferry (oben), und im Birch Run Shelterlog in Pennsylvania ...

nach denen ein Bürger von West-Virginia von einem Hill *Billy* zu einem Hill *William* aufsteigen könne, wenn er wieder nach Virginia zurückkehrt.

In Thru-hiker-Kreisen hat sich irgendwann eine *Three-State-Challenge* etabliert, bei der es gilt, ab den Loudoun Heights, der letzten Grenze zu West-Virginia, diesen Staat und seinen Nachfolger Maryland mit 40,9 Meilen in einem Stück zu durchwandern, um mit Übertritt der Mason-Dixon-Line nach Pennsylvania hinein dieser Herausforderung gerecht zu werden, was natürlich ein gutes Stück Nachtwandern zusätzlich beinhaltet, um die knapp 47 Meilen zu bewältigen.

Jedes Jahr erneut gibt es einige Hiker, die sich dieser Gewaltmarsch-Herausforderung stellen, doch mein Ding war es beide Male nicht. Zum einen fände ich es sehr schade, einfach im Sauseschritt durch eine so schöne und geschichtsträchtige Stadt wie Harpers Ferry hindurchzurauschen, dasselbe erneut in Maryland; zum anderen hat man da kaum Zeit, noch bei der Appalachian Trail Conservancy vorbeizuschauen, da ja jede Minute in den Big Hike investiert werden muss, bei dem auch noch fraglich bleibt, was das Ganze eigentlich bringen soll, abgesehen von qualmenden Füßen und erschöpften Teilnehmern, die anderntags in Pennsylvania höchstens noch auf allen Vieren auf dem Trail herumkriechen können.

Die Etappe durch West-Virginia jedenfalls führt in recht angenehmem Profil weiter durch den Bergwald auf den Blue Ridge Mountains hindurch, wo man unterwegs noch über einen Seitentrail im *Blackburn Trail Center* einkehren könnte, das die einfache Unterkunftsausstattung bietet, die man von Hostels her gewohnt ist.
Nachdem sich aber kaum jemand das Bear's Den Hostel vorher entgehen haben lassen dürfte und außerdem wieder eine Stadt ungemein 'zieht', wird eher in flotterem Tempo als sonst gewandert, bis man bei den Loudoun Heights zum Shenandoah River herunterkommt, wo man über die gleichnamige Brücke geleitet schon nach Harpers Ferry wandert.

Mit Harpers Ferry, das am Zusammenfluss von Shenandoah- und Potomacriver liegt, erreicht man als AT Thru-hiker den ersten von insgesamt drei Halfway-Points auf dem Trail.
Der Besuch bei der Appalachian Trail Conservancy in der Washington Street steht für den psychologischen Halbwegsmarker, dem kurz vor Pine Grove Furnace State Park im Süden Pennsylvanias der tatsächliche, unmarkierte Halbwegspunkt am Trail folgt und schließlich im Gelände von Pine Grove Furnace State Park der dritte, als symbolisch fassbarer Marker mit Log-

Buzzard Rocks (oben) und Jefferson Rock, benannt nach Thomas Jefferson, der 1783 bei einem Besuch in Harpers Ferry an dieser Stelle gestanden hat und später aufschrieb, dass alleine ein Blick von hier auf den Zusammenfluss von Shenandoah- und Potomac River die Schiffsreise über den Atlantik wert sei.

Aussicht von Jefferson Rock zu Shenandoah- und Potomac River;
alter Friedhof von Harpers Ferry

buch im Holzkästchen. Nachdem sich die Gesamtlänge des Appalachian Trails jedes Jahr mal nach oben oder nach unten bewegt, müsste der Halbwegsmarker jährlich neu versetzt werden, worauf aber verzichtet wird, da ja jeder Hiker sein Handbuch hat, aus dem die exakte Stelle südlich des Markers bestimmt werden kann.
Gestiftet wurde der Halfway Marker von Chuck Wood *'Woodchuck'* einem AT Thru-hiker von 1985, der ihn baute und an Ort und Stelle aufstellte, wo er heute noch steht.

Zurück in Harpers Ferry erwartet einen ein geschichtsträchtiger Ort mit mehreren Facetten.
Die Stadt war in den Zeiten des Bürgerkriegs sehr begehrt, weil sie an der schon damals strategisch wichtigen Baltimore & Ohio Bahnlinie lag und vom Wasserweg her am Chesaspeake & Ohio Kanal. Außerdem hatte Harpers Ferry eine bedeutende Waffen- und die einzigste Munitionsfabrik überhaupt, die es bei Ausbruch des Bürgerkriegs in den gesamten Vereinigten Staaten gab.
So ist es kaum verwunderlich, dass von beiden Seiten um diese Kleinstadt erbittert gekämpft wurde, wobei sie insgesamt acht Mal in die jeweils gegnerischen Hände geriet, was für die Einwohner nicht nur einen regen Wechsel zwischen Unions- und Konföderierten-Flaggen nach sich gezogen haben dürfte.
Dabei machte sich ein General der Konföderierten seinen Namen, als er die Stadt nach einer brillanten Belagerung am 15. September 1862 einnahm, während der Süden unter General Lee auf seiner ersten Invasion in den Nordstaaten zugange war. Der Mann sollte bald den legendären Namen Thomas Jonathan *Stonewall* Jackson tragen. Noch heute steht vor dem

Haus, das in Harpers Ferry Stonewall Jackson's Quartier gewesen war, ein Schild mit Hinweis zu seinem Aufenthalt.

Für die Geschichte der Schwarzen, insbesondere der Sklaven, rückte Harpers Ferry bereits im Jahr 1859 in den Fokus historischer Ereignisse, als John Brown aus Kansas, einer der sehr entschlossenen Köpfe der Abolitions-Bewegung, die sich für die Abschaffung der Sklavenhaltung einsetzte,
im Oktober desselben Jahres mit einigen Anhängern einen Sturm auf das Waffenarsenal der Stadt startete, um mit Waffengewalt die Abschaffung der Sklaverei zu erzwingen.

Der damalige Präsident der Vereinigten Staaten, James Buchanan, schickte die Armee unter dem Kommando von Lieutenant Colonel Robert E. Lee, den Aufstand niederzuschlagen, was nach kaum 36 Stunden erfolgte.

Alle noch lebenden Aufrührer wurden gefangengenommen und später hingerichtet.

In der Stadt erinnern heute noch John Brown's Fort, das Gebäude, in dem er und seine Männer sich verschanzten und erbittert Widerstand gegen das angerückte Militär leisteten und eine Bronzeplakette mit den Namen der Beteiligten an *John Brown's Raid* von 1859.

Die Sklavenfrage allerdings wurde damit nur noch mehr angeheizt und zu einem Brennpunkt weiterer Ereignisse in der Geschichte der Vereinigten Staaten.

Zusammenfluss von Potomac (links) und Shenandoahriver; Harpers Ferry, Washington Street, und John Brown's Fort

The Town's Inn in einem historischen Gebäude; darunter gelebte Civil War History; oben rechts: *Appalachian Trail Conservancy Headquarters* in der Washington Street; Photos für die jährlichen Thru-hiker-Alben der Appalachian Trail Conservancy und *Goodloe Byron Memorial Footbridge* über den Potomac River nach Maryland hinüber

Nach dem Bürgerkrieg wurde im Jahr 1867 das erste College für Schwarze in Harpers Ferry gegründet, mit der Aufgabe, ehemaligen Sklaven Bildung zu ermöglichen.
Im Mai 1881, zum 14. Jahrestag seit Gründung des Storer Colleges, kam Frederick Douglass, ein ehemaliger Sklave, mittlerweile ein prominenter Journalist und Redner, der noch zu Lebzeiten Browns selbst als Mitstreiter in der Abolitions-Bewegung tätig gewesen war, und ehrte John Browns Bemühungen mit den Worten: "[...] *seine Wirkung für die Belange meiner Rasse war bedeutender als meine.*"

Für Appalachian Trail Thru-hiker ist der Besuch bei den Headquarters der Appalachian Trail Conservancy ein Höhepunkt, denn abgesehen von einem warmen Empfang bei der netten Belegschaft dort wurde man bis 2007 mit Polaroidphoto, ab 2008 mit ausgedrucktem Digitalphoto im jährlichen Hikeralbum verewigt – mit aktueller Thru-hiker-Nummer, Datum, ob Southbound, Northbound, Flip-Flop oder Section-hiker und seinem Trailnamen plus weiterer freiwilliger Kontaktangaben.
Damit hat man es nun offiziell bis Harpers Ferry geschafft: 1.018,5 Meilen (knapp 1.640 km) zu Fuß mit Tourenrucksack auf dem Appalachian Trail!
– *Now, ain't that a kick or what ..?*
Zeit für einige überschwänglich begeisterte High-Five-Handklatscher und ein langgezogenes, tief zufriedenes: *YESSSSSS ..!!!*

Womit es mit stolzgeschwellter Brust und neuer Energie über die Goodloe Byron Memorial Footbridge geht, die den Arm des Potomac vor dem Zusammenfluss mit dem Shenandoah River überspannt, und damit hinein in den nächsten Bundesstaat auf dem Appalachian Trail.
Good bye, West-Virginia – Hello, Maryland!
Fifth State down, nine to go!

Der Potomac River mit Blick auf Virginia am gegenüberliegenden Ufer

"Hell is empty and all the devils are here!"
The Battle for Fox's Gap, Antietam Campaign 1862

["Die Hölle ist leer und alle Teufel sind hier!"]
Die Schlacht um Fox's Gap, Antietam Kampagne 1862;
Schild mit historischem Abriss zum Bürgerkriegsgeschehen entlang des AT

– 5 –

Maryland (MD)

Die ersten drei der insgesamt knapp 41 Meilen in Maryland sind ein echter Spaziergang mit Genuss: es geht neben dem mächtigen Potomac River entlang, der gemächlich ruhig in seinem breiten Flussbett dahinfließt.
Auf der gegenüberliegenden Uferseite blickt man auf die bewaldeten Berge Virginias, im Rücken liegt West-Virginia, während man auf einem ganz ungewohnt flachen Wegstück des Appalachian Trails unterwegs ist.
Kurz nach der Sandy Hook Bridge, die sich von Marylands Uferseite über den Potomac hinüber nach Virginia spannt, führt der Trail linkerhand schließlich mit einem Anstieg auf South Mountain hinauf und nahe der Weverton Cliffs mit phantastischem Ausblick über den Potomac wieder endgültig in die Bergwälder hinein.

Auch in Maryland bleibt der Amerikanische Bürgerkrieg ein Thema, denn der Appalachian Trail verläuft entlang einiger sogenannter Nebenkriegsschauplätze dieses Krieges.
Wobei es ein ganz unglücklicher Begriff ist, von Nebenkriegsschauplätzen zu sprechen, nur, weil dies nicht die Orte mit den verheerenden Entscheidungs-Schlachten in Antietam, Shiloh oder Gettysburg gewesen waren: denn auch an diesen kleineren Kriegsschauplätzen wurden Menschen verletzt, verstümmelt oder starben auf beiden Seiten der Fronten.

... entlang am Potomac River mit Blick auf Virginia am gegenüberliegenden Ufer

Bei den Konföderierten alleine verlor im Bürgerkrieg jeder fünfte Soldat sein Leben; die Schlacht von Shiloh hatte einen so hohen Todeszoll, dass am Tag der Schlacht auf beiden Seiten mehr Soldaten starben als bei allen Kampfeshandlungen zusammengenommen, die davor auf amerikanischem Boden je stattgefunden hatten.
Hierzu gibt es je nach Quelle verschiedene Zahlen, doch geschätzt 23.500 Menschenleben wurden an diesem Tag ausgelöscht, und auch insgesamt ist der Todeszoll des Civil War, der gängigen Witzeleien nach nichts Ziviles mehr an sich hatte, noch immer der bis dato höchste, den US-Amerikaner an ihrer eigenen Population zu verzeichnen hatten:
Man geht von 618.000 Toten insgesamt aus, was bei dem damaligen Bevölkerungsstand einer Todesrate von fast zwei Prozent der US-Gesamtbevölkerung entspricht.

Um die Zeit, in der Northbounder durch Maryland wandern, haben die meisten männlichen Thru-hiker einen dichten Rauschebart und würden, in die entsprechenden Uniformen gesteckt, aussehen wie unzählige der Männer, die auf den Schlachtfeldern der Bürgerkriegszeit ihr Leben ließen oder mit etwas mehr Glück das Schlachtgetümmel verwundet und/oder traumatisiert überlebten.
Man macht sich keinen Begriff, welche Strapazen zu den eigentlichen Kampfeshandlungen hinzukamen; das Herumziehen durch die Appalachen von einem Kampfgefecht zum nächsten, mit Waffen, Kanonen und Marschgepäck, bei Wind und Wetter, schwitzend oder frierend in Uniformen, die ganz und gar nicht outdoortauglich waren und schon gar nicht an das High-Tech-Material unserer Outdoorkleidung heranreichten.
Die Soldaten wurden nicht gefragt, ob sie Lust darauf hatten, schwere Kanonen auf matschi-

gen Wegen über steile Abhänge hoch- oder hinunterzuschieben, es gab keine Zero-Days zur Erholung, bis zum Kampf geblasen wurde, von ordentlichen Feldunterkünften bis hin zur Qualität der Verpflegung, je länger der Krieg dauerte, ganz zu schweigen.

Mittlerweile weiß man aus eigener Erfahrung, wie kalt und wie feucht, wie dampfig schwül und heiß es in den Appalachen je nach Wetter und Jahreszeit sein kann; wie allein das Wasser nach starkem Regen knöchelhoch über alle möglichen Trails talabwärts rauscht.

Als ich die Berge sah, in denen so viel Bürgerkriegsgeschichte stattgefunden hatte, mochte ich mir gar nicht weiter detailliert vorstellen, was alleine die Fortbewegung der Truppen mit allem Drum und Dran von jedem einzelnen Soldaten abverlangt haben muss.

Es kam zudem an beiden Fronten vor, dass sich Battaillone mit Soldaten gegenüberstanden, die denselben Einwanderungshintergrund teilten, sodass Iren, Schotten, Deutsche einander gegenseitig im Namen der Union oder im Namen der Konföderation bekämpften.

Die Strecke des Trails kreuzt mehrere einstige Kriegsschauplätze, wovon South Mountain allgemein das Kampfgebiet mehrerer Schlachten gewesen war, wie etwa Crampton Gap, in der es durch den Gathland State Park hindurchgeht, wo das weltweit einzige

Potomac River mit Sandy Hook Bridge

Blick auf den Potomac River von den Weverton Cliffs, War Correspondent's Memorial im Gathland State Park und Dahlgren Chapel

Denkmal für Kriegsberichterstatter steht, das Alfred Townsend 1896 dort zu ihren Ehren hat errichten lassen.

In diesem Park stehen außerdem Ruinen eines zusammengeschossenen Gebäudes aus der Bürgerkriegszeit und etliche Hinweistafeln zu den einzelnen Gefechten und Armeebewegungen um South Mountain.

Man kommt danach an Lambs Knoll vorbei, wo ein weiteres Kampfgebiet verlief, zu dem man etwas weiter nördlich in der ebenfalls als Gefechtsgebiet genutzten Fox Gap weitere Schautafeln und einige Gedenksteine für gefallene Soldaten der beteiligten Regimenter findet.

Schließlich sieht man entlang des Trails noch die Dahlgren Kapelle, die die Witwe des Admirals John Adolphus Dahlgren 1881 im neogotischen Stil hat erbauen lassen.

Ihr im Jahre 1870 verstorbener Ehemann hatte die technisch ausgefeiltere Dahlgrenkanone erfunden, die im Bürgerkrieg reichlich zum Einsatz kam. In den Jahren, die Dahlgren danach noch lebte, machte er sich deshalb schwerste Vorwürfe wegen des noch schlimmeren Blutvergießens, das seine Erfindung gezeitigt hatte.

Passend zum Thema Waffen sei an dieser Stelle erwähnt, dass das Bürgerkriegsgeschehen in den USA auf einem anderen Kontinent mit sehr großem Interesse mitverfolgt wurde, sowohl vom Militär als auch von der Regierung einer Monarchie, die sich selbst anschickte, für einen künftigen Krieg nach neuester Waffentechnik aufzurüsten.

Die Rede ist vom Königreich Preußen und seinem Bestreben, für eine kleindeutsche Lösung aus dem großen deutschen Staatenbund mit Österreich-Ungarn auszutreten, was im Jahre 1866 zum sogenannten Bruderkrieg führte, den Preußen mit überlegener Waffentechnik gegen die Doppelmonarchie Österreich und ihren Verbündeten, dem Königreich Bayern gewann.

Zu den militärischen Vorbereitungen dieses Krieges waren extra Delegationen aus Preußen in die USA gereist, um sich vor Ort die bis dato neuesten Errungenschaften in Sachen Kriegswaffentechnik vorführen zu lassen.

Die weiteren politischen Entwicklungen sind bekannt – dem Krieg vom 1866 folgte 1870/71 der dritte und letzte Krieg im Zuge der Ersten Deutschen Reichsgründung unter preußischer Vorherrschaft, diesmal mit dem Königreich Bayern auf preußischer Seite, wofür sich Otto von Bismarck mit mehr als diplomatischem Geschick eingesetzt hatte, sodass als künftiges Deutsches Kaiserreich gemeinsam gegen Frankreich zu Felde gezogen werden konnte.

Damit hat also der Amerikanische Bürgerkrieg waffentechnisch gesehen im wahrsten Sinne des Ausdrucks auch die Erste Deutsche Reichsgründung von 1871 bereits im Vorfeld mitbefeuert.

Crampton Gap Shelter und einige der Civil War Gedenkstätten entlang des Trails

Weiter geht es auf dem Appalachian Trail in den Washington Monument State Park, in dem das erste Bauwerk steht, das auf amerikanischem Boden zu Ehren von George Washington im Jahre 1827 von den Bewohnern der Umgebung erbaut worden ist.

Man sieht eine runde, nach oben hin weithalsige Flaschenform aus dem grauen Stein der Gegend erbaut, in der innen eine Wendeltreppe zu einer Aussichtsplattform hinaufführt. Es ist kein perfekt konstruiertes Meisterwerk der Architektur, doch dieses Monument gibt ein rührendes und gerade deshalb auch beeindruckendes Beispiel für die Gemeinschaftsleistung von einfachen Menschen, die ihrem Landesvater ein Ehrenmal erbauen wollten und dies taten, so gut sie es eben vermochten, mit den bescheidenen Mitteln, die ihnen zur Verfügung standen.

Die Jahreszeit, in der man durch Maryland wandert, dürfte für Northbounder mit dem kalendarischen Sommerbeginn um den 21. Juni zusammentreffen.

Ich schreibe kalendarisch, denn gefühlt ist es bereits seit dem Süden Virginias Sommer, da braucht man als Thru-hiker keinen Kalender mehr, wenn selbst Ellenbögen, Kniescheiben und Schienbeine so zu schwitzen beginnen, dass einem dort das Wasser nur so herunterläuft.

In US-Hikerkreisen gibt es einen Brauch, der am 21. Juni befolgt wird: *Nude Hiking Day*, oder *Nekkid Hiking Day* – was beides dasselbe bedeutet, dass an diesem Tag abgesehen von Rucksack, Bergschuhen und Teleskopstöcken hüllenlos gewandert wird. Und einige Hiker tun das tatsächlich!

Sogar dann noch, wenn Uneingeweihte von einem Trupp Eintags-FKK-Wanderer am Trail erschreckt sogleich ihr Mobiltelefon zücken und die Polizei rufen, die wenig später vor Ort ausschwärmt, um die Textillosen aufzuspüren.

Auf meinem Northbound hatte ich das Vergnügen beim Ed Garvey Shelter, wo ich gerade Rast machte. Mit einem Mal klopfte ein älterer Herr an die Holzwand des Shelters. Er lugte nur mit dem freien Oberkörper hinter der Wand hervor und informierte mich freundlich, dass er in einer Gruppe von vier Wanderern sei, die alle den Naked Hiking Day befolgten und wollte weiter wissen, ob es mich stören würde, wenn sie alle zum Shelter kämen, so, wie sie waren. Ich dachte mir dabei schon die ganze Zeit, warum der Mensch nicht von hinter der Shelterrückwand hervorgekommen war. Also, ich hatte nichts dagegen und sagte ihm dies auch, worauf tatsächlich vier nackte ältere Herren mit Rucksäcken und Teleskopstöcken um das Shelter herumtrabten, um dort ebenfalls Pause zu machen. So erfuhr ich dann auch von dem Brauch am 21. Juni, der mir bis dahin unbekannt gewesen war.

Bei meinem Southbound erübrigte sich das Thema wohl allein schon deshalb, weil es zu dem Zeitpunkt bei meinem Aufenthaltsort im Norden Wandernde auf der Strecke in Maine oder

Trail auf South Mountain und Washington Monument

in den White Mountains New Hampshires getroffen haben würde, wo man entweder augenblicklich zur populären Ganzkörper-Moskitobar würde, oder sich bei den plötzlichen Wetterumschwüngen auf dem ausgesetzten Trail oberhalb der Baumgrenze in ein schockgefrostetes Hikerstäbchen verwandelte. Beides keine attraktiven Optionen.

Allerdings habe ich später weiter südlich am Trail Shelterlog-Einträge von Northboundern gefunden, in denen vom Nude Hiking Day berichtet wurde und von irritierten Besuchern im Shenandoah Nationalpark, wo entsetzte Mütter ihren Kindern augenblicklich die Augen zuhielten und mit schriller Stimme forderten, jemand möge sofort die Cops rufen.
– Köstlich!

Für den Trailabschnitt durch Maryland jedenfalls ist es wichtig, sich vorher mit ordentlichen Ein-Dollar-Banknoten einzudecken, denn die vielen Parks, durch die der Appalachian Trail hindurchführt, haben neben den historischen Aspekten etwas sehr Profan-Fassbares zu bieten, dem kein Thru-hiker widerstehen kann – schon gar nicht in Sommerhitze: Vending machines; zu deutsch: Verkaufsautomaten!
Mit eisgekühltem Cola! Und anderen pappsüßen Getränken!
Die Frage, ob man sich zuerst vier Bronzetafeln à 30 Zeilen in Blocksatz zu den South Mountain Battles durchliest oder zum Automaten rennt, um sorgfältig geglättete Dollarnoten in den Geldschlitz zu bugsieren, damit unten schockgefrostetes Pop herausrollt, stellt sich gar nicht. Man steht bereits mit speichelndem Mund vor dem Automaten, bevor es etwas zu entscheiden gäbe.

Aussicht von den Annapolis Rocks

Fußbrücke über den Interstate 70

Und das passiert in jedem der Parks in Maryland, dass mit geübtem Blick das Gelände automatisch nach Vending machines abgescannt wird, über die man zuerst herfällt; danach gibt es eine historische Würdigung des Ortes.
Zuallererst ist man ja schließlich immer noch Thru-hiker. An zweiter Stelle folgt das Zivile.

Vom Profil her wandert es sich recht angenehm dahin, allerdings ist man auch sehr froh darüber, denn die Tagestemperaturen sind nicht ohne, was mit solchen An- und Abstiegen der Sorte North-Carolinas oder Tennessees die absolut denkbare Hölle wäre.
Da reicht das aktuelle Terrain schon völlig.
Abgesehen davon muss man noch gründlicher als sonst nach Zecken am Körper Ausschau halten, denn von Maryland bis weit in den Norden hinein ist die Gefahr, sich mit Borreliose zu infizieren sehr groß.
An nur einem Tag fand ich zwei Zecken an mir, wovon die eine sich schon festgebissen hatte.
Glücklicherweise infizierte mich das Tier nicht.
An dieser Stelle sei empfohlen, nach dem gesamten Trip zuhause in jedem Falle eine Blutuntersuchung nach einer möglichen Infektion mit Borreliose durchführen zu lassen, wenn man sich am Trail eine Zecke vom Körper hat entfernen müssen, die sich bereits festgebissen hatte. Selbst, wenn man nicht umgehend nach dem Zeckenbiss typische Symptome für eine Borreliose-Infektion entwickelt, ist das noch lange kein Garant dafür, dass man sich nicht doch damit infiziert haben könnte.
Man muss bei negativem Ergebnis den Test zwar selbst bezahlen, weil die Krankenkassen

Blick nach Pennsylvania von High Rock aus und Pen Mar County Park

das Ganze nur bei positivem Befund übernehmen, aber so ein Bluttest dürfte es einem schon wert sein, um Gewissheit zu haben, sich nicht am Ende doch so eine schreckliche Sache wie Borreliose eingefangen zu haben, die ja leider auch erst viel später zum Ausbruch kommen kann, wenn man gar nicht mehr an den Zeckenbiss denkt.
In den Wintermonaten, bevor ich meinen zweiten Thruhike starten wollte, erreichte mich eine Mail von *Trail Dancer*, die mit ihrem Verlobten die Saison zuvor den AT northbound gewandert war. Wir hatten uns seit den Smokies bis weit nach New Hampshire hinein immer wieder entlang des Trails getroffen, sei es in Trailtowns, bei Campstellen oder am Trail selbst.
Sie berichtete mir, dass ein anderer Hiker, mit dem sie beide noch in Kontakt standen, bei seinem jährlichen Gesundheits-Checkup überraschend die Mitteilung vom Arzt bekam, mit Borreliose infiziert zu sein, dabei konnte der Mann sich gar nicht erinnern, überhaupt eine Zecke am Körper gehabt zu haben, ganz zu schweigen davon, dass sich bei ihm zwischenzeitlich irgendwelche typischen Symptome für eine Borrelioseinfektion bemerkbar gemacht hätten.
Große Vorsicht ist bei diesem ernsten Thema also geboten.

Nach insgesamt gut zwei Tagen Marsch durch Maryland erreicht man kurz vor der Grenze zu Pennsylvania noch den Pen Mar County Park auf einem Bergplateau, von dem man einerseits schon einmal eine schöne Aussicht über Pennsylvanias weites Farmland unterhalb hat und andererseits noch einmal seine gehüteten Dollarscheine herauskramen kann, denn auch hier gibt es selbstverständlich wieder Getränkeautomaten.
Danach steigt man vom hochgelegenen Parkgelände hinunter, überquert unten einen Satz Gleise und tritt auf Meile 1.060,5 (etwa auf Kilometer 1.701) über die historische *Mason-Dixon-*

Line nach Pennsylvania, womit man nun offiziell die Südstaaten verlässt und in den Norden hineinwandert.

Nachdem es nicht abreißende Dispute zwischen den beiden Anrainerstaaten Pennsylvania und Maryland über den genauen Grenzverlauf gegeben hatte, wurden die Engländer Charles Mason (ein Astronom) und Jeremiah Dixon (ein Landvermesser) damit beauftragt, die Grenzlinie nach mathematischen Berechnungen ein für alle Male festzulegen, was sie in den Jahren 1763 bis 67 taten, wobei sie auf der gesamten Grenzlinie in Ein-Meilen-Intervallen extra aus England importierte Grenzsteine aus Kalkstein setzten.

An dieser Grenzlinie heißt es nicht nur: Bye, bye Maryland – Hello, Pennsylvania!, sondern auch: Good bye *Appalatchins* – Hello, *Appalayshins!*

Sixth State down, eight to go.

Der Trail am Potomac River entlang ...

"Ei well," hut de Nancy g'sawt, "gah dann,
ovver bleib net zu schpot, sunscht duhn ich mich farcha."
"Oll recht," hob ich g'sawt, "ich kumm in guter zeit hame,"
un hob mich uf der wage g'macht. Ovver es gate net olle mol wie mer mahnt.
~ Der alt Schuhlmeshter

["Also dann," hat die Nancy gesagt, "geh' dann,
aber bleib' nicht bis spät weg, sonst tu' ich mich fürchten."
"Ist recht," hab' ich gesagt, "ich komm' rechtzeitig heim,"
und hab' mich auf den Weg gemacht. Aber es geht nicht immer wie man meint.]
aus: Der alte Schulmeister, in Pennsylvania Dutch Sprachdialekt

– 6 –

Pennsylvania (PA)

Nach Überschreiten der historischen Mason-Dixon-Line hinein in die Nordstaaten der USA, führt der Appalachian Trail auf knapp 230 Meilen durch den Bundesstaat Pennsylvania.
Der Name verrät bereits, dass dieser Staat mit reichem Waldbestand zu tun hat, was für AT-Hiker allerdings etwas trügerisch ist, denn auch wenn es größtenteils weiter durch Bergwälder geht, hat der Boden über große Strecken hinweg recht wenig mit typischem Bergwald zu tun.
    Der AT in Pennsylvania ist berüchtigt für seine felsige Beschaffenheit, weshalb sich so ziemlich jeder Hiker darüber einig ist, dass man hier eher von *Rocksylvania* oder gar *Pennrocks* sprechen sollte.
Die geologisch als Felsenmeere bezeichneten Stellen haben es in sich: Felsanhäufungen unterschiedlichster Größe und Neigungswinkel machen die Etappen darüber hinweg zu einem spannenden Parcours, noch dazu, wenn die Felsbrocken oben lose aufliegen und bei Belastung leicht kippen oder sich anders bewegen.
Noch interessanter wird das Ganze bei Regen, wenn stellenweise Flechten oder Moos darauf

Shelterlog-Eintrag zu zwei der todsicheren Aspekte auf dem Trail: kein Wasser, aber dafür Felsen ohne Ende

nass und rutschig werden – so schnell kann man gar nicht 'papp' sagen, dass man auf dem Boden landet.

Kommt man schließlich durch Etappen, auf denen die kleinere Felsgröße vorherrscht, sodass man sogar gewöhnlichen Waldboden dazwischen vorfindet, stellt sich alsbald heraus, dass es nicht möglich ist, den Fuß gerade auf den Boden zu platzieren, weil immer ein ungünstig herausspitzender Fels das Vorhaben unmöglich macht, sodass man fast die ganze Zeit damit zubringen muss, konzentriert auf ständig anders geneigt aufgesetztem Fuß zu wandern; auch hier mit beständigem Blick auf den Boden, damit man nicht unversehens im Knöchel umknickt.
Diese Etappen sind ein exzellentes Knöchel- und Stabilitätstraining, für das man später am Trail in New Hampshire sehr dankbar sein wird!

Auf beiden Thru-hikes kam ich um Stürze auf den Pennsylvania Rocks nicht herum, und beide Male geschahen so unvorhersehbar und schnell, dass ich mich mit einem Mal völlig verdattert zwischen Felsen liegend vorfand, absolut ratlos über die Ursache und Gott-sei-Dank ohne ernsthafte Verletzungen.
Überhaupt, Stürze: Im Laufe des Trails wird man hinfallen, stolpern, umknicken, ausrutschen – eher, als man denkt und bei weitem öfter, als einem lieb ist. Die Kunst hierbei ist, sich möglichst nicht ernsthaft zu verletzen.

Logeintrag im Eckville Shelter: die nächste Wasserquelle in Virginia – na, so hart ist es glücklicherweise noch nicht!

Ich hatte einige spektakuläre Stürze auf beiden Thru-hikes, wobei ich es einmal fertigbrachte, mir im Momentum des Stürzens mit der Ferse kraftvoll in den eigenen Hintern zu kicken, während ich durch die Luft wirbelte (Baxter State Park, Maine) und auch noch eine Zeugin hatte, die sich größte Mühe geben musste, bei dem komischen Schauspiel nicht lauthals loszulachen. Ein anderes Mal fand ich mich unversehens mit dem Gesicht voran auf dem Trail wieder, die rechte Augenbraue unterhalb etwas blutiggeschlagen, weil ein Felsstück an recht ungünstiger Stelle aus dem Boden geragt hatte, wo ich hinzufallen beliebte (Shenandoah Nationalpark, Virginia). Danach kam ich in einer Campstelle an, wo die Leute mich erschrocken fragten, ob ich in eine Prügelei verwickelt gewesen sei, weil ich so verwegen aussähe.

Stürze auf dem Trail gehören zum Gesamtpaket dazu. Selbst mit größter Umsicht und Konzentration kommt man nicht umhin, gelegentlich die jeweilige Lokalität aus Blickwinkeln zu sehen, die man seit Krabbeltagen nicht mehr hatte.
Als Trost sei hier auf einen Thru-hiker verwiesen, der 1990 den Appalachian Trail als Blinder northbound gewandert ist. Bill Irwin und sein Blindenhund Orient, ein Deutscher Schäferhund, haben als Team 'the Orient Express' die Strecke bewältigt, wobei auf dem acht Monate dauernden Trek zahlreiche Stürze für Bill, aber gelegentlich auch für den Hund zum täglichen Geschäft gehörten.

Mit Pennsylvania wandert man in die sogenannten Mid-Atlantic-States (Pennsylvania, New Jersey und New York) hinein, die sich in den Sommermonaten dadurch auszeichnen, dass es extrem schwülwarmes

Rocksylvania:
XXL- und Mittlere Größe

... vom Trailprofil her könnte Pennsylvania so angenehm zu wandern sein – leider aber machen einem drei Dinge einen gewaltigen Strich durch die Rechnung: Rocks, Hitze, Wasserprobleme
Bummer!

Klima mit großer Luftfeuchtigkeit gibt, das sich auch in den Bergwäldern hält, während Wasserstellen in dem porös-trockenen Gestein dieser Appalachenstaaten nach und nach austrocknen.

Schon nach sehr kurzer Zeit heißt es daher, dass man bei Sheltern angekommen einem blue blaze Seitentrail folgen muss, der über große Strecken steil bergab führt, um an eine *mögliche* Wasserquelle zu gelangen, von wo aus man mit seinen vollen Wasserbehältern dann alles wieder stramm bergauf laufen darf: ein echter Quell der Freude bei allen Hikern, vor allem gegen Ende des Tages, wenn man müde zum Camp kommt und eines dieser Shelter erwischt hat, bei denen es heißt, Wasser gibt's knapp eine halbe Meile bergab, und wenn diese Quelle ausgetrocknet sein sollte, dann muss man eben dort noch einen anschließenden Seitentrail weiter bergab folgen ...

Pennsylvania hat aber noch mehr zu bieten, ist dies doch der Bundesstaat, in den sehr viele deutsche Einwanderer gekommen waren, darunter die Amish, die ihrer Auffassung der christlichen Religion wegen in den deutschen Staaten verfolgt worden sind, da die Kirchen und Landesfürsten sie mit den radikalen Wiedertäufern gleichsetzten, die 1534-35 die Stadt Münster in Westfalen besetzt hielten.

Es gibt vor allem in Pennsylvania, aber auch in Indiana und anderen Bundesstaaten nach wie vor zahlreiche Amish-Gemeinden, die autark nach ihren religiösen Regeln leben. Handwerk und Landwirtschaft sichern den Lebensunterhalt der Gemeinden, wobei viele ihrer sehr hochwertigen Erzeugnisse auch außerhalb der Gemeinden verkauft werden.

Die Amish gehören insofern entfernt zu den Wiedertäufern, als dass sie es ablehnen, Neugeborene zu taufen, denn die Taufe ist ein Sakrament, das man ihrer Auffassung nach erst dann erhalten kann, wenn man reif genug ist, zu begreifen, zu was man sich damit bekennt. Aus diesem Grund werden die Gemeindemitglieder der Amish erst im jungen Erwachsenenalter getauft. In den Anfängen ihrer religiösen Gemeinschaft bedeutete dies, dass die Mitglieder, die ja als Neugeborene bereits christlich getauft worden waren, eben noch einmal das Sakrament der Taufe empfingen, woher die Bezeichnung Wiedertäufer rührt.

Untereinander sprechen die Amish einen deutschen Dialekt, der mit den Dialekten aus Rheinland-Pfalz verwandt ist, von wo ursprünglich große Zahlen der ausgewanderten Amish stammten.

Man spricht bei diesem Dialekt, der über 200 Jahre getrennt vom europäischen Kontinent von den Leuten beibehalten wurde, von *Pennsylvania Dutch*, wobei das Wort 'Dutch' nicht 'holländisch' bedeutet, sondern als eine Verballhornung von 'Deutsch' zu verstehen ist.

Bei meinem Southbound habe ich beim 501 Shelter in Pennsylvania ein Vater-Sohn-Team getroffen, das zusammen eine Tageswanderung unternahm. Vom Äußeren erkannte ich sofort, dass die beiden zu den Amish gehören, denn sie trugen die typischen Hüte auf dem Kopf, hatten Vollbärte, außerdem langärmelige Baumwoll-Hemden und dunkle Hosen mit Hosenträgern.

Außerhalb ihrer Gemeinde sprechen auch Amish selbstverständlich Englisch, und so be-

Logeintrag im Allentown Shelter und seine Wasserquelle ...

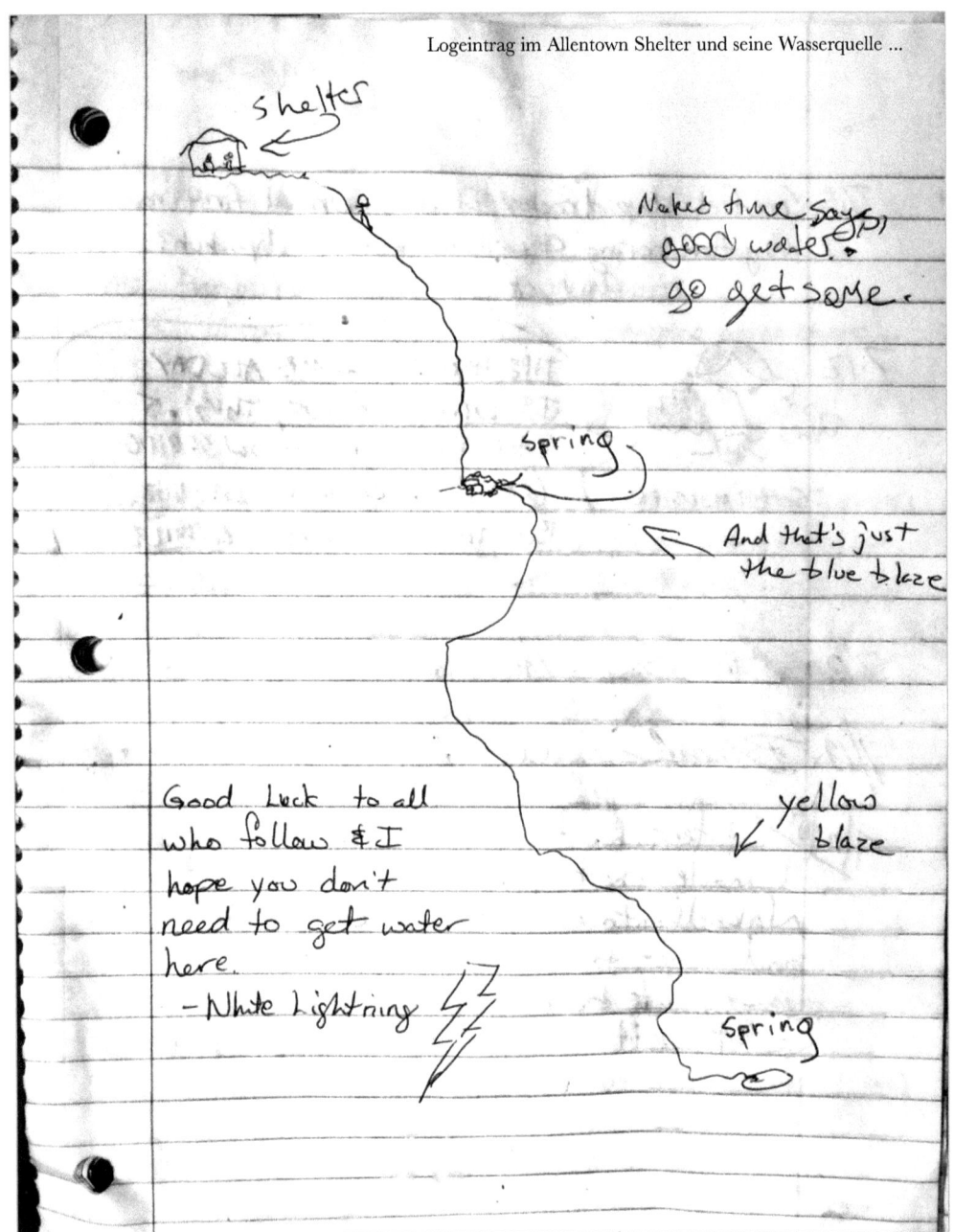

grüßten wir uns zunächst, doch ich war natürlich neugierig und fragte den jüngeren Mann, ob er mich bitte auf Pennsylvania Dutch ansprechen könne, da ich Deutsche sei und gerne ausprobieren möchte, ob ich verstehe, was er zu mir sagt.
Ohne Umschweife fragte er mich sogleich: *"Wia bisch?"* – was ich sofort verstand und ihm sagte, dass er mich eben danach gefragt habe, wie es mir ginge.
Mir ist natürlich klar, dass ich genau hinhören müsste, wenn Amish People erst einmal richtig loslegten, sich in Pennsylvania Dutch zu unterhalten. Dazu sind im Lauf der Jahrhunderte neue Wortschöpfungen in die Sprache hineingekommen, die man nicht versteht.
Im Groben aber hat man es weiterhin mit einem deutschen Sprachdialekt zu tun.

In Duncannon fand ich bei einem Yard-Sale ein Buch, das Texte auf Pennsylvania Dutch enthält.
Darin schreibt die Kunstfigur eines alten Schulmeisters an seinen Bekannten Briefe, in denen er in Pennsylvania Dutch dies und das erörtert. Diese Briefe sind Ende des 19. Jahrhunderts in den Zeitungen *The Lebanon Daily News* und *The Lebanon Semi-Weekly* als Serie abgedruckt erschienen.

Nachdem das Thema zurzeit sehr aktuell ist, gerade mit Hinblick auf den Präsidenten, den die Amerikaner sich bei den jüngsten Wahlen leider angelacht haben und der selbst ja auch noch deutsche Wurzeln hat, sei hier nur hinzugefügt, dass die Wurzeln von gut 70 % der US-Amerikaner deutsch sind.
Die Deutschen bilden den größten Abstammungsteil in der amerikanischen Bevölkerung, weit danach erst kommen Iren, Briten, Schwarzafrikaner und andere Ethnien.

Rocks, rocks, rocks ...
machen aber auch Spaß, wenngleich hier kein flottes Wandern drin ist

| 133 |

Insofern schimpfen wir auf unsere übermächtigen entfernten Verwandten, wenn wir uns über US-Amerikaner und ihre Weltpolitik aufregen: alles *originally made in Germany!*
Ob das allerdings Anlass zu Stolz gibt, lasse ich einmal dahingestellt.

Auf dem AT geht es zunächst in den Michaux State Forest hinein, wo man erste Begegnungen mit den Pennsylvania rocks in Größe XXL hat, die aber noch recht schnell zu bewältigen sind. Bei den Sheltern fällt sogleich auf, dass diese oft in Doppelformation vorkommen, außerdem sind sie meist in geradezu tadellos gepflegtem Zustand. Dafür sorgt der Potomac Appalachian Tail Club, der seit dem Norden Virginias über West-Virginia, Maryland und bis nach Pennsylvania hinein herausragende Arbeit leistet, Trail und Campstellen schon geradezu luxuriös in Schuss zu halten.
Das wird bei den Quarry Gap Shelters ganz besonders deutlich, wo es sogar einen Hängepflanztopf mit Blumen bei den Sheltern gibt und die Shelter selbst sorgfältig mit dicken, glänzenden Farbschichten gestrichen und so sauber sind, dass man von der Shelterplattform essen könnte. Nun sind die Quarry Gap Shelters ohnehin schon an einem idyllischen Ort auf dem Berg in einer Lichtung gelegen, wo man durch blühenden Rhododendron hochwandert, um das sehr gepflegte Camp zu erreichen. Als ich bei meinem Northbound dort campierte, gab es im ebenso gepflegten privy sogar ein kleines, kurzweiliges Cartoon-Büchlein zum Thema *Outhouses* (Plumpsklos) – sehr passend zur Örtlichkeit!
Davor, knapp acht Meilen nördlich der Mason-Dixon-Line, kommt man zu den Tumbling Run Shelters, von denen eines ein Schild hat, worauf steht: *Non-Snorers* und das andere, etwas entfernt davon stehend mit dem entsprechenden Gegensatz für Schnarcher versehen ist.
Das wäre doch 'mal eine ausbaufähige Idee nicht nur für den AT!

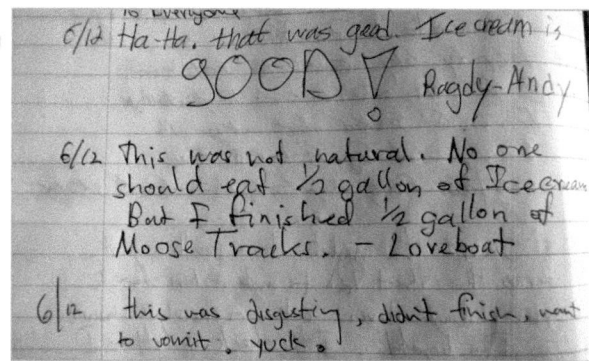

linke Seite:
einer der ersten Aussichtspunkte
in Pennsylvania,
daneben die Quarry Gap Shelters;
rechts und oben:
Half Gallon Ice Cream Challenge,
Spoon und Logbuch

In Pennsylvania läuft man noch knapp 35 Meilen, bis man südlich vom Pine Grove Furnace State Park die tatsächliche Halbwegsmarke passiert, von wo ab die Meilen, die man danach zurücklegt mehr werden im Gegensatz zu denjenigen, die noch vor einem liegen. Auch, wenn an dieser Stelle meist nur ein Ast oder eine Steinformation zu finden ist, die Hiker vor einem angebracht haben, ist das ein erhebender Moment: halfway, baby! Halfway! Nun ist es endlich soweit, dass man die tatsächliche Hälfte des Trails geschafft hat!
Und wie gut, dass kurz darauf eben Pine Gove Furnace State Park angewandert wird, denn dort gibt es einen Kiosk und dahinter ein Hostel. Wichtig ist aber zunächst der Kiosk.
Hier kann man sich der Half Gallon Ice Cream Challenge stellen, die Tradition hat auf dem AT für Thru-hiker, um damit den Halfway point zu feiern.
Dabei gilt es, sich im Kiosk eine halbe Gallone Hershey's Eiscreme zu kaufen und diese halbe Gallone auf einen Sitz zu vertilgen! Das sind 1,89 Liter Eiscreme auf einmal, die man auslöffelt, um die Challenge zu bestehen. Der Preis ist ein hölzerner Eislöffel und lebenslange Mitgliedschaft im Half Gallon Ice Cream Callenge Club. Und – eine berstend volle Plauze ...
Es gibt die Geschmacksrichtungen Vanille, Erdbeer, Schokolade, Mint-Chocolate-Chip und Moosetracks.
Bei meinem Northbound 2007 war ich so unklug, Moosetracks zu wählen, was sehr cremiges Vanilleeis mit viel Karamell, Erdnussbutter und großen Schokostückchen ist. An sich eine extrem leckere Eissorte – aber nicht, wenn man fast zwei Liter auf einmal essen soll.
Nach noch nicht einmal der Hälfte war mir so übel, dass ich die Challenge Challenge sein ließ und mein Eis entsorgte. Gott, war mir schlecht ...
Mir gegenüber saß *Lakewood*, ein junger Hiker aus New York, der Schokolade gewählt hatte und dazu eine Dose Cola. Er machte kleine Pausen zwischendurch, in denen er einige Schlucke Cola trank, danach leise rülpste und dann weiteraß. So leerte er schließlich den gesamten Kar-

ton und erhielt seinen Holzlöffel. Genauso ging ich dann bei meinem Southbound das Jahr darauf vor. Ich wählte Mint-Chocolate-Chip, aber eben mit der Coladose, die ich bereitstellte. Und was soll ich sagen?

So klappte es ganz fein, weil das Cola verbunden mit Bäuerchen Platz im Magen macht, sodass man wieder weiteressen kann.

Am Nachmittag des 2. August 2008 wurde ich daher offiziell Mitglied Nummer 283 im Halfgallon Ice Cream Challenge Club, nachdem ich meine halbe Gallone brav aufgegessen und damit meine angeschlagene Ehre vom Vorjahr wieder hergestellt habe. Danach allerdings rollte ich förmlich ins Ironmaster's Hostel hinüber, denn an Weiterwandern war nicht mehr zu denken. Unterwegs kamen mir auch noch Leute mit Eiscremetüten entgegen, an denen sie mit Gusto schleckten – ich sah zu, dass ich wegkam, denn Eis konnte ich erstmal keines mehr sehen. Mir war wieder sowas von schlecht.

Zur bestandenen Challenge gehört noch ein extra Logbuch, in das man sich eintragen darf.

Am Tresen des Kiosks klebt ein Photo von einem jungen Mann, der in Wrestler-Siegerpose auf beiden Bizepsen je einen leeren Eiskarton stehen hat - von einer halben Gallone Erdbeereis und einer halben Gallone Schokoladeneis, also insgesamt fast vier Liter Eis - und der Kerl strahlt in die Kamera, als

Ironmaster's Mansion, nun ein Hostel, im Pine Grove Furnace State Park; alte Mauerreste mitten im Wald kurz vor Pine Grove Furnace State Park und Halfway-Marker mit meinem Rucksack, 2007

sei's gar nix gewesen, auf einen Sitz diese Mengen an Eiscreme zu verdrücken. Also, eine halbe Gallone Eiscreme ist zweifellos mehr als genug: das ist wirklich sehr viel Eis auf einmal.
Noch einige Worte zur Firma Hershey's: Das ist eine der führenden Süßwaren- und Eiscremehersteller der USA, mit Sitz in Hershey, Pennsylvania. Nicht nur köstliches Eis, sondern auch solche Klassiker wie Reese's Riegel (mit Erdnussbutter gefüllte Schokolade) und Hershey Kisses (kleine, gefüllte Schokoladetropfen, die einzeln verpackt in Beuteln und in diversen Geschmacksrichtungen zu kaufen sind) kommen von Hershey. Saisonal nur im Herbst zu kaufen gibt es Hershey Kisses der Sorte *New York Cheesecake* – ein absoluter Traum!
Und nur in den USA erhältlich. Nicht einmal in Kanada werden die hergestellt, obwohl es auch dort eine große Hershey Niederlassung gibt.

Doch zurück zum Hostel am AT:
Das Ironmaster's Hostel hinter dem Kiosk im Pine Grove Furnace State Park befindet sich in einer ehemaligen Villa im Tudorstil, die von 1827 stammt. Diese Villa gehörte im 19. Jahrhundert, bevor die Sklaverei abgeschafft wurde, zum Netz des sogenannten *Underground Railroad*, wo Sklaven zur und auf der Flucht geholfen wurde.
Der Underground Railroad bestand aus geheimen Häusern und anderen Gebäuden, Fluchthelfern und geheimen Routen, mit deren Hilfe von 1810 bis 1850 gut 100.000 Sklaven aus dem Süden erfolgreich in die Freiheit fliehen konnten.

Was überraschen mag, ist die Tatsache, dass ein entflohener Sklave nicht automatisch frei war, sobald er die Mason-Dixon-Line in den Norden überquert hatte. Denn auch, wenn in den Staaten nördlich davon keine Sklaven gehalten wurden und der Handel mit ihnen verboten war, so war es dennoch gesetzesgestützte Praxis auch im Norden, dass Staatsbeamte entflohene Sklaven in ihrem Bundesstaat an seinen Besitzer im Süden ausliefern mussten.
Das *Fugitive Slave Law* von 1850 regelte sogar, dass die US Marshals und ihre Deputies dabei behilflich zu sein hatten, einem Sklavenbesitzer aus dem Süden zu seinem 'Eigentum' zu verhelfen, andernfalls drohte ihnen eine Strafe von 1000 Dollar.
In den ersten fünfzehn Monaten seit Inkrafttreten dieses Gesetzes wurden 84 entflohene Sklaven an ihre Besitzer ausgeliefert, im Zeitraum bis 1860 waren es 332, die aus dem Norden wieder zurück in den Süden geschickt wurden. Dabei spielte es gar keine Rolle, wie lange ein entflohener Sklave bereits in einem Staat nördlich der Mason-Dixon-Line in Freiheit gelebt hatte. Es gab Fälle, in denen der Sklaverei entflohene Schwarze bereits zehn, fünfzehn Jahre im Norden gelebt hatten und dennoch aufgegriffen und ihrem Besitzer im Süden ausgehändigt wurden. Schwarze aus dem Süden fielen ja bereits durch ihren Dialekt auf, den sie schlecht verber-

gen konnten, und wenn diese bedauernswerten Menschen keine Papiere vorzuweisen hatten, nach denen sie als rechtmäßig von ihrem Master freigelassen galten, war die Sachlage sehr schnell klar.

Noch im Jahr 1859 bestätigte der US Supreme Court die Rechtmäßigkeit dieses Gesetzes für alle Staaten der USA. Bis ins Jahr 1862 war der Underground Railroad daher mit zahlreichen Helfern schwarzer und weißer Hautfarbe aktiv darum bemüht, entflohene Sklaven bis ins sichere Kanada zu geleiten, wo sie tatsächlich frei waren.

Der Bürgerkrieg, der sich zu dieser Zeit seit fast einem Jahr entzündet hatte, wird häufig so hingestellt, als sei es dabei von Unionsseite nur um die Sklavenfrage und deren Freiheit gegangen, was das Ganze als einen Krieg aus gerechten Gründen aussehen lassen soll.

Leider aber war auch der Norden keineswegs so schwarzenfreundlich, wie mit Verklärung der Geschichte gerne getan wird.

Im Jahr 1851 erließen die Bundesstaaten Indiana und Iowa, gefolgt von Illinois zwei Jahre später, ein Gesetz, das es Schwarzen verbot, gleich, ob frei oder entflohen, sich in diesen Staaten niederzulassen. Die Bewohner des südlichen Teils vom Staat Ohio waren derartig feindlich eingestellt, dass sie eher einem Sklavenfänger halfen als einem entflohenen Sklaven.

Mit der scheußlichen Fratze des Blutvergießens, die im Bürgerkrieg auf beiden Fronten offenbar wurde, zeigte sich recht schnell, dass die Soldaten der Union größtenteils wenig Interesse daran hatten, ihr Leben zur Befreiung schwarzer Plantagensklaven des Südens aufs Spiel zu setzen. Unterdessen wurde unter Fabrikarbeitern des Nordens viel Panik geschürt, die befreiten Sklaven würden alle in den Norden kommen und ihnen dort die Arbeitsplätze streitig machen.

Als Abraham Lincoln im September 1862 erklärte, dass ab 1. Januar 1863 alle Sklaven der Konföderierten für immer frei und bei Eignung auch im Armeedienst zugelassen seien, nahm er davon aber bewusst diejenigen Sklaven aus, die in den Sklavenhalter-Staaten lebten, die auf Seite der Union kämpften.

So kam es ab 1863 soweit, dass die Union Regimenter mit schwarzen Rekruten aufstellen ließ, denen deutlich gemacht wurde, dass sie sich an der Befreiung ihrer eigenen Leute selbst zu beteiligen hätten. Das hat bis Kriegsende geschätzt 32.500 schwarzen Soldaten, von denen die meisten Ex-Sklaven gewesen waren, das Leben gekostet.

Die Sklavenfrage war eine Spielfigur, die Abraham Lincoln als einen gut platzierten Schachzug ab 1863 einsetzte, als er erkannte, welches Potenzial sie inzwischen hatte. Denn zu allererst ging es ihm nur um den Erhalt der Union, wie er auch einem befreundeten Journalisten am 22. August 1862 schrieb, dem er mitteilte: *"Wenn ich die Union retten könnte, ohne einen einzigen Sklaven zu befreien, würde ich es tun; und wenn ich sie retten könnte durch die Befreiung aller Sklaven, würde ich dies tun; und wenn ich sie retten könnte, indem ich die einen befreite und die anderen nicht, so würde ich auch das tun. Was ich der Sklaverei und der farbigen Rasse wegen tue, das tue ich, weil ich glaube, dass es beiträgt, die Union zu retten, und was ich unterlasse, das unterlasse ich, weil ich nicht glaube, dass es zur Rettung der Union beitragen kann."*

Das sieht mir nicht nach einem Konzept aus, das humanitäre Gedanken in den Vordergrund stellt. Man erhält daher den bitteren Eindruck, dass Schwarze wie schon zuvor im Unabhängigkeitskrieg erneut betrogen wurden, als mit der feierlichen Unabhängigkeitserklärung alle Menschen als gleichberechtigt und frei gelten sollten, was dann aber doch wohl nur auf dem Papier als schöne Theorie galt.
In Harpers Ferry gibt es auch zum Thema Sklaverei eine kleine aber eindrucksvolle Ausstellung, bei deren Artefakten sich einem die Zehennägel schier nach oben stellen, bei dem, was schwarze Sklaven und Mischlinge haben erdulden müssen.

Nach der Einkehr zur Half Gallon Ice Cream Challenge kommt man noch im Parkgelände am Halfway Marker von *Woodchuck* vorbei, einem Thru-hiker von 1985, dessen Holzpfeiler an dieser Stelle symbolisch für einen fassbaren Halbwegspunkt steht. Es gibt ein kleines Holzkästchen mit Logbuch, in das man sich ganz stolz einträgt. Nach den obligatorischen Photos und High-Five-Handklatschern mit anderen Hikern, die man vor Ort antrifft, geht es weiter auf dem Appalachian Trail.
Man verlässt das Parkgelände und erreicht etwa einen halben Tagesmarsch weiter beim Abstieg in Richtung Boiling Springs das weitläufige Cumberland Valley, womit man das Massiv der Blue Ridge Mountains, das man von Georgia bis hierher bewandert hat, endgültig verlässt, denn die letzten Ausläufer dieser Kette enden in der Cumberland Talebene Pennsylvanias.
In Boiling Springs, einem hübschen kleinen Ort an einem See, gibt es eine weitere Stelle der Appalachian Trail Conservancy – das *Mid-Atlantic Regional Office*, mit weiter, überdachter Veranda auf der es sich prima rasten lässt.
Boiling Springs folgen gut dreizehn sehr schöne Meilen durch das flache Cumberland Valley, vorbei an Farmland mit großen Mais- und Getreidefeldern, wo das Wandern ein echter Genuss

Cumberland Valley, ATC Mid-Atlantic Regional Office in Boiling Springs 2008, Halfway 2007!

ist, wenn über einem blauer Himmel mit Sonnenschein strahlt und man gestärkt von einer Pause in Boiling Springs leichtes Terrain unter den Füßen hat.

Bei meinem Northbound habe ich mich etwas länger im Ort aufgehalten, sodass ich beim Durchwandern des Cumberland Valleys in die Dunkelheit kam, wo ich in lauen Abendtemperaturen von einem Lichtermeer hunderter Glühwürmchen begleitet durch einen absolut herrlichen, magischen Sommernachtstraum lief.

Mit Aufstieg auf Blue Mountain und danachfolgend auf Cove Mountain betritt man wieder Gebiete mit Gipsy Motten, die hoch in den Bäumen ihrem Laubvertilgungswerk nachgehen, sodass man anfangs beim ständigen Kotkrümelgeprassel gleich den Blick gen Himmel richtet, ob es etwa regne, bis man sich wieder an das Geräusch gewöhnt.

Der Abstieg von Cove Mountain schließlich führt einen nach Duncannon, einer weiteren Kleinstadt, die am ruhig dahinfließenden, mächtigen Susquehanna River gelegen ist.

Dort gibt es einen längst erwarteten Klassiker mit langer AT-Hiker Tradition, *The Doyle Hotel*. Vickey und Pat, die wunderbaren, bodenständigen Eigentümer dieses mehrstöckigen, historischen Anheuser-Busch Gebäudes aus dem 19. Jahrhundert, empfangen schon seit vielen Jahren jede Saison AT-Hiker, die sie in ihrer gemütlichen kleinen Kneipe, die sich im Erdgeschoss des Hotelgebäudes befindet, auch bewirten, wenn man Lust auf herzhafte Burger &

Co hat. Auch hier holt einen ein weiteres Kapitel deutscher Auswanderergeschichte ein, denn die bereits einzeln schon erfolgreichen Brauerfamilien Eberhard Anheuser und Adolphus Busch, später durch Heirat untereinander verbunden, stammen ursprünglich aus Bayern und dem Rheinland, als sie mit dem Schritt nach Amerika immens erfolgreiche Unternehmen im Brauereigewerbe aufbauten und zusammen zur führenden Brauerei der USA wurden. Aktuell sind sie vom Absatzvolumen her betrachtet die größte Brauereigruppe weltweit, zu denen unter anderem die Münchner Traditionsmarken Spaten und Löwenbräu gehören.

Das Doyle Hotel ist eines der historischen Gebäude, die das Brauereiunternehmen früher flächendeckend in den gesamten USA hat bauen lassen, mit angeschlossenem Saloon, wo die Brauereierzeugnisse unters Volk gebracht wurden und Saloonbetreiber sich mit wenig Kapital als Saloonpächter einkaufen und ihren eigenen Lebensunterhalt sichern konnten.
Es gab bald keine Kleinstadt, kein Dorf, wo es nicht einen Saloon mit Anheuser-Busch-Erzeugnissen am Tresen gegeben hätte.
Dieses Hotel direkt im Zentrum atmet also reichlich Geschichte, und es ist eine sehr in die Jahre gekommene Schönheit mit viel Patina, die Vickey und Pat so gut es eben finanziell machbar ist, aufrecht erhalten.
Man verspürt den rauen Charme wehmütiger Leonard Cohen Songs, die perfekt zu diesem schönen Gebäude passen, wie auch zu der

Boiling Springs und *Pennsylvanian Humour* für Geschichts-Touristen im Hinblick auf nahegelegene Bürgerkriegsstätten; AT im Cumberland Valley

... alles Cumberland Valley, mit Wegstück durch einen Hain und an einem alten Friedhof vorbei

Kleinstadt selbst, die wie aus der Zeit gefallen scheint. Hinter dem verschlossenen Bahnhofsgebäude, an dem die Gleise entlang des Flussbetts vorbeiführen, hält schon längst kein Zug mehr.

Doch der kleine Ort hat noch mehr Geschichte: hier wurden bis ins Jahr 1988 die Schlitten der Marke Lightning Guider hergestellt, ein Klassiker, der für Generationen von Amerikanern ein wesentlicher Bestandteil winterlicher Kinderfreuden war.

Jetzt befindet sich in dem ehemaligen Fabrikgebäude ein Antikflohmarkt größeren Ausmaßes, auf dem man wunderbar stöbern kann. Im Eingangsbereich stehen alte Getränkeverkaufsautomaten aus den fünfziger und sechziger Jahren, wo man neben gängigen Cola- und Pop-Getränken auch ausgefallenere, leckere Sodas erhält, die man sonst eher kaum findet: etwa Schokoladensoda oder *Mint Julep*, Pfefferminzsoda.

Wenn man die Marktbetreiber danach fragt, zeigen sie einem einen wahren Schatz, der sich im hinteren Teil des Gebäudes befindet und gewöhnlich nur sonntags geöffnet ist: eine liebevoll mit Originalteilen eingerichtete, komplette *Sodafountain*, wie es sie in den vierziger/fünfziger Jahren allerorten in den USA gegeben hat, mit glänzenden Chromverkleidungen, schachbrettgefliesten Böden, in denen man sich spiegelt und Sitzreihen aus gepolstertem Kunstleder, nebst Bar und gepolsterter Barhocker.

Typisch amerikanischer Diner-Stil, der einen an die legendäre Route 66 erinnert und an bunte

Rockabilly-Zeiten mit Elvis Presley und James Dean, Pettycoat, polka-dots, schwarzen Sonnenbrillen und bonbonfarbenen Automobilen als Cabrio.
Man tritt in eine Zeit, als Amerika der Inbegriff des fortschrittlichen Sehnsuchtslandes schlechthin war und junge Leute allerorts davon träumten, einmal im Leben in die USA zu reisen.

Die Fähigkeiten der Angestellten des örtlichen US Postal Service lassen auch nichts zu wünschen übrig. Bei meinem Northbound hatte ich mir postlagernd ein Päckchen nach Front Royal in Nordvirginia geschickt, doch ein Abstecher in diese Stadt erwies sich dann als sehr ungünstig, daher ließ ich das Paket von Harpers Ferry aus nach Duncannon weiterleiten.

Dort angekommen, war nichts da, obwohl zwischenzeitlich reichlich Zeit verstrichen war, doch die Angestellten vor Ort schritten sogleich mit unbürokratisch-hemdsärmeliger Art zur Hilfe und kümmerten sich persönlich per Telefon und mit Nachdruck darum, dass das Paket nun nach Hanover, New Hampshire umgeleitet würde.
Ich erhielt meine Belege zurück mit der Zusicherung, dass diese Sache nun mit Sicherheit klappen würde und wenn doch wieder nicht, solle ich nicht zögern, in Duncannon anzurufen, denn dann gäbe es aber ordentlich Dampf bei den verantwortlichen Stellen.

Duncannon und Susquehanna River von Hawk Rock aus gesehen; The Doyle Hotel und die Hauptstraße, auf der Veranda vom Doyle Hotel

Mein Päckchen war bei Ankunft tatsächlich in Hanover, New Hampshire. Ich weiß nicht, welche Hebel in Duncannon umgelegt worden waren, aber gesagt, getan – auf die Leute ist Verlass! Überhaupt habe ich ganz angenehme Erinnerungen in Verbindung mit dem US Postal Service, auf deren Dienste ich mich nicht nur auf und ab des Appalachian Trails verlassen konnte, sondern auch quer durch die Staaten hindurch bis nach Colorado und hinüber nach Kanada.

Von den zahllosen Poststücken, die innerhalb Amerikas, hinüber nach Kanada und nach Deutschland geschickt wurden, ist kein einziges verloren gegangen, auch wenn ich nicht *priority mail* als Versandart gewählt hatte.

Auf ausnahmslos allen Postämtern in den USA, in denen ich bisher gewesen war, erhielt ich erstklassigen Service mit freundlicher und umfassender Beratung. Der US Postal Service ist wirklich spitzenklasse.

Auch von Duncannon muss man sich leider wieder verabschieden, und weiter geht es nach Überqueren vom Susquehanna River hinauf auf Peter's Mountain, dessen bewaldeten Bergrücken man bis Clarks Valley bewandert, von wo aus Stony und Sharp Mountain folgen.

Zwischendrin macht man weitere Erfahrungen mit den berüchtigten Pennsylvania Rocks, sodass man das eher angenehme Höhenprofil dieser Etappen auf den Bergrücken nicht ganz genießen kann, denn es gilt ja, aufzupassen, wohin man tritt.

Außerdem kommen schwülheiße, drückende Temperaturen und lästige Insekten hinzu, die einem ab und an in den Wäldern zusetzen. Am 27. Juni 2007, als ich bei meinem Northbound aus Duncannon herauswanderte, stieg das Thermometer um neun Uhr bereits auf 31,6 Grad Celsius, um elf war es bei 33,7 Grad angelangt.

Auf meinem Southbound bin ich auf Peter's Mountain gegen Ende einer Tagestour die letzten Meilen von Pferdebremsen, darunter einer besonders hartnäckigen, im forcierten Siebenmeilenschritt auf dem Trail entlanggejagt worden, die ich ums Verrecken nicht erwischte oder wenigstens loswurde. Das Mistvieh wollte mich immer wieder hinterrücks in die Kniekehlen beißen, wozu ich natürlich keine große Lust verspürte.

Ich kam zwar in Rekordzeit aber total ausgepumpt und schweißüberströmt am Zielshelter an, und dort hieß es zu allem Überfluss auch noch, zu einer weit unten gelegenen Wasserstelle hinabzusteigen. Das war definitiv nicht mein Tag.

Zwischen den langgezogenen Bergrücken, auf denen der AT in Pennsylvania verläuft, kommt man immer wieder kurz in eine Talschneise, von der aus es wieder auf den nächsten Bergrücken hinaufgeht.

So folgen Sharp und Second Mountain, dann Swatara Gap mit schöner Stahlbrücke aus dem 19. Jahrhundert und danach Blue Mountain, auf dessen Bergrücken es sehr viele deutsche Ortsnamen gibt: Kimmel lookout, Pilger Ruh spring, Kessel Trail junction, Shubert's Gap mit der Hertlein Campstelle und das Fort Dietrich Snyder Monument, an dessen Stelle in US Vorzeit einmal ein britisches Fort zum Schutz vor Indianerangriffen gestanden hatte.

Schließlich steigt man in der Schuylkill Water Gap in steilen Wegkehren nach Port Clinton ab, wo es Bahngleise mit Bahnhof gibt, eine beidseitig mit Wohnhäusern gesäumte Hauptstraße nebst zwei kleineren Nebenstraßen, eine Art Pub, einen Candyshop, ein Sportgeschäft und einen großräumigen Holzpavillon, in dem AT Hiker übernachten dürfen. Im Ort selbst leben einige Trail-Angels, die die Hiker ins nahegelegene Hamburg zum Supermarkt fahren, damit man Proviant einkaufen kann.

Port Clinton habe ich auf beiden Hikes als Zwischenstopp mit Übernachtung genutzt und habe beide Male eine schöne Zeit in dieser wirklich sehr kleinen Ortschaft verbracht.

Nördlich von Port Clinton geht es erneut auf Blue Mountain hinauf und wieder häufen sich die 'Pennrocks-Etappen' mit Felsbrocken in allen Größen und Neigungswinkeln merklich. Auch Wasserstellen werden etwas knapper, sodass man vorsorglich lieber etwas Vorrat mitschleppt, als Gefahr zu laufen, an eine ausgetrocknete Quelle zu kommen.

Pennsylvania Woods, auch ohne rocks:
kurz nach Duncannon
und in der Nähe von Rausch Gap

Port Clinton

Weiter geht es auf dem Blue Mountain Bergrücken durch einige Talschneisen hinunter und wieder hinauf bis zu Lehigh Gap, durch die der gleichnamige Fluss hindurchfließt. Eine knappe Meile, bevor man die Talsohle erreicht, liegt noch das George W. Outerbridge Shelter am AT, das eine verlässliche Wasserquelle in nächster Nähe hat. Dort heißt es, sich ordentlich Vorrat abzufüllen, denn schon beim Hinabsteigen in die Gap sieht man, was sich auf der anderen Seite vor einem auftut: mit Lehigh Gap hat man die berüchtigte Palmerton Superfund site erreicht, ein als verseucht klassifiziertes Gebiet, bei dem es vor Jahren einen großflächigen Zinkunfall gegeben hat, wobei die flusszugewandte Bergflanke des Blue Mountain ausgehend von der nahe gelegenen Zinkschmelze in Palmerton vergiftet wurde und sämtliche Vegetation abstarb. Regen und Wind taten ihren Teil, sodass blanker Fels zurückblieb, auf dem kaum mehr etwas wachsen kann, abgesehen von einzelnem Gestrüpp oder einigen Gräsern.

Die Gegend sieht aus wie eine trostlose Mondlandschaft, in der tote, kahle Baumgerippeteile in den Himmel staken, in einem Meer von trockenen, grauen Ästen und Hölzern am Boden. Man steigt auf einem felsigen, abenteuerlich steilen Weg aus der Gap auf den kahlen Bergrücken hinauf, dessen verseuchtes Gebiet sich über einige Meilen ausdehnt, bis man wieder in einen Bergwald hineinkommt.

Die Wasserquellen auf dem verbleibenden Rest der Blue Mountain Kette sind bis Wind Gap nicht zuverlässig, und auch danach, wenn man auf die Kittatinny Bergkette hinaufsteigt, gibt es erst fünf Meilen vor Delaware Water Gap wieder eine verlässliche Wasserquelle bei einem Shelter.

Bei meinem Southbound habe ich mich mit meinem Trinkwasser so gehörig verschätzt, dass mir nichts anderes übrig blieb, als mit vollbeladenem Rucksack von Delaware Water Gap kommend an einem Tag in Gluthitze fast 37 Meilen laufen zu müssen, weil ich schon auf der Hälfte der Strecke nur noch einen halben Liter lauwarmes Wasser in meiner Trinkflasche hatte und alle Quellen, sogar diejenige im verseuchten Gebiet, die ich unter normalen Umständen nie angesteuert hätte, restlos ausgetrocknet waren. Das ist Pennsylvania knüppelhart, wenn man falsch kalkuliert, welchen Wasserbedarf man hat.

Der steile Abstieg hinunter nach Delaware Water Gap schließlich bietet auf Mount Minsi hervorragende Ausblicke hinüber zur Gap und der beeindruckenden Felsformation des Indian Head von Mount Tammany, an der geologische Faltungsprozesse der Erdzeitgeschichte deutlich im Verlauf der Felsschichten zu sehen sind.

Ausblicke zwischen Port Clinton und Lehigh Gap
Eckville Shelter mit Duschgelegenheit und Caretaker

Lehigh Gap mit Lehigh River und Trail hinauf oder hinab; oben auf dem kahlen Berg;
die Etappe durch die Palmerton Superfund site

Durch üppige Rhododendren geht es hinunter in die Gap mit der gleichnamigen kleinen Ortschaft, die am Delaware River liegt. Dort befindet sich ein supergemütliches Hostel, das von der Presbyterian Church of the Mountain auf Spendenbasis betrieben wird.

Als ich bei meinen Thru-hikes einkehrte, stand dort der zugehörigen Kirchengemeinde eine dermaßen herzenswarme und nette Pastorin vor, Pastor Karen Nickels, die hätte ich am liebsten vom Fleck weg eingepackt und mitgenommen. So eine süße Person durch und durch, mit viel Humor und dem Herz am rechten Fleck. Diese Frau hat ganz klar den richtigen Beruf gewählt!

Pastor Nickels organisierte über Jahre hinweg in den Sommermonaten, wenn AT-Hiker durch den Ort kamen, zusammen mit ihrer Gemeinde einmal wöchentlich ein sogenanntes *potluck-dinner* für alle Anwesenden.

Das sah dann so aus, dass die Gemeindemitglieder selbstzubereitete Gerichte aller Art zur Kirche brachten, wo auf einer großen Veranda ein Buffet eingerichtet wurde und anschließend Gemeindemitglieder und Hiker zusammen aßen und sich dabei untereinander austauschen konnten.

Bei meinem Northbound hatte ich das Glück, genau an dem Tag in die Ortschaft gekommen zu sein, an dem abends dieses köstliche Dinner stattfand.

Um hier einmal einiges zur amerikanischen Küche zu sagen: Es gibt sehr wohl amerikanische Gerichte, und Amerikaner können absolut köstlich kochen.

Leider werden die Spezialitäten, die in Amerika zubereitet werden, nicht in Restaurants angeboten. Das Bild, das wir von amerikanischer Küche haben, wird ausschließlich von den Ketten der US Systemgastronomie bestimmt. Doch das ist nur ein fader Abklatsch

wieder im Bergwald mit einer *double blaze* Markierung: je nach versetzter Richtung der oberen Markierung biegt der AT nach rechts oder links ab – hier nach links; aufblühender Rhododendron kurz vor Delaware Water Gap

Indian's Head mit Delaware River in der Gap; Blick auf den Delaware und üppige Rhododendren im Bergwald von Mount Minsi

von dem, was sich in den Kochtöpfen und Backöfen Amerikas tatsächlich abspielt. Amerikaner von Süd nach Nord können so gut kochen und backen, dass man sich die Finger danach ableckt. Zu kaufen gibt es diese Köstlichkeiten halt leider nicht, oder kaum, wenn man denn Insider-Informationen hat, wo man hinfahren muss.

Im Hostel in Delaware Water Gap traf ich bei meinem Northbound Thru-hike auf einen alten Bekannten aus Tennessee-Zeiten, der zwar recht bärbeißig tun konnte, aber im Grunde ein lustiger Zeitgenosse war.

Robo - I don't give a rat's ass - sprach das Offensichtliche aus, das an diesem Zeitpunkt jedem Thruhiker schon aufgefallen sein dürfte: *"I think I get the T-Rex-Syndrome. My legs get bigger and stronger but my arms get smaller and shorter. That's what hiking does to you – I even have to bend down for my food!"*

[Ich glaub' ich krieg' das T-Rex-Syndrom: meine Beine werden immer muskulöser und kräftiger, aber meine Arme dafür dünner und kürzer. Das macht Wandern mit einem – ich muss mich sogar zu meinem Essen hinunterbücken!"]

Hikerbeine sind zu diesem Zeitpunkt tatsächlich harte Muskel-, Knochen- und Sehnenpakete. Und wer wie *Robo* ohne Teleskopstöcke wandert, dürfte in der Tat ein eigenartiges Gefühl in Bezug auf seine Arme entwickeln, die ja die ganze Zeit beim Wandern irgendwie untätig nebenherschlenkern.

Church of the Mountain Hostel und Delaware Water Gap Ort

Allein deshalb schon sind Teleskopstöcke eine feine Sache, damit die Arme auch etwas zu tun haben, während man bergauf und bergab läuft.
Die Füße sind sind bereits seit gut der Mitte Virginias stets etwas angeschwollen und fühlen sich leicht pelzig an. Es ist nicht direkt unangenehm, aber eben auch nicht der Normalzustand, den man von vorher kennt. Das Ganze verschwindet aber nach Beendigung des Thru-hikes wieder. Nicht nur die Muskelstruktur im Körper hat sich merklich verändert, auch das jeweilige Körpergewicht ist deutlich geringer geworden. Delaware Water Gap war der Ort, an dem ich mir meinen dritten Wanderrock in kleinstmöglicher Größe kaufte, weil mein letzter wie ein Zelt an mir herunterhing.

In Delaware Water Gap betritt man mit Meile 1.289,8 auf der Brücke, die den Delaware River überspannt, den nächsten Bundesstaat auf dem Appalachian Trail: New Jersey.
Hier heißt es Good bye, my great Penn-State, you definitely rocked! – and: Hello, New Jersey!
Seven States down, seven to go.
Mileage left: 895,5 to Katahdin.

... *facing the Pennsylvania rocks* – im wahrsten Sinne des Ausdrucks; das war noch im südlichen Teil, so ziemlich zu Beginn

Ridgeline hiking auf der Kittatinny Range mit Aussicht nach Osten

– 7 –

New Jersey (NJ)

Das Schöne an den Etappen des Appalachian Trails durch die Mid-Atlantic-States sind die Wanderabschnitte über langgezogene Bergrücken, auf denen es zwar auch immer wieder hinauf- und hinabgeht, aber eben nur über kurze Strecken. Abgesehen von den Talschneisen, in die man länger hinab- oder wieder auf den nächsten Bergrücken hinaufsteigt, ist das Terrain vom Höhenprofil her insgesamt eher angenehm zu laufen.
In diesen drei Bundesstaaten ist man ohnehin auf geringen Höhen unterwegs, im Gegensatz zum Süden und dem, was beginnend in der zweiten Hälfte Massachusetts', dann in Vermont und richtig stramm von New Hampshire bis Maine wieder zum Tagesgeschäft wird.
Wäre nicht die drückende Hitze mit dieser großen Luftfeuchtigkeit, die einen in kürzester Zeit schweißnass auf dem Trail laufen lässt, man könnte auf diesen Etappen dahinfliegen, vor allem mit der Kondition, die man nun hat. So aber wandert man weiterhin seine Tagesetappen, die sich seit Virginia bei zwischen 20 bis 26 Tagesmeilen eingependelt haben und erlebt erstaunt, wie sogar Ellenbögen, Kniescheiben und Schienbeine schwitzen können, dass der Schweiß nur so daran hinabrinnt.
Man ist dankbar für jeden Regenguss, der kurzzeitig Erfrischung spendet, obwohl auch das Regenwasser lauwarm ist, aber dennoch: Regen in den Mid-Atlantic-States macht Spaß, wenn es kein Gewitter gefolgt von Blitzen ist und das Ganze sich nicht über Tage ausdehnt.

New Jersey hat knapp 72 Meilen Wegetappe auf dem Appalachian Trail, die zumeist auf der Kittatinny Bergkette verläuft. Es gibt schöne Stellen mit sogenanntem Ridgeline hiking, wo der Trail auf dem Bergrücken zum Osten hin weite Aussichten beim Wandern bietet, sodass man nicht dauernd in geschlossenen Bergwäldern unterwegs ist.
Für Amerikaner rangiert der Bundesstaat New Jersey auf der gleichen Ebene wie bei den Engländern die Schotten oder bei uns die Ostfriesen, was ich nicht ganz nachvollziehen kann. Selbst, als ich einen Amerikaner explizit danach fragte, was das Ganze mit New Jersey denn solle, konnte er mir den Grund auch nicht nennen, aber er bekräftigte, dass New Jersey eben 'the armpit' (die Achsel) Amerikas sei.

oben:
Sunfish Pond und erste Aussichtsstrecken;

rechte Seite:
Ridgeline Hiking mit toller Aussicht

Ich kann das nach wie vor nicht verstehen, aber gerade bevor und auch während man in New Jersey unterwegs ist, gibt es von amerikanischer Seite New-Jersey-Witze oder Andeutungen.
Das Terrain ist im großen Ganzen angenehm zu bewandern und die Einheimischen, die man unterwegs trifft, sind gewohnt hilfsbereit und freundlich wie anderswo entlang des AT auch.

Von Delaware Water Gap aus steigt man am Trail hinauf zu Sunfish Pond, dem am südlichsten gelegenen Gewässer, das durch eiszeitliche Gletscher entstanden ist.
Noch entlassen einen die Pennsylvania Rocks nicht aus ihren Fängen: auch in New Jersey geht es noch eine Zeit lang über felsige Strecken hinweg. Der See selbst wird seitlich entlang des Ufers bewandert, wo man an unzähligen Steinmännchen vorbeikommt, die Wanderer vor einem dort gebaut haben.

Nach Sunfish Pond erreicht man bald das Mohican Outdoor Center, das für Northbounder, die gerade frisch provisioniert und erholt aus Delaware Water Gap kommen, ungünstig nah liegt, als dass man es dort bereits für den Tag gut sein lassen könnte.
Aber als Southbounder ist dieser Rast- und Übernachtungsstopp mit kleinem Kiosk eine echte Gelegenheit. Man hat einen geräumigen, gemütlichen Aufenthaltsort oben auf dem Bergrücken im Wald mit Dusche, Kochgelegenheit und einfachen Stockbetten – so, wie es am AT üblich ist. Bei meinem Southbound habe ich den Zwischenstopp dort sehr genos-

sen, bescherte er mir anderntags doch außerdem einen relativ kurzen Tag für einen Near-O-Day im Church of the Mountain Hostel in Delaware Water Gap, wo ich wieder aufprovisionieren musste.

Die Kittatinny Range in New Jersey hat zwei Feuertürme, auf die man wie im Süden schon hinaufsteigen und weite Panoramaaussichten genießen kann. Eine dieser rot-weiß-gestrichenen Aussichtsgelegenheiten kommt kurz nach dem Mohican Outdoor Center, der Catfish Fire Tower.

Als ich southbound dorthin kam, waren ganze Gruppen von Tageswanderern aus der Gegend dort, die mich herzlich empfingen, erst recht, als sie in Erfahrung gebracht hatten, dass ich AT-Thru-hikerin sei.

Von einer Sommercampklasse auf Tagesausflug, die sich ebenso dort oben befand, bekam ich gut zehn Pausenbrote geschenkt, denn ich müsse ja unbedingt viel essen, nachdem ich so viel wanderte. Das war zu niedlich. Die Kinder waren geschätzt zwischen elf und zwölf Jahre alt und lauschten mit offenen Mündern ihren Betreuern, die ihnen in meinem Beisein erklärten, was der AT sei und was ein Thru-hiker dort mache.

Überhaupt: die meiste Zeit, in der man als Thru-hiker auf Leute aus der Gegend trifft, durch die man gerade wandert, wird einem überschwänglich gratuliert, dass man es schon so weit geschafft habe. Die Menschen reagieren sehr wohlwollend und wünschen einem das Beste weiterhin auf dem Weg.

Bis Culvers Gap hat man viel herrliches Ridgeline hiking mit Aussicht, dann geht es wieder in die Wälder hinein. Zunächst aber kommt kurz nach der Gap das Gren Anderson Shelter.

Nach meinem Northbound habe ich eine Top-Four-Kolumne über AT Privies verfasst. Denn diese Plumpsklo-Vorrichtungen auf dem Trail sind schon wirklich vielfältig und teilweise sehr originell. Was ich zu dem Zeitpunkt aber noch nicht kannte, weil ich es auf meinem Northbound nicht genutzt hatte, war dasjenige dieses Shelters. Als ich bei meinem Southbound zum besagten Shelter für eine Rastpause kam, gab es an dem Tag schlechtes Wetter. Es regnete tatsächlich in Strömen, was nur vom Himmel herunterkonnte.

Im Shelter saßen zwei freundliche Jungs aus dem Süden, die meine Fragen stets höflich mit 'Yes, Ma'am' oder 'No, Ma'am' beantworteten, während im Hintergrund lebhafte Bluegrass-Musik aus einem Radio dudelte.
Jedenfalls hatte ich ein kleines Bedürfnis und fragte die beiden, in welcher Richtung das Privy zu finden sei, worauf ich gleich erfuhr, dass ich es gar nicht übersehen könne, es befände sich schräg nach rechts hinter dem Shelter, – Pause im Wortlaut.
Das Privy war tatsächlich nicht zu übersehen: Man sah es meilenweit aus allen Richtungen. Auf dieser pottebenen Wegetappe durch den Wald gibt es kein Unterholz, nur zahlreiche, hohe Bäume, sodass deren braune Stämme kerzengerade wie Masten stehen, die Sicht aber ansonsten ungehindert frei ist.
Das Privy selbst bestand aus einer Art Holzkiste mit Klobrille auf einem ausgesägten Loch auf der Oberseite. Keine Wand, kein Häuschen drumherum: weitläufig von allen Winkeln für neugierige und/oder zufällige Blicke voll einsehbar.

Hinzu kam der strömende Regen, der zwar das Risiko mit den Blicken gleich welcher Art beträchtlich gemindert haben dürfte, dem Ganzen aber eine komisch-bizarre Note gab – wer, bitte, setzt sich bei diesem Wetter in aller Ruhe auf ein solches Freiluft-Plumpsklo und lässt sich dabei von oben gehörig vollpladdern?

Ich befand augenblicklich, dass ich doch nicht so dringend müsse und hob mir mein Geschäft für später auf, wo es wieder ordentliche Büsche gäbe, hinter die man sich verziehen kann.

Merke: Wenn im Gespräch mit Amerikanern, die ja gewöhnlich bereitwillig sehr freundlich Auskunft über dies und das geben, an einem bestimmten Punkt eine verdächtige Pause im Wortlaut folgt, dann hat die Sache, über die man eben gesprochen hat, einen Haken.

Auf das Shelter folgt bald Sunrise Mountain mit großem Pavillon auf dem Gipfel, von wo man noch einmal sehr gute Ausblicke in die umliegende Umgebung unterhalb der Bergrückens hat, bevor es nun für weite Strecken zurück in die Wälder geht.

Auf dieser Etappe wandert man etwas entfernt am High Point Monument vorbei, auf dessen hohen, grau-weißen Obelisken man gelegentlich vom Trail aus einen Blick erhaschen kann.

Dieses Monument wurde Ende der zwanziger Jahre in Gedenken an die Gefallenen New Jerseys errichtet. Es kann über einen Seitentrail, der vom AT abgeht, erreicht werden.

Der AT indes führt weiter durch die Bergwälder, kreuzt

Trail südlich von Culvers Gap; Aussicht von Sunrise Moutain und Trail in der Gegend um High Point Monument

High Point Monument und der zugehörige Bergwald mit Regendunst an diesem Tag

dabei mehrere Gaps, von wo aus man in einige günstig gelegene Ortschaften gelangen kann, ansonsten kommt man schließlich bei Wallkill River auf ein ebenes Wegstück im Tal, in dessen Gegend es früher eine Torffarm gegeben hat, heute aber alles zu einem Naturschutzgebiet für Wildvogelarten umgewandelt ist.
Beim anschließenden Aufstieg hinauf auf Pochuck Mountain, der von den längeren, angenehm zu wandernden Strecken her betrachtet wieder ungewohnt steil ist, habe ich das allererste Mal Brennnessel stehen sehen. Im gesamten Süden bis hierher nirgends sonst. Wie schon angeschnitten, sollten das nicht die einzigen Vorkommen sein, die der AT zu bieten hat – da kommt noch mehr …
Die Etappe über den Berg verläuft wieder etwas lebhafter in seinen Auf- und Abstiegen, bevor man in einer weiteren Talebene auf gut zweieinhalb Meilen exquisiten Holzweg unter die Füße bekommt, wo es durch ein feuchtes Halbmoorgebiet geht, das man auf herrlich angelegten Plankenstegen durchquert, gesäumt von hochstehendem Schilfgras auf beiden Seiten.
Am Ende dieser schönen Strecke bietet sich kaum 200 Meter vom AT entfernt die Möglichkeit, in einem Farmstore köstliche Pies, Eis und andere Leckereien einzukaufen, bevor man wieder in den Bergwäldern verschwindet und über ein sehr felsiges Wegstück zu Wawayanda Mountain hinaufsteigt.
Dort oben gibt es auch ein gleichnamiges Shelter, mit dessen Privy ich bei meinem Northbound großes Vergnügen hatte. Es avancierte deshalb zu meiner Nummer eins in meiner Top-Four der AT Privies. Bei meinem Southbound kam ich wieder zum Übernachten zu diesem Shelter, wo ich mit Blick auf das nahegelegene Privy feststellen musste, dass zwischenzeitlich ein wesentliches Detail verschwunden war.

Also, das Plumpsklo dort ist in Bauart und Einsehgelegenheit demjenigen beim Gren Anderson Shelter sehr ähnlich. Erschwerend allerdings kommt hinzu, dass das Privy sich genau gegenüber der als Zeltplätze ausgewiesenen Stellen des Shelters befindet, sodass einem also jeder, der dort campiert, bequem vom Zelt aus beim Privatgeschäft zusehen kann.

Damit dem theoretisch nicht gänzlich so ist, hat man praktisch ein etwa ein auf einen Meter langes Zaunteil zwischen Freiluft-Privy und Campstellen gestellt.

Leider aber war dieses Zaunstück nicht mit durchgehenden Planken versehen, sondern hatte wie ein normaler Gartenzaun etwa fünfzehn Zentimeter große Lücken, bis die nächste vertikal angebrachte Holzlatte kam, sprich, es ließ mehr zu sehen übrig, als es verbarg.

Als ich auf meinem Northbound dort hinkam, war es schon nach zehn Uhr nachts und alles beim Shelter schlief, sodass man das Privy beruhigt im Schutze der Dunkelheit nutzen konnte.

Bei meinem Southbound allerdings sah ich sofort, dass das kleine Zaunstück davor mittlerweile verschwunden war, womit jeder, der tagsüber den Thron bestieg, nun eine voll einsehbare Reality-Show für alle Anwesenden abgab. Allerdings: Man muss dankbar sein, für das, was man hat, denn es könnte ja noch schlimmer sein – so, wie in Tennessee mit streckenweise überhaupt keinen Privies bei den Sheltern. Apropos *brown-blazing*, Abteilung abenteuerlich:

New Jersey Farmland bei Regen;
ein kleiner Pond am Wegesrand mit hellgrünem Bewuchs auf der Wasseroberfläche;
Vernie Swamps

Abstecher nach Unionville, NY; Planken in der Walkill Reserve; Logeintrag von *Bus Driver* zu einer Naturszene an der High Point Ranger Station, darunter die offene Walkill Reserve mit Pochuck Mountain; blühender *Honeybalm* in violett; Boardwalk-Abschnitt zwischen Pochuck und Wawayanda Mountain

Als ich northbound unterwegs war, ist mir auf einer Etappe in North Carolina/Tennessee passiert, dass ich ausgerechnet an einer Wegstelle, an der es rechts vom Trail steil den Berghang hochging und links davon steil bergab, ein dermaßen dringendes Bedürfnis hatte, das absolut keinen Aufschub duldete.

Es war tatsächlich allerhöchste Eisenbahn und so hing ich bald mit beiden Armen an jeweils einem dicken Ast in einem Rhododendrondickicht an der hangabschüssigen Seite mit heruntergelassener Hose und hoffte schwitzend, dass die Äste auch hielten, nicht dass ich mittendrin so, wie ich gerade war, unversehens den gesamten Hang holterdipolter hinunterpurzeln würde.

Auch solche Dinge kommen vor, dass man an der denkbar ungünstigsten Stelle zum ungünstigsten Zeitpunkt austreten muss und dann zusehen darf, wie man's der örtlichen Gegebenheiten entsprechend am besten bewerkstelligt.

Wawayanda Shelter bietet die letzte Gelegenheit, ordentlich Trinkwasser aufzustocken, denn danach kommt eine zehn Meilen lange Durststrecke im wahrsten Sinne des Ausdrucks, plus eine Meile westlich auf einer Landstraße zu einem Eiscreme- und Sodaverkauf, wo es auch kostenlos Trinkwasser aus dem Wasserhahn vor dem Geschäft gibt.

Als ich diese Strecke Anfang Juli bei meinem Northbound wanderte, stieg das Thermometer bei hoher Luftfeuchtigkeit von 22 Grad Celsius um sieben Uhr früh auf 38 Grad zur Mittagszeit.

Boardwalk-Abschnitt; Pochuck Creek mit grünbewachsener Wasseroberfläche – hier gibt es auch Wasserschildkröten; Trail zu Wawayanda Mountain

Sumpf- und Teichgebiet auf dem Bergrücken von Wawayanda Mountain

Alle im Guide gelisteten Wasserquellen zwischen dem Shelter und der nächsten Landstraße zehn Meilen weiter nördlich waren ausgetrocknet, und es stand auf fast der gesamten Strecke Ridgeline walking auf trockenem Fels unter praller Sonne an. Mit knapp einem Liter warmem Wasser in der Trinkflasche.
Auch bei meinem Southbound war die Situation nicht anders: diese Etappe ist in den Sommermonaten staubtrocken. Man muss von beiden Richtungen kommend genügend Trinkwasser mitnehmen.
Was das Ganze noch schlimmer macht, ist der Umstand, dass man vom felsigen Bergrücken, über den man wandert, in östlicher Richtung zu zwei Seen hinunterblicken kann, von denen auch noch Motorbootgeräusche hochdringen, von Leuten, die unten fröhliche Badestunden am See mit allem Drum und Dran verbringen, während man dort oben keine Möglichkeit hat, an diese Seen heranzukommen und im Begriff ist, mit pergamenttrockener Zunge im Mund auf die backofenheißen Felsen zu schmilzen.

Bei meinem Northbound bin ich voll in die Misere hineingetappt, weil ich nicht wusste, dass die Wasserstellen ausgetrocknet waren. Es war die absolute Tortur, unterbrochen von einem massiven Ausraster mitten auf dem Trail (ohne Zeugen, zum Glück) den ich in dieser Situation nicht mehr verdrücken konnte, um mich danach weiter auf den Weg zu machen, bis ich schließlich am frühen Nachmittag endlich bei dem Eisgeschäft ankam, wo bereits mehrere Hiker auf dem Gras vorm Laden saßen und sich mit großen Mengen an Getränken und Eis erfrischten. Bei meinem Southbound wusste ich, was mich erwartete, daher nutzte ich den Trinkwasserhahn vor dem Eisgeschäft ausgiebig für Vorrat und pumpte mich selbst noch mit allerlei Soda voll, bevor es an diese Etappe ging.

Mittlerweile aber befinden wir uns schon längst im Bundesstaat New York, denn das Geschäft mit Eis, Soda und Wasserhahn ist bereits jenseits der Staatsgrenze New Jerseys auf dem AT.

Vier Meilen nördlich des Wawayanda Shelters übertritt man auf der Etappe mit dem staubtrockenen, felsigen Bergrücken die Grenzlinie beider Bundesstaaten und wandert in den letzten Mid-Atlantic-State auf dem Appalachian Trail hinein.
Daher: Bye, bye, New Jersey – Hello, New York!
Eight states down, six to go.
Miles left: 823,3 to Katahdin!

... hängt in Unionville, NY, das man mit einen kurzen Wegstück vom Trail in New Jersey erreicht.
Apropos Regen:
Komisch, auf der Etappe Bellvale Farm (Eis, Soda, H_2O), New York, bis Wawayanda Shelter, New Jersey, scheint es nie zu regnen, wenn man da durch muss –

– blue blaze –

Schöner Austreten auf dem AT

Viele Campstellen am Appalachian Trail haben Plumpsklos. Das ist die gute Nachricht. Da kann man so allerhand Erfahrungen machen, denn es kommen die außergewöhnlichsten Konstruktionen vor, die man je erlebt hat. Vier aus meiner persönlichen Top-Ten der Privies sind diese:

Rang Nummer vier: *Piazza Rock Lean-to, Maine* – das 'Your Move' Privy. Ein schönes Gebäude, sehr großzügig angelegt (– manche Leute haben kleinere Wohnungen!), mit genug Platz, sich wirklich zu entspannen und sein 'Geschäft' zu verrichten.
Vorausgesetzt, man möchte einen Mitsitzer genau neben einem haben, der genau demselben Geschäft nachgeht, während man selbst zugange ist; und zwar ohne Trennwand dazwischen. Dieses Privy ist ein Doppelsitzer für zwei Personen mit dringendem Bedürfnis. Das verkürzt lästige Wartezeiten enorm und entspricht dem praktischen Charakter der Neuengländer. Damit beim 'Geschäft' keine Langeweile aufkommt, gibt es genau zwischen den beiden Plätzen ein Steckspiel, das man derweil mit seinem Privygenossen spielen kann. – Erste Sahne!

Rang Nummer drei: *Privy beim Trimpi Shelter, Virginia.* Der blau markierte Seitentrail zu diesem hervorragend belüfteten Plumpsklo endet vor einem hölzernen Paravent, etwa zwei auf vier Meter groß, hinter dem man auf einer geräumigen Plattform befindlich den 'Thron' vorfindet, open-air ohne weitere Wände drumherum! Nun denke ich hier noch nicht einmal an schlechtes Wetter – doch man stelle sich vor, gerade im Dunkeln eine Sitzung zu haben, wenn es andauernd raschelnde Geräusche hinter dem Rücken gibt. Wie soll man sich auf sein Zeugs konzentrieren, wenn man sich ständig umdrehen muss um nachzusehen, was da hinter dem Rücken vorsichgeht? Genau das ist mir passiert, daher wollte ich am liebsten mit dem Zelt wiederkommen ...

Rang Nummer zwei: *Privy beim Moose Mountain Shelter, New Hampshire.* Das ist ein Thron im wahrsten Sinne des Wortes! Nachdem man einige Stufen auf eine quadratische, hölzerne Plattform emporgestiegen ist, kann man sich königlich niederlassen, sogar auf eine Klobrille. Die vier Ecken der hölzernen Plattform haben je eine Säule (Baumstämme), die ein abschirmendes Dach tragen. Ansonsten gibt es keine Seiten-

wände, keine Türe: ein echtes *'Sit free or die'-Privy** – eine Redewendung, die jeder NoBo zu diesem Zeitpunkt schon kennengelernt hat, nachdem es in einem Privy in Connecticut ein Poster gibt, das Plumpsklos im New Hampshire Stil zeigt. Der blau markierte Seitentrail zum Privy von Moose Mountain Shelter führt bergab, was bedeutet, dass Thronnutzer oben schon von weitem gesehen werden, bevor sie ihrerseits Gelegenheit haben zu erkennen, dass jemand daherkommt. Das ist genau, was man wissen muss, während man unten gestresst eine Ladung herausdrückt …

|* 'Sit free or die' ist dem Staatsmotto New Hampshires nachempfunden, das 'Live free or die' heißt.

Rang Nummer eins, das Top-Privy am Trail: *Privy beim Wawayanda Shelter, New Jersey*. Das ist wohl *die* Erfahrung am gesamten AT! Das großzügig ausgelegte Örtchen befindet sich in komfortabler Nähe zu Shelter, Bärenboxen und Campstellen; nur ein paar Schritte davon entfernt. Hiker mit kaputten Füßen lieben es einfach, derartig verwöhnt zu werden! Im Prinzip haben wir hier ein ähnliches Design wie schon beim Trimpi Shelter Privy beschrieben, nur, ohne Plattform und ohne hölzernen Paravent. Im Grunde findet man eine Klobrille auf einem hölzernen Kasten, was einem ermöglicht, mit bester Aussicht auf die Zeltenden zu sitzen, mit einem kleinen Stück Zaun davor, das tatsächlich mehr zeigt als es verbirgt – man könnte sagen, dass Privynutzer ('Showy'nutzer?) sich hier daran erfreuen können, eine gute Aussicht auf alles zu haben und umgekehrt. Die Lösung: Stöpsel, oder mitten in der Nacht gehen.

Nun, was ist denkbar schlimmer als 'Showies' auf dem Trail? Genau – *überhaupt kein Privy!* Deshalb muss man dankbar sein für das was man hat, solange man es hat.
Das ist umso stimmiger, wenn man durch die Smokies wandert, wo jeder Hiker es früher oder später mit den sogenannten 'privy-areas' aufnehmen muss.
– Eine abenteuerliche Erfahrung!
Niemals mit Campschuhen dort hinlaufen, denn diese Orte befinden sich selten auf flachem Gelände, eher auf Hängen. Man benötigt dort sehr guten Halt in den Schuhen, vor allem, nachdem ein Trip dorthin einem 'Tretminen'-Hindernislauf gleichkommt. Nach Toilettenpapier Ausschau zu halten, kann dabei hilfreich sein, gefährliche Kackhaufen gerade noch zu umschiffen, doch sollte man sich auf das Schlimmste gefasst machen, denn solche Haufen haben ein besonderes Talent, sich auch ohne vorherige Toilettenpapierwarnung unter den Füßen zu materialisieren.
In diesem Sinne: *Shit happens!* Auch auf dem AT.

Bear Mountain Bridge über den Hudson River,
der niedrigste Punkt am Appalachian Trail

New York (NY)

Wie schon bei seinem Nachbaarstaat im Süden, hat der Appalachian Trail im Bundesstaat New York eine kurze Etappe. Es sind knapp 90 Meilen, die allerdings nicht mehr ganz so angenehm zu bewandern sind wie noch in New Jersey.
Der Trail verläuft zwar weiterhin nicht sehr hoch, aber ein stetiges Auf und Ab gibt es nun auch zuhauf auf den Bergrücken, vor allem auf der südlichen Hälfte der Gesamtetappe.
Hinzu kommen weiterhin die klimatischen Bedingungen und der Umstand, dass bei ebenso gut der halben Trailstrecke im Sommer die Wasserquellen ausgetrocknet sind; also genau, wenn man als Thru-hiker aus beiden Richtungen kommend auf dem AT durch New York unterwegs ist.

Der Raststop eine Meile westlich auf der Bundesstraße NY 17A Richtung Bellvale ist daher kein kapriziöser Luxus sondern schlichte Notwendigkeit. Ich weiß von keinem AT Thru-hiker, der diese Extrameile offtrail dorthin nicht gelaufen wäre.
Denn auch die nächsten gut 33 Meilen nordwärts sind auf dem AT im Sommer nahezu wasserlos, was bedeutet, dass man Seitentrips zu Badeseen hinunter oder zu günstig gelegenen Diners an Straßenkreuzungen machen muss, oder aber in restlichen, verbliebenen Wasserlachen entlang nahezu ausgetrockneter, kleinerer Flussbetten gelblich-braun verfärbtes Wasser schöpft.
Gelegentlich findet man an Traileinstiegen bei Straßenkreuzungen sogenannte Wassercaches vor, Trinkwasserkanister, die freundliche Einheimische extra für Hiker dort abgestellt haben; verlassen kann man sich aber darauf nicht, denn das sind freiwillige Gaben, die die Leute dort mal abstellen, aber dann auch wieder nicht.

Es heißt landläufig immer, wenn von den drei großen Weitwanderwegen der USA die Rede ist, dass es auf dem Appalachian Trail reichlich Wasser gäbe. Der Hintergrund ist die bekannte Tatsache, dass es auf dem Pacific Crest Trail im Westen zu den mentalen Herausforderungen gehört, auf gut zwei Dritteln des Trails einer ständigen Wasserknappheit ausgesetzt zu sein, die es notwendig macht, mehrere Liter im Rucksack mitzuschleppen, weil Dreißig-Meilen-Etap-

pen ohne Wasserquelle dort recht üblich sind. Der AT mag im Vergleich zum PCT tatsächlich über mehr Wasser am Trail verfügen, doch auch auf dem AT gibt es wasserarme Etappen und solche, bei denen die Quellen ganz austrocknen. Und auch auf dem AT ist das kein Vergnügen, in Gluthitze auf einer solchen Etappe unterwegs zu sein.

Für Northbounder sind am Trail Stellen in Pennsylvania, dann die Etappe ab Wawayanda Shelter in New Jersey bis Bear Mountain in New York ein echtes Problem und danach von Connecticut kommend nördlich von Sages Ravine die gesamte Jug-End-Etappe im Süden Massachusetts'.

Für Southbounder sind es ebenso die Jug-End-Etappe, der Bundesstaat New York ab Bear Mountain mit der ganzen Strecke bis zum Wawayanda Shelter nach New Jersey hinein, dann Pennsylvania, vor allem auf der Strecke Delaware Water Gap bis Lehigh Gap, die Strecke südlich des James River bis zu Tinker Creek in Zentral-Virginia, das letzte Drittel im Great Smoky Mountains Nationalpark in North Carolina/Tennessee bis zu Fontana Dam hinunter und kurz darauf noch die Etappe Stecoah Gap über Cheoah Bald in North Carolina bis zu Sassafras Gap Shelter.

Diese Stellen waren kein Spaß, vor allem, wenn man vorher nicht weiß, dass man in eine trockene Etappe hineinkommt und wie lange sie andauert.

Der Dreißigplus-Meiler auf meinem Southbound durch die südlichen Smokies hatte neben dem Giftshop in Fontana Dam üblerweise auch damit zu tun, dass eine Wasserquelle nach der anderen ausgetrocknet gewesen war, womit mir

Ridgeline hiking auf trockenem Fels gleich zu Beginn;
Trailabschnitte in den Bergwäldern

nichts anderes übrig blieb, als bis spät in die Nacht viele Meilen auf dem Trail herunterzuschrubben, damit ich zu einer sicheren Wasserstelle komme.

Dabei ist es dann für einen unerheblich, ob die Bedingungen am PCT schlimmer sind: man befindet sich auf dem AT und in einer akuten Wassernotlage, was reicht, um zu spüren, wie unangenehm so etwas ist.

Der AT mag im Vergleich zum PCT wasserreich sein, aber eben nicht überall und schon gar nicht zu jeder Jahreszeit.

Kaum, dass man durch New York unterwegs ist, passiert man die Fitzgerald Falls. Oder das, was von einem Wasserfall übrig bleibt, wenn es kein Wasser gibt: nackte Felskaskaden mit einzelnen, dünnen Rinnsalen. Man findet dort allerdings einige Pfützen vor, aus denen man Wasser schöpfen kann, wobei es sich empfiehlt, damit zu warten, bis man entlang der Kaskaden nach oben gestiegen ist, um sich oberhalb des ausgetrockneten Wasserfalls zu versorgen.

Bei meinem Northbound stürzte ich sogleich unten an den Fuß und wollte meine Wasservorräte auffüllen, als mich ein Hiker, der das obere Stück erreicht hatte, augenblicklich davor warnte, dort unten das Wasser zu schöpfen, denn oben im Flussbett lag ein verendetes Reh, unter dem einzelne Rinnsale des verbliebenen Wassers in Richtung der Kaskaden abflossen.

Grundsätzlich hatte ich bis dahin zwar längst ge-

Trailetappe zum Lemon Squeezer; ein Wiedersehen mit meinen beiden Rettern von Nordvirginia 2007, ohne die ich sonst knapp 16 Meilen zu Manassas Gap zurückgelaufen wäre, und Ende vom Lemon Squeezer

Typisch für New York State: lichte Bergwälder mit viel Grasbestand. Hier muss man besonders wegen Zecken aufpassen

lernt, bei Wasserquellen nicht wählerisch zu sein, aber das musste auch ich dann nicht unbedingt haben.

Der Trail verläuft weiter auf sehr felsigem Grund durch trockene Bergwälder hindurch, in denen man bald den Lemon Squeezer erreicht, ein in der Mitte gespaltenes, riesiges Felsenstück, durch dessen etwa siebzig Zentimeter breite und schräg zur Seite geneigte Spalte der Weg genau hindurchführt. Alles, was man seitlich am Rucksack befestigt hat, muss vorher hinten angezurrt werden, sonst bleibt man da unten stecken.
Insgesamt aber macht der Lemon Squeezer richtig Spaß, gibt es danach noch eine kleine Kletterstelle auf einen knapp zwei Meter hohen Felsblock hinauf, bei dem keine Trittstelle vorhanden ist, auch nichts, woran man sich einhalten oder abstützen kann.
Oben steht ein Baum, der nach etwas Nachdenken die Lösung bietet: – Bärenseil!
Man werfe sein Bärenseil um den Stamm, befestige ein Ende am abgestellten Tourenrucksack, werfe das andere Ende in drei bis vier Schlingen um den Stamm, worauf man sich eine Trittschlaufe knotet, mit der man auf den Block hinaufsteigt.
Oben angekommen wird das Seil wieder gelöst und nun der Rucksack hochgezogen. Die Teleskopstöcke hat man vorher natürlich am Rucksack festgezurrt. Bärenseil lösen, zusammenrollen, in den Rucksack verstauen und weiter geht's.

Fingerboard Mountain und Fingerboard Mountain Shelter

Der Trailverlauf durch New York macht es möglich, dass man den Palisades Interstate Parkway unweit von New York City kreuzt, eine auf beiden Richtungen zweispurige Stadtautobahn, auf der allerdings nicht so schnell gefahren wird wie üblicherweise auf US Interstates.
In der Mitte zwischen den beiden Fahrtrichtungen verläuft ein schmaler, bewaldeter Streifen, in dem es sogar ein Holzkästchen mit Logbuch für AT Hiker gibt.
Danach warten noch zwei größere Anstiege auf einen, bis man auf dem Gipfel von Bear Mountain steht, auf dem es einen steinernen Aussichtsturm gibt, von dem aus sich schöne Ausblicke ins nahegelegene Hudson River Valley bieten.
Leider aber wird man damit rechnen müssen, keine klare Weitsicht zu haben, denn den Appalachen ist ohnehin schon ein gewisser Dunst eigen, der allerdings in den Sommermonaten, noch dazu in den schwül-heißen Mid-Atlantic-States für großen Dunst am Horizont sorgt, sodass an vielen der Stellen am AT, an denen man bei klarer Sicht bis zur Skyline von New York City blicken könnte, einem dieses Erlebnis verwehrt wird. – Also: Hudson River Valley mit dunstigem Horizont.
Gleich beim Bear Mountain Tower gibt es Getränkeautomaten mit eisgekühlten Softdrinks aller Art, wofür man unbedingt einige passable Ein-Dollar-Noten parat haben sollte, wenn man sich vor dem Automaten nicht vor Frust in den eigenen Hintern beißen möchte.

Einige Worte zu alkoholischen Getränken in den USA: Bier ist Alkohol und wird behandelt wie Schnaps. Alkoholische Getränke gibt es grundsätzlich nicht an Getränkeautomaten oder in Lebensmittelgeschäften zu kaufen. Dafür muss man extra in einen Liquor-Store gehen.
In größeren Supermärkten haben sich mittlerweile zwar Weinregale etabliert, aber auch Wein wird nicht an Personen unter 21 Jahren verkauft.

Trail in der ersten Hälfte New Yorks

Alkoholkonsum in der Öffentlichkeit, wenn es nicht im Rahmen einer Bar oder eines Restaurants geschieht, ist bei Strafe verboten – man darf sich nicht mit einer Bierdose in der Hand auf der Straße oder in einem Park erwischen lassen.

Die Gesetze sind diesbezüglich sehr streng. Alkohol gilt nicht als Genussmittel sondern als Droge und wird bei Verstoß gegen geltende Gesetze von den Behörden als solche behandelt.

Entlang des Appalachian Trails gilt daher auch in allen Hostels oder anderen Hikerunterkünften absolutes Alkoholverbot. Die Hütten in den White Mountains schenken keinen Alkohol aus und es gilt die No-Alcohol-Policy ebenso dort: mitgebrachte, alkoholische Getränke dürfen in und um die Hütten herum nicht konsumiert werden.

Auch an den Campstellen im Baxter State Park in Maine wird es überhaupt nicht gerne gesehen, wenn Thru-hiker ihren Aufstieg zu Mount Katahdin unten schon einmal kräftig begießen wollen, bevor es am nächsten Morgen losgeht, oder gar nach vollendetem Hike noch im Parkgelände zur Sektflasche greifen.

Wer im Restaurant zum Essen Bier bestellt, sollte sich darauf gefasst machen, dass Bier keinesfalls in solchen Mengen auf den Tisch gestellt wird, wie sie in Bayern üblich sind: es gibt keine 'Halbe', sondern höchstens ein größeres Limoglas voll.

Und diese Menge Alkohol sollte für das Essen ausreichend sein. Wer mehr Durst hat, steigt besser auf Nichtalkoholisches um oder geht anschließend in eine Bar.

Im Restaurant wird zwar nichts gesagt, wenn man mehrere Biere bestellt, aber man wird entsprechende Blicke erhalten, die sehr deutlich sind.

Es schickt sich einfach nicht.

... noch mehr Trail und Ausblick auf ein diesiges Hudson Valley

Alkohol und die USA haben eine leidvolle Geschichte, die zur Prohibition führte. Dass es überhaupt zum sogenannten Volstead Act kommen konnte, liegt größtenteils daran, dass es im gesamten neunzehnten Jahrhundert derartig massive Probleme durch übermäßigen Alkoholgenuss gegeben hat, die dazu führten, dass es bereits zur üblichen Ansicht in einem Ort gehörte, schon vormittags heillos betrunkene Männer vor den Saloons auf der Straße herumliegen zu sehen, die ihren Rausch ausschliefen.

Alkoholgenuss startete allgemein üblicherweise bereits beim Frühstück mit Getränken wie Whiskey oder Brandy und ging über den Tag munter weiter. Bevor es den Begriff der Alkoholsucht überhaupt gab, war ein guter Teil der US-Bevölkerung bereits aus Gewohnheit alkoholabhängig, ohne es zu bemerken.

Besonders schlimm erwischte es Einwanderer, bei denen das gelobte Land sich nicht als so gelobt herausstellte, sodass sie daraufhin ihr persönliches Elend im Suff ertränkten und ihre gesamten Familien mit in die Misere hineinzogen.

Das Leben in Amerika hat sich leider für viele Einwanderer nicht als so glücklich gestaltet wie erhofft; man fand sich ganz im Gegenteil auswegslos gefangen in härtesten Lebensbedingungen, denen durch den regelmäßigen Saloonbesuch zeitweise entflohen wurde.

Nicht nur die Siedler der Mayflower hatten mit Anlaufschwierigkeiten zu kämpfen – es traf jede Auswanderer-Generation aufs Neue, wenn sich nicht schon Verwandte im Land etabliert hatten, die in der ersten Zeit helfen konnten.

Bear Mountain Gipfel; Blick hinunter zu Hessian Lake und Trail bei Bear Mountain

Ganze Familien landeten mittellos in der Obdachlosigkeit durch fortgeschrittene Alkoholsucht ihrer Familienoberhäupter.

Frauen konnten noch keine Berufe ergreifen, um zum Lebensunterhalt beizutragen, und so wurden sie mitsamt ihrer Kinder hilflose Opfer, die aus der leidvollen Situation nicht ausbrechen konnten.

In dieser Zeit entstanden Temperenzbewegungen, die einerseits darum bemüht waren, in der Bevölkerung ein Bewusstsein dafür zu wecken, was der Alkoholkonsum anrichtete und zum anderen darauf zielten, die Leute vom Alkohol wegzubekommen.

Diese Temperenzbewegungen, die zunehmend auch sehr radikale Anhänger und Führungspersönlichkeiten gewinnen konnten, haben maßgeblichen Einfluss darin gehabt, dass es Jahrzehnte später zur Prohibition kam.

Wenn man sich heute darüber wundern mag, welches gespaltene Verhältnis Amerikaner von offizieller Seite her zum Alkohol haben, muss man dabei bedenken, dass großer Alkoholmissbrauch in deren Geschichte seine leidvollen Spuren im ganzen Land hinterlassen hat, in einem Ausmaß, wie wir das in Europa gar nicht kennen.

Bis heute ist daher in den USA wohl kein entspannter Umgang mit Alkohol möglich.

diesige Aussicht über den
Hudson River
von der
Bear Mountain Bridge

Von Bear Mountain steigt man hinab zu einem kleinen Naherholungsgebiet mit Verkaufskiosken, Picknickgelegenheit, einem weitläufigen, lodgeartigen Hotelbau und Hessian Lake, einem ruhig und idyllisch gelegenen See.

Hessian Lake hat seinen Namen nach dem Unabhängigkeitskrieg der amerikanischen Kolonisten gegen die Briten erhalten. Ein deutscher Landesfürst hatte den Briten zur Unterstützung gegen die amerikanischen Revoltierenden ein hessisches Söldnerheer von 250 Mann verkauft, das nach Amerika verschifft wurde und auf britischer Seite kämpfte. Diese hessischen Söldner verloren im Gefecht gegen die amerikanischen Kolonisten und ihre verbündeten Indianerstämme bei Bear Mountain allesamt ihr Leben, und als man ihre Leichen in den See warf, soll sich dessen gesamtes Wasser vom Blut der Gefallenen tiefrot verfärbt haben.

Nach Hessian Lake wandert man auf dem Appalachian Trail sogleich durch einen alten Zoo, in dem in altertümlichen Gehegen einige Tiere gehalten werden, die üblicherweise in den Appalachen leben.

Wer bisher kein Glück hatte, Schwarzbären in freier Wildbahn anzutreffen, hat in dem kleinen Zoo die Gelegenheit, einige Tiere in einem Freigehege zu sehen. Auch wenn die Tiere dort die Gefangenschaft gewohnt sind und in freier Wildbahn nicht mehr überlebensfähig wären, stimmen die Gehege dennoch traurig. Das Ganze erinnert sehr an das Sonett *Der Panther* von Rainer Maria Rilke – ganz besonders die schwarzen Käfige mit ihren vielen Gitterstäben.

Mit Verlassen des Bear Mountain Zoos erreicht man auf der Bear Mountain Bridge über den Hudson River mit knapp 38 Metern über Meereshöhe den am tiefsten gelegenen Punkt am ge-

samten Trail. Das Tal des Hudson Rivers wird im unteren Drittel als Fjord klassifiziert, denn die beidseitig bewaldete Talschneise glazialen Ursprungs reicht am Flussdelta weit unter die Wasseroberfäche des Flusses.

Leider hat man durch den witterungsbedingten Dunst keine weite Sicht über das eindrucksvolle, breite Tal, das ein wunderschönes Fotomotiv abgibt. Aber so ist das bei einem Thru-hike nun einmal: man muss akzeptieren, was man vorfindet, mit Licht, Wetter, Jahreszeit und allem Drum und Dran.

Ich könnte mir gut vorstellen, wie einem erst bei der herbstlichen, einzigartigen Laubverfärbung des Indian Summer die Augen in diesem Flusstal aufgehen müssen!

Nach dem Hudson Valley kann man über einen kurzen Seitentrail das Graymoor Friary ansteuern, ein Franziskanerkloster, auf dessen Gelände AT Hiker beim Fußballfeld campieren dürfen.

Es gibt Dixie-Klos, eine Dusche und einen Pavillon, außerdem haben die Patres Menükarten von Pizzabestellservices der Gegend bereitgelegt, falls man sich etwas zum Kloster liefern lassen möchte. Ins Kloster selbst kommt man nicht mehr hinein, denn die Patres sind im Drogen-Rehabilitierungsprogramm tätig, wo sie Jugendliche und junge Erwachsene im Kloster betreuen, was es sehr kompliziert machen würde, wenn dort noch AT Hiker aus- und eingingen. Die Campstelle aber ist schön gelegen und man hat, was man braucht.

Catfish Pond und kleiner Bach in dessen Nähe;
rechte Seite: Canopus Lake, Waldabschnitt im Clarence Fahnestock State Park und Ausblick vom Trail

Weiter geht es vorbei an kleinen Seen und in geringer Höhe auf kleinere Bergrücken hinauf, über sie hinweg und wieder in eine Gap, von der aus der nächste Anstieg folgt.

Unterwegs passiert man einen Trailabschnitt, auf dem geradezu luxuriöse Trailarbeit geleistet worden ist, mit kleinen Steinmäuerchen am Wegrand und white blazes als hochkant stehende Flaggen: einmal die US-Fahne und auch die französische Tricolore.

Bei einer Wegbiegung dachte ich zunächst, ich sehe nicht richtig – standen dort rosafarbene Plastikflamingos in den Waldboden gesteckt, solche, wie man sie typischerweise in den gepflegten Vorgärten der Bungalows in Florida erwarten würde. Es folgen seitlich des Trails Artefakte der Trailarbeit wie Kunstgegenstände aufgestellt: eine auf einem Besenstiel umgekippte, weiße Farbdose, deren Farbreste noch etwas den Stiel herabgelaufen sind; ein gebrauchter Pinsel, der seitlich an einem anderen Besenstiel auf ewig erstarrt festklebt; ein weißbekleckerter Gummihandschuh, ebenso festgepappt an einem weiteren Besenstiel.

The Art of Trail section – so habe ich dieses Wegstück getauft; eine kleine Kunstgalerie mitten auf dem Trail. Die Nähe des Big Apple ist spürbar!

Vorbei an Nuclear Lake, der so heißt, weil sich bis 1972 in seiner unmittelbaren Nähe

| 177 |

The Art of Trail; Ausblick mit Dunst und Baumriese bei Stormville Road

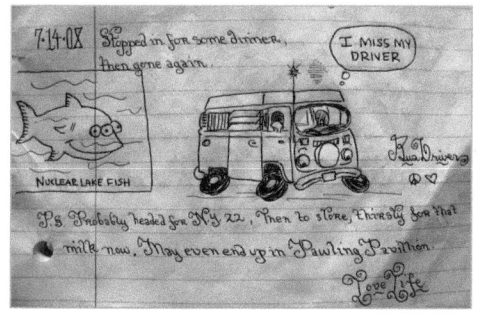 

Logeintrag von *Bus Driver*
im Telephone Pioneers Shelter; Nuclear Lake

eine Kernforschungsstätte befand, erreicht man im Dutchess County nach Abstieg von West Mountain an der West Dover Road den zweiten, steinalten Baumgiganten direkt am Trail, die Dover Oak, eine mächtige, in der Baumkrone weit ausladende Eiche, deren Alter auf 300 Jahre geschätzt wird. Sie ist die größte Eiche am gesamten Trail mit einem enormen Stammesumfang.
Dreieinhalb Meilen östlich entlang der Straße kann ein Zwischenstopp in der Kleinstadt Pawling eingeplant werden, in der AT-Hiker im kleinen, hübsch angelegten Edward R. Murrow Memorial Park campieren dürfen, wo es auch eine Außendusche und Toiletten gibt, außerdem einen Pavillon und einen kleinen See.
Die Kleinstadt, zu Zeiten des Unabhängigkeitskrieges zeitweise ein Stützpunkt von George Washington, bietet infrastrukturmäßig alles, was man in einer Stadt neben Unterkunft noch benötigt – von Laundromat über Drogeriemarkt bis hin zu diversen Lebensmittelgeschäften.
Nördlich von Pawling kreuzt der AT Bahngleise mit einer Zughaltestelle, die *Appalachian Trail* heißt. Von dort könnte man mit dem Zug auf einen Abstecher nach Manhattan in New York City fahren.

Die letzte Trailetappe des AT im Dutchess County führt noch streckenweise aus dem Bergwald hinaus und über hügelige Farmwiesen hinüber, bis man wieder in einem Bergwaldstück befindlich kurz nach Wiley Shelter zu einer Abfolge von kleinen Landstraßen hinuntersteigt, wo bei der Hoyt Road die Grenzlinie zum Bundesstaat Connecticut erreicht wird.
Bye, bye New York – Hello, Connecticut!
Ninth State down, five to go.
Mileage left: 733,6 to Katahdin.

Pawling
um dreiviertel sechs früh

die 300 Jahre alte
Dover Oak

Appalachian Trail Zugstation

Dutchess County, New York

Aussicht von Silver Hill

– 9 –

Connecticut (CT)

Nach Verlassen des letzten der drei Mid-Atlantic-States wandert man auf dem Appalachian Trail in den ersten Neu-England-Staat: *New England, baby!*

Mit nur knapp 51 Meilen hat Connecticut eine eher kurze Wegstrecke, aber dort wird bald deutlich, dass das Terrain streckenweise nun wieder permanente Auf- und Abstiege auch auf den Bergrücken selbst bietet – so, wie man den Trail vom Süden her bereits kennt, wenngleich man aber noch nicht über solche Distanzen hinauf- oder hinabsteigen muss, wie in North Carolina oder Tennessee.
Was daneben rasch auffällt, ist die nun alternativ genutzte Bezeichnung *Lean-to* für Shelter. Vorausgreifend sei bereits erwähnt, dass in Neu-England eher selten von einer *Gap* als Talschneise oder einer Schneise zwischen Bergrücken ohne Straße gesprochen wird. Je weiter nördlich man nun kommt, desto gebräuchlicher wird der Begriff *Notch*.

Nachdem man üblicherweise bei einem Thru-hike im Sommer durch diese Staaten wandert, erlebt man nicht die Jahreszeit, in der gerade die Neu-England-Staaten förmlich in lodernden Farben stehen: den Indian Summer. Was für ein atemberaubendes Naturschauspiel ich auf beiden Thru-hikes zwangsläufig verpassen musste, wurde mir klar, als ich die Streckenabschnitte des AT in Connecticut und Massachusetts ein drittes Mal wanderte, um meine Photos von allen Trailstaaten zu vervollständigen. Ich hatte es auf beiden Thru-hikes ja fertiggebracht, die Photos von beiden Staaten nahezu komplett zu verlieren.
Daher kam ich im Oktober mit einem Mietauto zurück und erlebte eine Riesenüberraschung, die sich wirklich lohnte: die Laubfärbung war von einer Brillanz und Intensität, die einfach einzigartig ist.
In letzter Zeit stolpert man immer häufiger in Zeitschriften oder Zeitungen über Berichte vom Herbst in Deutschland, bebildert mit Photos schöner Ausflugsziele, die bei strahlender Sonne und in herbstlicher Laubfärbung eingefangen worden sind, wo die Verfasser sich wohlwollend dazu versteigen, das Ganze als 'Indian Summer' zu bezeichnen.

In der Kleinstadt Kent; die Wälder in Connecticut – in der Mitte mit typischen Steinmauern für die Neu-England-Staaten

rechts: Ausblick von Caleb's Peak und Trail bei den Saint John's Ledges

So schön der Herbst mit seinen Farben sich in Deutschland auch gestalten mag – einen echten *Indian Summer*, der dieser Bezeichnung wirklich gerecht wird, gibt es in ganz Deutschland nicht.

Zu solchen intensiv leuchtenden Herbstfarben, zu denen es in Upstate New York, den Neu-England-Staaten bis hinunter nach Kanada und westlich bis zur großen Seenplatte zwischen den USA und Kanada jedes Jahr kommt, gehört ein ganz bestimmtes Klima, gebunden an ein stabil anhaltendes Wettersystem, woran es in Deutschland schon allein bedingt durch unsere kapriziösen Wetterumschwünge mit reichlich Niederschlägen fehlt. Wir haben ja bereits Probleme damit, zuverlässig jedes Jahr einen sogenannten Goldenen Oktober zu erleben, bei dem der Großteil unserer Laubbäume einmal anhaltend goldgelb leuchten kann, ohne dass das Ganze durch einen Tiefdruckausläufer mitten in der Entwicklung zunichte gemacht wird und an den Bäumen gelblich-braunes Laub zurückbleibt.

Das Laub in den USA und Kanada dagegen scheint zu brennen, so intensiv werden dort die Gelb-, Orange- und Rottöne auf den Bäumen. Aus diesem Grund zieht es in den Herbstwochen recht viele Touristen nach Neu-England zum 'leaf-peeping'.

Auf dem Appalachian Trail aber wandert man als Northbounder üblicherweise gegen Juni/Juli, als Southbounder gegen Juli/August durch Connecticut.

Von Upstate New York aus kommend, geht es recht zügig hinauf zu Schaghticoke Mountain und damit durch ein Reservat des Stammes der Schaghticoke Indianer, bestehend aus Abkömmlingen mehrere Stämme, die in den Appalachen dieser Gegend gelebt hatten, als die ersten weißen Siedler aus Europa kamen.

Es darf schon als sehr großzügig angesehen werden, dass die Stammesnachfahren, nach allem, was die amerikanischen Ureinwohner sich von den europäischen Siedlern haben bieten lassen müssen, es bereitwillig dulden, dass ein Wandertrail mit Campstelle durch das wenige Land hindurchführt, das ihnen geblieben ist.

Man sieht zwar auf diesem Streckenabschnitt nichts Großartiges, dass einem sogleich bewusst würde, wo man sich gerade bewegt.

Doch ein Bewusstsein dafür, dass dieses Gebiet den Nachkommen amerikanischer Ureinwohner gehört und von diesen Menschen geschätzt wird, sollte genügen, sich innerhalb dieses Reservats besonders respektvoll zu verhalten.

Eine wesentliche Wasserader, die einen bis nach Massachusetts hinein immer wieder begegnet, ist der breite Housatonic River, zu dem man etappenweise hinuntersteigt, daran entlangwandert, um dann wieder über einen erneuten Aufstieg im Bergwald zu verschwinden. Benannt ist dieser ruhig fließende Fluss mit einem aus der Sprache der Mohikaner stammendem Begriff, der *'Ort jenseits der Berge'* bedeutet.

Blick auf den Housatonic River; Abstieg von den Saint John's Ledges

Von europäischen Siedlern erstmals 1614 erforscht, entspringt der knapp 240 Kilometer lange Housatonic bei Pittsfield in Massachusetts und fließt in südlicher Richtung durch Connecticut hindurch in den Long Island Sund ab.

Nach Schaghticoke Road, auf der man eine Meile östlich vom Traileinstieg in die hübsche Ortschaft Kent einkehren kann, kommt über zwei vorgelagerte Berge der Aufstieg zu Caleb's Peak, von wo aus es eine schöne Aussicht hinunter zum Housatonic River gibt. Darauf geht es über die Saint John's Ledges auf sehr felsigem und steilem Weg hinunter, wobei man sich desöfteren seitlich einhalten muss, denn ein Sturz auf diesem Trailabschnitt wäre verhängnisvoll.
Diese Etappe ist bereits ein sehr guter Vorgeschmack auf das Terrain in New Hampshire und Maine.

Der Punkt hierbei, der einem längst vorher spätestens ab Pennsylvania durch den Kopf gegangen sein dürfte, ist, wie harmlos, ja fast sanft diese baumbewachsenen Berge der Appalachen von außen so aussehen, doch kaum ist man in diesen äußerlich so sanft gewellt anmutenden Bergwäldern, tun sich felsige Klettersteige par excellence auf, die man nicht für möglich gehalten hätte.
Nun kommt erschwerend hinzu, dass man ja nicht mit einem kleinen Tagesrucksäckchen unterwegs ist sondern mit einem vollgepackten Tourenrucksack, was einem in etwa den Bewegungsradius einer Schildkröte gibt. Bei aller Fitness und Ausdauer, die man bis zu diesem Punkt zweifellos gewonnen hat, solche abenteuerlich formatierten Trailstücke kriecht man lieber vorsichtig hinunter.
Ganz besonders, da der Abstieg über die Saint John's Ledges sich auf der nördlichen Seite des

Bergrückens befindet, wo es meist feuchter ist und Ausrutschen sehr wohl ein leidiges Thema sein kann.

Unten angekommen wandert man eine geraume Wegstrecke entlang des Housatonic River, bevor es in einer achterbahnartigen Abfolge von Auf- und Abstiegen schließlich hinauf auf den hügeligen Bergrücken von Sharon Mountain geht.

Dort oben kann es einem passieren, dass Motorengeräusche hinaufdringen, was sich etwas bizarr ausmacht, so mitten auf einem bewaldeten Bergrücken, ohne erkennbare Straße weit und breit.

Die Ursache ist eine Auto-Rennbahn, die sich am nordwestlichen Fuß des Bergs in der Talebene befindet.

Erneut gelangt man ans Ufer des Housatonic River, entlang dessen es durch einen anlagenartigen Abschnitt in die Nähe eines kleinen Wasserkraftwerks geht, wo der Housatonic in einem breiten Wasserfall über einige Kaskaden hinabfließt.

Dort tummeln sich im Sommer Badefreunde, denn in dem ruhig fließenden Fluss lässt es sich prima erfrischen.

Zurück im Bergwald hat man mit Prospect Mountain einen letzten An- und Abstieg, bei dem es an einer megalithförmigen Steinformation vorbeigeht, dem Giant's Thumb – ein senkrecht stehender Findling, der von den Gletschern der letzten Eiszeit übrig geblieben war.

Abstieg von den Saint John's Ledges

Bald danach tritt man aus dem Bergwald in eine grasige Lichtung hinaus, von wo aus sich

zum Nordosten hin ein herrlicher Ausblick auf die Taconic Range bietet, die man als nächstes besteigen und überwandern wird.

Zunächst aber erreicht man eine Bundesstraße, die westlich des Trails in knapp einer halben Meile nach Salisbury führt, einer überaus pittoresken, typischen Neu-England Kleinstadt mit weißgestrichener Kirche und liebevoll gepflegtem Gesamterscheinungsbild.

Dort findet man zum Einkehren das Haus von Maria McCabe, einer zierlichen Frau von mittlerweile gut neunzig Jahren, die ursprünglich aus Bressanone/Brixen in Südtirol stammt und nach wie vor Deutsch und Italienisch spricht.

In ihrem gepflegten Haus bietet sie Zimmer für Hiker an, die mich mit ihrer gemütlichen Atmosphäre sofort an längst vergangene Urlaube aus Kindertagen im österreichischen Zillertal erinnert haben, wie sie in den sechziger und siebziger Jahren ganz typisch waren, gleich, ob man nun zum Wandern oder zum Skifahren gekommen war.

Es ist einfach Marias Händchen, das einem dieses wohlige Gefühl vermittelt; die Südtirolerin in ihr ist übrigens so lebendig wie wohl eh und je.

links: am Ufer des Housatonic, dann wieder im Bergwald mit An- und Abstiegen und durch kleinere Bäche hindurch; dunstiger Bergwald nach Regen und mit erstem Sonnenschein; eine *stilt* wenn Weidebetrieb ist; typisch amerikanisches Haus mit *wrap around porch* bei der Landstraße CT 4;

rechts: Housatonic River Falls, Billy's/Rand's View auf die Taconic Range und herrschaftliche Häuser in Salisbury

Sie ist eine sehr patente Person mit ansteckendem Humor, und man möchte es gar nicht glauben, wie betagt sie schon ist. Ein echtes Goldstück aus den Tiroler Alpen!
– Sehr sehr schwierig, hier Lebewohl zu sagen und sich wieder auf den Weg zu machen …

Wenn man es sich nicht schon längst vorsichtshalber in den Rucksack gesteckt hat, gilt es, spätestens vor dem Hinauswandern aus Salisbury ein Insektenabwehrspray zu kaufen.
Man wird es als Northbounder bald brauchen.

Am Traileinstieg geht es nun auf die Taconic Range hinauf zu Lions Head, dann vorbei am Seitentrail zum wunderschön gelegenen Riga Lean-to mit zugehöriger Campsite, wo man sowohl abends als auch morgens traumhafte Naturstimmungen im Osten beobachten kann, und zwar direkt vom Shelter aus mit Aussicht ins unten liegende Tal.
Nach dem Riga Shelter erreicht man erneut einen Bear Mountain, der in Connecticut der höchste Gipfel auf dem Appalachian Trail ist und Panoramaaussicht bietet. An dessen steiler und felsiger Nordflanke geht es hinunter zu Sages Ravine, wo etwa auf halber Strecke, bevor man ganz unten in die Schlucht gelangt, die Grenzlinie zum Nachbarstaat Massachusetts überschritten wird.
Dort heißt es wieder: bye, bye, Connecticut – hello, Massachusetts!
Ten States down, four to go. Miles left to Katahdin: 682,9.

Maria McCabes Briefkasten

Auf dem Bergrücken Richtung Lions Head; Sonnenaufgang vom Riga Lean-to aus gesehen; Sages Ravine Brook und Aussicht über die Taconic Range von Bear Mountain

Kent Memorial Library:
"Es gibt kein besseres Schiff als ein Buch, um uns woanders hinzubringen"

Benedict Pond

"It seems odd that in all the years during which poets have sung of the lure of the great north woods, not one of them has made even passing mention of midges and blackflies. This gives rise to the suspicion that the poets of the great outdoors have never been north of Portsmouth, New Hampshire."
~ Kenneth Roberts, 1935

["Es erscheint seltsam, dass in all' den Jahren, in denen Dichter von den Verlockungen der großen Wälder des Nordens gesungen haben, nicht einer von ihnen auch nur eine flüchtige Bemerkung zu Schnaken und Blackflies gemacht hat. Das nährt den Verdacht, dass die Dichter der freien Natur nie nördlich von Portsmouth, New Hampshite, gewesen waren."]

– 10 –

Massachusetts (MA)

Um Mücken zu erleben, muss man gar nicht bis hinunter nach New Hampshire vorpreschen – die Wälder Massachusetts' sind Ende Juni bis weit in den Juli voll davon.
Auf der knapp 90 Meilen langen Etappe durch Massachusetts führt der Appalachian Trail zunächst noch über die Taconic Range, schlängelt sich danach durch die Berkshires und von dort schließlich über die Greylock Range zu den Green Mountains Vermonts.
Mit Abstieg hinunter in Sages Ravine, in der es für Northbounder spürbar schwül und feucht ist, wird schmerzhaft deutlich, dass man ab jetzt immer weiter in Stechmückengebiet hineinkommt.
Ein Blick auf die Karte zeigt, warum: nicht nur die Strecke des AT führt in Massachusetts vorbei an zahlreichen Gewässern und feuchten Moosgebieten, auch sonst gibt es in diesen Gegenden weitere Kleingewässer mit moorartiger Umgebung.
Schon während man über die Taconic Range wandert, oben felsige Berggipfel noch unbelästigt von Blutsaugern überrundet, erwischen sie einen, kaum, dass man an der anderen Seite wieder hinabsteigt und durch die dampfigen Bergwälder zum nächsten Anstieg läuft.

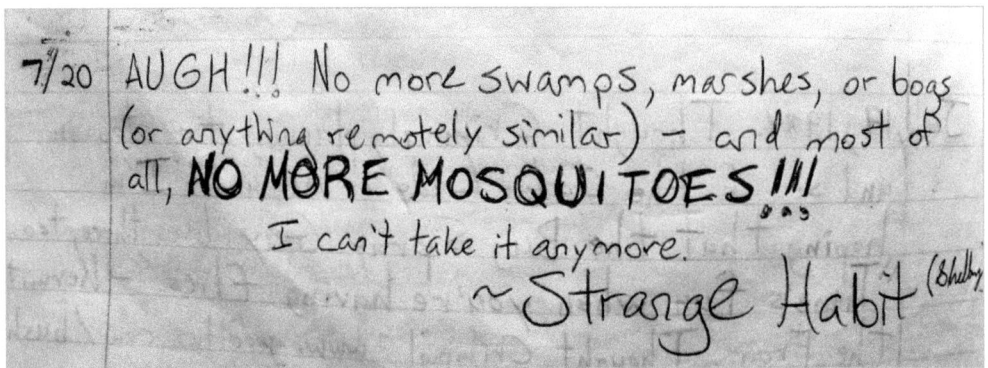

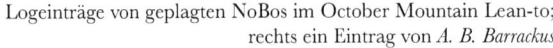

Logeinträge von geplagten NoBos im October Mountain Lean-to; rechts ein Eintrag von *A. B. Barrackus*

Die Etappe hinab von Race Mountain und über Mount Everett hinüber, die beide herrliche Aussichten bieten, gestaltet sich in den Abstiegen als abenteuerlich, weil sie so felsig sind, dass es trotz Bergwalds, in den man wieder hineinwandert, über steilen, blanken Felsen hinabgeht – gejagt von Moskitos und anderen 'bugs', die einem zusetzen.

Es gibt in den USA einige Abwehrsprays der Marke 'Off!', die ich selbst ausprobiert habe und die sich bei dem Plagegeisterbefall während eines Northbound Thru-hikes als wirksam erwiesen haben.
Man sprüht sich zwar Chemie auf die Haut, aber bei den lästigen Biestern in den Wäldern Massachusetts' ist einem das recht schnell egal – wenn man bloß endlich seine Ruhe vor all' diesen *bugs, critters, skeeters and no-see-ums* hat, um diese Plagegeister mit ihren am Trail gebräuchlichen Bezeichnungen zu nennen.
Biologische Citronella-Mischungen und Lavendelöle, oder handelsübliche Produkte aus Deutschland kann man gleich zuhause lassen; die helfen in diesen Wäldern überhaupt nichts.

Ridgeline hiking über die Taconic Range zu Mount Everett und Jug End

Die Losung ist hier sehr einfach: Chemie oder sich stechen lassen; wobei man gerade erst am Anfang ist, was die Mückenhochgebiete in Massachusetts betrifft, deren geflügelte Vampire sich übrigens auch bei den Sheltern und Campstellen zuhauf tummeln. Camp-Aufgaben sind unter solchen Bedingungen kein Vergnügen, weil man sich am liebsten sofort hinter das schützende Moskitonetz seines Zelts zurückziehen möchte.
Als Southbounder macht man um einiges härtere Erfahrungen in den Wäldern Maines und New Hampshires, wo noch nicht einmal die ansonsten zuverlässigen US-Produkte helfen, doch in Massachusetts muss man sich dem ständigen Aderlass nicht unbedingt hingeben.

Bei meinem Northbound braute sich über der Etappe von Sages Ravine bis zum endgültigen Abstieg über Jug End ein Gewitter zusammen, sodass in den bewaldeten, schwülen Bergschneisen die Mücken tobten.
Die Abstiege sowohl von Race Mountain als auch von Mount Everett waren etwas feucht, sodass man extrakonzentriert hinuntersteigen musste, trotz dieser lästigen Blutsauger im Genick.
Zu diesem Zeitpunkt hatte ich nur ein wirkungsloses Präparat aus Deutschland dabei, das ich zu allem Überfluss auch noch von Georgia bis nach Massachusetts geschleppt hatte und das angeblich auch gegen tropische Mücken extrastarken Schutz versprach, nun aber grandios bei Appalachenmücken versagte.
So ging es mit zusammengebissenen Zähnen die gesamte Strecke dahin, mit Erholungspause auf den flacheren Abschnitten, die Ridgeline hiking mit schöner Aussicht nach Osten bieten.

Je weiter es am Jug End wieder in die Wälder hineinging, desto ekelhafter wurde die Stechmückenplage, sodass ich entgegen meiner ursprünglichen Pläne, mittlerweile aber dermaßen genervt von diesen Insekten, bei einer Landstraße, die der AT kreuzt, förmlich aus dem Wald herausschoss und nach Great Barrington hineintrampte.

Mir reichte es für diesen Tag.

Später, am frühen Abend entlud sich tatsächlich ein gewaltiges Gewitter mit starkem Regenguss über die Gegend. In dem Motel, in das ich eingecheckt hatte, traf ich auf andere Hiker, die nach mir gekommen waren und wie ich die Nase dermaßen voll hatten von den ersten Erlebnissen mit den surrenden Waldbewohnern.

Ich erfuhr außerdem, dass ein Thru-hiker, der mitsamt Hund von Georgia bis Mount Everett gekommen war, am selben Tag beim steilen Abstieg ausgerutscht war und sich dabei den Knöchel brach. Ein Rettungsdienst musste anrücken, um den jungen Mann mit seinem Hund vom Trail herunterzuholen.

Nördlich von Jug End kommt eine eher flache Strecke, bei der man kurz vor Ende wieder auf den Housatonic River stößt, an dem es ein Stück entlanggeht, bis er überquert wird und der nächste Anstieg hinauf zu den June- und East Mountains ansteht.

Ausblick von Mount Everett; Trail mit Holzplanken über morastigem Grund; idyllisch gelegene Fußbrücke

October Mountain Lean-to, der Trailverlauf und eingebettet rechts außen bei Benedict Pond

Im Schlepptau mit den hartnäckigen Insekten zu dieser Jahreszeit geht es weiter durch die dampfig-feuchten Bergwälder der Berkshires, vorbei an Benedict Pond über den langgezogenen Bergrücken von Mount Wilcox, der gleich zwei Campstellen mit Lean-to hat: eines südlich, das andere nördlich.
Weitere Meilen bringen einen schließlich in eine Talschneise mit kleiner Landstraße, auf der es in westlicher Richtung nicht weit bis Tyringham ist, einer ganz kleinen, überaus schmucken Ortschaft, wo man im *Cobble View Bed&Breakfast* Snacks und Getränke kaufen kann. Die Gelegenheit habe ich auf beiden Thru-hikes ausgenutzt, bevor es nach dem Zwischenstopp wieder zurück in den Wald ging, wo nach sieben Meilen der Abzweiger zur gemütlichen Upper Goose Pond Hütte kommt, die am gleichnamigen Gewässer idyllisch gelegen ist.
Diese Hütte wird vom AMC Berkshire Chapter betrieben, die Caretaker einsetzen, wenn die Hütte während der Saison geöffnet ist. Direkt an einem kleinen Waldsee mit Bootssteg befindlich, hat man hier eine günstige Gelegenheit sowohl zum Schwimmen als auch zum Bootfahren mit dem kleinen Kanu, das dort festgemacht ist.
In der zweistöckigen, geräumigen Hütte mit großer, überdachter Veranda gibt es im Ober-

geschoss einen Gemeinschaftsschlafraum mit einfachen Stockbetten, während man unten einen gemütlichen Raum mit Bücherregal, Polstersofa, Rattanmöbeln und einer Kochgelegenheit findet, die allerdings nur von den Caretakern genutzt wird, wenn sie in der Früh für die Anwesenden Pfannkuchen zubereiten.

Ob das aktuell noch Usus ist, entzieht sich meiner Kenntnis, aber bei meinen Thru-hikes und in den Jahren davor konnte man damit rechnen, was natürlich allen Leuten gehörig Beine machte, zur Hütte zu kommen. Bei meinem Northbound habe ich die Hütte ausgelassen, weil ich gut versorgt aus Great Barrington daherkam, was nur eineinhalb Tagesmärsche entfernt ist und daher ein weiterer kurzer Tag nicht wirklich nötig war. Das Jahr drauf aber habe ich mir die Hütte nicht entgegen lassen und muss sagen, dass die Einkehr mit Übernachten sich dort wirklich lohnt, selbst wenn es mittlerweile keine Pfannkuchen am Morgen mehr geben sollte. Der Ort ist traumhaft schön gelegen.

Im Herbst 2008, als ich in der Gegend zum dritten Mal unterwegs war, machte ich gewohnheitsmäßig wieder einen Abstecher nach Tyringham hinein, wo ich den diesjährigen Caretakern der Upper Goose Pond Cabin, *Mama Lipton* und *Flatlander*, direkt in die Arme lief, was sich

Upper Goose Pond und Upper Goose Pond Cabin; rechts: Upper Goose Pond, Finerty Pond und farngesäumte Etappe bei Warner Hill/Tally Mountain

als ein ganz besonderer Glücksfall erwies, denn die beiden waren auf dem Weg zur Hütte.

Nun sind die Meilen von der kleinen Ortschaft zur Hütte via AT sind nicht gerade superaufregend. Es kommen keine attraktiven Photomotive entlang des Trails, wofür ich aber extra zurückgekommen war. Daher nahm das reizende Caretaker-Ehepaar mich kurzerhand im Pickup über Forststraßen zur Hütte mit, die wir so in nullkommanix erreichten. Das sind so diese kleinen Glücksfälle am AT, die einem unversehens in den Schoß fallen!

Weiter geht es über einen kleineren Berg und hinunter in eine Talschneise, wo mit der Massachusetts Turnpike eine Schnellstraße gekreuzt wird, danach über Becket und Walling Mountains vorbei an Finerty Pond, einer Gewässerart, der man je weiter man in den Norden kommt, immer öfter begegnen wird. Die Übersetzung 'Teich' greift hier nicht sehr gut, denn diese Ponds können groß wie Seen sein und/oder sumpfig wie ein Teich.

Meist sind diese Ponds in Gegenden mit Mooren oder anderen sehr feuchten Landschaftsgegebenheiten.

Die Gegend um October Mountain, die im Anschluss durchwandert wird, ist mit sehr vielen Feuchtgebieten gesegnet. Der Moskitos wegen ist man froh, wenn man da wieder herauskommt und im offenen Tal eine unbelästigte, leichte Wanderetappe zu War-

farngesäumte Etappe bei Warner Hill/Tally Mountain;
Dalton General Store

ner Hill und Tally Mountain hat, auf denen man an üppigen Formationen von hochstehenden, intensiv duftenden Farnen vorbeikommt.

Nach einem kurzen Auf- und Abstieg über Day Mountain führt der Appalachian Trail in die Kleinstadt Dalton hinein, die auf guten zwei Meilen durchwandert wird.
Dabei kommt man an einer günstig gelegenen Tankstelle vorbei, wo es vieles zu kaufen gibt, wonach einem als Thru-hiker einfach gelüstet: kalte Getränke, Eis, diverse Schokoriegel für einen gepflegten Zuckerrausch und noch anderes mehr ...
Während meines Northbound Hikes hatte ich zu dieser Zeit eine Vorliebe für die Kombination Bananen, Milch und einem Becher Ben&Jerry's Eiscreme entwickelt, die ich mir an jener Tankstelle in Dalton gönnte, danach noch eisgekühltes Pop, plus Mittags-Rastpause im prallen Sonnenschein eines herrlichen Sonntagnachmittags.
Als ich gegen viertel nach zwei nach einiger Verdauungszeit wieder aufbrach, hatte ich keine Ahnung, wie lange der AT noch durch die hübsche Kleinstadt führen würde.
Mein Darm schickte sich an, blähende Gase zu entwickeln, die ich gerne losgeworden wäre.
Leider ging das nicht so einfach: überall, wirklich überall waren Leute in Hörweite, die ihre Vorgärten pflegten, Hecken mit der Handschere trimmten, Blumen pflanzten oder Unkraut jäteten. Andere reparierten etwas an ihrem Auto oder spielten mit ihren kleinen Kindern, die sich unter der Aufsicht ihrer stolzen Eltern tapsigen Schrittes im Gras bewegten.
Sogar ein Baseball-Spiel fand statt. Und der AT führte genau entlang dieser schnurgeraden

Straße eine gefühlte Ewigkeit durch die belebte Nachbarschaft, wo die Leute sich emsig draußen betätigten und nicht ein Grundstück daherkam, auf dem einmal nicht jemand in Hörweite zum Gehweg gewesen wäre.

Es war eine echte Tortur – die Mischung aus Bananen, Eis und Milch plus späterem Limogetränk bildete Gase wie verrückt, und ich musste mich mit festgebissenen Zähnen zusammenreißen, nicht unfreiwillig zum Objekt der Aufmerksamkeit dieser gesamten Nachbarschaft zu werden.

Zum Glück kam mir nicht jemand entgegen, der mich in ein Gespräch über einen AT Thru-hike verwickeln wollte, was einem durchaus passieren kann, sonst hätte ich für nichts mehr garantieren können!

Die Erleichterung, nachdem ich endlich wieder im Schutz des nächsten Bergwaldes war, ohne Publikum in der Nähe, lässt sich gar nicht beschreiben!

Soviel also zum Thema Hiker-Flatulenz, die jeden nach einer gewissen Zeit des Weitwanderns trifft. Am Trail selbst hat man alle Freiheiten, befindet man sich ja tatsächlich draußen in den Wäldern; in den Städten allerdings ist ziviles Benehmen angesagt, und das kann sich so manches Mal als recht schwierig gestalten.

Bei meinem Southbound fand ich in einem Shelterlog nördlich von Dalton den Hinweis zu Robert Birds *The Birdcage*, wo bis zu drei Hiker über Nacht auf seiner gemütlichen, geschlossenen Veranda bleiben können,

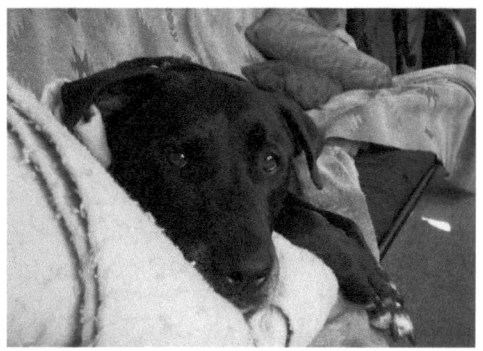

Dalton, Ortskern und Wohngegend;
The Birdcage: Robert Birds Labradorhündin

wenn etwas frei ist. Robert Bird betreibt eine kleine Tankstelle im Ort, bei der man nach ihm fragen sollte, dann telefonierte sein Angestellter zu ihm nachhause, worauf Bob kurze Zeit darauf mit dem Auto kam und einen abholte.

Robert ist ein angenehmer, gemütlicher Mensch, der gerne Gesellschaft von Leuten hat, dabei aber völlig unaufdringlich ist. Er hatte schon Hunderte von Hikern in seinem Haus, von denen er ein eigenes Album angelegt hat. Zu jedem der Hiker weiß er etwas zu berichten. Ihm ist klar, dass es in der Gegend etwas schwierig ist mit Unterkünften für Hiker, und da er sich als Ortsansässiger ohnehin für den Appalachian Trail interessiert, freut es ihn, hier aushelfen zu können. Er sprach mich auch sogleich auf den deutschen Northbounder mit seinem Hund Ronja an, der zu dem Zeitpunkt schon längst bei ihm Station gemacht hatte.

Als ich im Herbst zurück nach Massachusetts kam, war mein erster Gedanke, bei Robert Bird um Rat zu fragen, wie ich die AT-Etappen am besten anpacke, wenn ich ein Auto dabeihabe. Die Begrüßung, die mir entgegenkam, als ich an der Türe klingelte und Robert öffnete, war:
"Alpine Strider! How can I help you?"
Das beschreibt Robert Bird besser als alles, was ich zu ihm noch berichten könnte: how can I help you? – das ist Robert Bird.

In nicht einmal fünf Minuten hatte er einen unkomplizierten Plan zusammengestellt, wie ich die Etappen in Massachusetts am besten im Wechsel von southbound und northbound wandern könne, während mein Auto zunächst in Dalton vor seinem Haus geparkt blieb und ich jeweils nach Dalton zurückwanderte.

Am Ende fuhren wir mit zwei Autos nach Salisbury, wo ich mein Auto abstellte und Robert mich nach Massachusetts mitnahm, wo er mich schließlich am nördlichen Ende vom Jug End ein letztes Mal absetzte, sodass ich von dort nach Connecticut hinüberwandern konnte.

Nördlich von Dalton erreicht man auf dem AT über einen kurzen Anstieg den langen Bergrücken von North Mountain, den man vorbei an Gore Pond auf gut sieben Meilen überwandert.

Kurz vor dem Abstieg hat man auf The Cobbles einen herrlichen Ausblick zur Ortschaft Cheshire unter einem im Tal und dahinter auf die beeindruckende Mount Greylock Range, bei der es nach geraumer Zeit einmal wieder richtig hoch hinaufgeht.

Zunächst aber kommt man durch das kleine Städtchen Cheshire durch, wo man in einem extra für Hiker bereitgestellten Raum in der Pfarrei der katholischen Saint Mary of the Assumption Kirche über Nacht unterkommen konnte.

In diesen Raum haben Gemeindemitglieder alle möglichen Dinge für Hiker bereitgestellt, die sie benötigen könnten, von Handdesinfektionsgel zum Nachfüllen über Pflaster und Verbandszeug, extra Socken, Nähzeug bis hin zu Vaseline, Seife und stapelweise Zeitschriften zur Unterhaltung.

Father Raymond griff 2007 zur Kamera und machte Photos von seinen Gästen, die ein Jahr später in einer liebevoll gestalteten Collage zusammengefasst als aufklappbares Standbild mit dem Titel: *Welcome Hikers to Saint Mary's!* zu sehen waren.

Auch mein Photo von diesem Jahr war dabei mit Herkunftsort: Bavaria, Germany.

Genau gegenüber von der Kirche lebt die Familie Dragon in einem uralten Haus, das einmal in den 1830er Jahren die Poststelle des kleinen Ortes gewesen war.

Larry *Draggin'* Dragon ist selbst AT Northbounder von 2005 und seine Mutter Theresea, eine entzückende ältere Dame mit weißen, sorgfältig ondulierten Haaren, brachte frischgebackenes, köstlich duftendes Bananabread zu uns Hikern im Pfarrsaal hinüber. Es schmeckte himmlisch!

Und war so luftig leicht, dass es auf der Zunge zerging.

Die netten Leute in Massachusetts lassen einen die Blutsauger in den Berkshires ganz schnell vergessen!

Und das kann man wirklich brauchen, denn nun kommt: *der Berg* –

Aussicht von The Cobbles auf Cheshire und die Greylock Range; noch etwas deutlicher Mount Greylock (Bergrücken links) und Etappe kurz nach Cheshire zum Einstieg auf Mount Greylock via AT

Trailabschnitte zu Mount Greylock hinauf und kleiner Weiher in Gipfelnähe

Mount Greylock, der höchste Berg in Massachusetts mit einem War Memorial für die gefallenen Soldaten des Bundesstaats am Gipfel, das einem Leuchtturm gleich unerschütterlich und erhaben in die Ferne weist.

Mount Greylock selbst ist so unsterblich in die Weltliteratur eingegangen, dass ihn jeder kennt – allerdings nicht als Berg, sondern als ein großes, mächtiges Säugetier, gegen das Captain Ahab seinen aussichtslosen Kampf führt: *Moby Dick*, den weißen Wal.

Herman Melville, sein Schöpfer, lebte in der Gegend um Mount Greylock, den er von seinem Arbeitszimmer aus im Blickfeld hatte. Und da soll er eines Tages zu seiner berühmten Romanfigur inspiriert worden sein, als er den runden Bergrücken angezuckert vom ersten Schnee erblickte.

Und ja, wenn man sich die Form des Berges so ansieht, hat der Bergrücken tatsächlich etwas vom runden Buckel eines mächtigen Wals.

Ein Anstieg von siebeneinhalb Meilen schlängelt sich auf den Berggipfel hinauf, wo man an einem kleinen Weiher vorbei aus dem Bergwald hinaustritt und linkerhand zur Bascom Lodge aus dem Jahr 1937 stehend das hoch aufragende War Memorial auf dem freien Gipfel erblickt.

Bei schönem Wetter ist der Berg ein Traum mit Aussicht hinüber nach North Adams und auf das umliegende Farmland, das in Spielzeuggröße den Fuß der Bergkette wie ein Flickenteppich umsäumt.

Wenn es dort oben am Berg allerdings umschlägt, dann ist es ungemütlich eiskalt und die Winde pfeifen nur so um einen herum, dass man in Windeseile steife Gelenke hat.

Ich bin insgesamt drei Mal über diesen Berg gewandert und habe beide Wetter bereits erlebt. Mir wurde innerhalb kürzester Zeit so bitterkalt da oben, dass ich mit nahezu steifen Beinen auf der anderen Seite den Trail hinuntergestakst bin. Es dauerte gefühlte Ewigkeiten, bis meine Knie sich wieder normal anfühlten.

Um Mount Greylock herum gibt es keinen höheren Berg, und so erwischen einen die Elemente voll und ungebremst auf dem Gipfel.

Als ich am 22. Juli 2007 auf meinem Northbound Hike zum ersten Mal über Mount Greylock wanderte, war das Wetter zunächst bewölkt aber noch schön. Bascom Lodge war wegen umfangreicher Straßenarbeiten auf der Zufahrtsstraße zum Gipfel geschlossen, daher bot sich als Rastplatz das nahe am Gipfel gelegene Thunderbolt Shelter an, das als Schutzraum für Skitourengeher im Winter dient. AT Hiker dürfen dieses Steingebäude mit Türe und Fenstern nur zum Rasten nutzen, aber nicht, um dort zu übernachten, denn es gibt kein Privy in der Nähe.

Mount Greylock gehört zu einer Art Naturpark, der Mount Greylock State Reservation, in dem Ranger nach dem Rechten sehen. Natürlich kontrollieren die Ranger auch, ob sich AT Hiker im Thunderbolt Shelter länger als gestattet aufhalten, denn es gibt drei Meilen nördlich vom Schutzraum ein eigenes Lean-to mit Campstellen für AT Hiker, das diese nutzen sollen.

Während ich dort oben meine Pause verbrachte, zog sich der Gipfel mit Wolken zu und Regen mit

War Memorial auf Mount Greylock
und Trail am Fuß des Berges auf der Nordseite

Mounts Greylock und Fitch; North Adams

Winden setzte ein. Als ich das Wetter durch die Fenster beobachtete und überlegte, ob ich einfach rasch den Trail über Mount Fitch und Mount Williams hinunter zu dem Lean-to sprinten sollte, kam ein Ranger zur Türe herein. Seine Pappenheimer aus Erfahrung kennend, informierte er mich höflich aber bestimmt, dass sich das Shelter zum Übernachten weiter nördlich am AT befände.

Allerdings funkte er über sein Walkie-Talkie die Zentrale im Tal an und berichtete den Kollegen, dass das Wetter oben umgeschlagen habe und im Schutzraum eine AT Hikerin sei, und wie er weiter verfahren solle. Es kam umgehend die Meldung zurück, dass dies als eine Notlage bewertet werde *und ich daher im Thunderbolt Shelter übernachten dürfe*. (!) Ich müsse aber die Dixie-Toiletten am Bauabschnitt der Straße bei der Bascom Lodge nutzen, nicht, dass oben am Berg Toilettenpapier und anderes herumflöge.

– Wow, oder? Ich durfte mit offizieller Erlaubnis der Parkverwaltung oben im Ski-Shelter bleiben! Ich bedankte mich überschwänglich bei dem Ranger, der dies möglich gemacht hatte und verbrachte hinterher eine tolle Nacht mollig warm eingepackt in meinem Schlafsack, während draußen die Winde um das Steingebäude pfiffen und Regen gegen die Fensterscheiben peitschte.

Am nächsten Morgen war wieder schönes Wetter und bei einem Abstecher im Wilbur Clearing Lean-to konnte ich im Shelterlog lesen, wieviele AT Hiker vor mir das Thunderbolt Shelter haben verlassen müssen, als der Ranger seinen Kontrollgang absolvierte.

Mir ist natürlich klar, dass das ganz anders geendet hätte, wäre ich nicht eine Frau gewesen. Da hätte der Ranger vermutlich nicht das Tal angefunkt, sondern mir klargemacht, wo es zum AT Shelter geht und basta. Nix da mit Notfall und Nachfragen.

Das sind natürlich wieder solche Vorteile, die man als Frau im Gegensatz zu männlichen Hikern genießen kann; auch, dass man grundsätzlich bereitwilliger Mitfahrgelegenheiten ergat-

Sassafras-Baum und Trail kurz vor Vermont

tert, weswegen sich die Männer gerne mit Frauen zusammen an die Straße stellen, damit das Ganze rascher klappt. Im Hiker-Jargon heißt das dann mit einer 'Hitch Bitch' oder einer 'Ride Bride' trampen.

Die zwei Meilen Abstieg vom Wilbur Clearing Lean-to gestalten sich bei Nässe oder gar Regenfall als abenteuerlich, weil es dort recht steil hinuntergeht und treu der Devise Nordflanke ist glitschig, rutschig zugeht, vor allem am letzten Stück, wo längst eine matschige Erdrutschbahn entstanden ist, von Hikern, die dort bereits mehr schlecht als recht vor einem hinuntergeschlittert sind.
Es ist zwar nicht felsig, aber steil und rutschig mit Matsch, in dem man keinesfalls landen möchte. Ist man glücklich herunten, geht es durch die Kleinstadt North Adams zum Ausläufer der Green Mountains hinüber, auf dem man nach dreieinhalb Meilen Wegstrecke die Grenze zum Green Mountain State Vermont erreicht.
Bye-bye, lovely Massachusetts – Hello, Vermont!
Eleven States down, three to go.
Miles left to Katahdin: 592,5.

Kent Pond, Juli 2007

" – but that's <u>insane</u>!"
~ ein etwa 12 Jahre alter Pfadfinder am 28. Juli 2007 beim Minerva Hinchey Shelter

"Vermont's finest"
~ Ben & Jerry's Eiscreme mit Originalslogan, wie es sich gehört

"Surely the framers of the Declaration of Independence did not have Vermonters in mind when they declared 'all men are created equal', and the ordeal of winter in northern New England violates the national credo of equal justice for all."
~ Charles T. Morrissey

["Sicherlich hatten die Schöpfer der Unabhängigkeitserklärung keine Vermonter im Sinn, als sie erklärten, 'alle Menschen sind gleich', denn die Nervenprobe des Winters in Nord-Neuengland verstößt gegen das nationale Credo von gleichem Recht für alle."]

– 11 –

Vermont (VT)

In Vermont teilen sich ab der Grenze zu Massachusetts der Long Trail und der Appalachian Trail den Wanderpfad für gut 105 Meilen bis zu Maine Junction, von wo der AT in Richtung Maine abzweigt und der LT auf weiteren 168 Meilen Richtung Kanada führt.
Vermonts Long Trail ist der älteste Weitwanderweg der USA, der Pate stand für den AT in Sachen Campstellen und Shelter am Weg. Auf den 150 Meilen durch Vermont wird der Green Mountain National Forest der Green Mountains durchwandert. Es wird daher auch schnell klar, woher der Bundesstaat seinen Namen hat, wenn man einen Blick auf seine Bergwelt wirft.

Die ersten 50 Meilen AT in Vermont gestalten sich für Northbounder eher nicht so attraktiv, denn der Staat ist berüchtigt für seine 'Mud-Season', was sich in längeren, matschigen Stellen

auf dem Trail niederschlägt, die knöcheltief sein können. Leider tragen die sommerlich schwülwarmen Temperaturen und Gewitter nicht gerade dazu bei, die Situation zu verbessern, weshalb AT Northbounder Vermont den Spitznamen *Vermud* gegeben haben.

Auf dieser Etappe kommt man auch an einigen Ponds mit entsprechenden Feuchtgebieten drumherum vorbei, was schnell deutlich macht, weshalb sich matschige Etappen in den Bergen so lange halten, selbst wenn es warm ist und die Sonne über längere Zeit scheint. Noch hat man mit einigen Mücken zu tun, die aber längst nicht mehr so zahlreich sind wie in den Berkshires.

Als Southbounder dagegen kommt man von New Hampshire nach Vermont hinein, und als gäbe es eine magische Wand zwischen beiden Staaten, ist mit einem Mal Schluss mit den lästigen Blutsaugern.

Was den Matsch betrifft, so ist auch das ein Vorgriff auf Trailgegebenheiten in Maine, wo man oftmals in der Gegend um Ponds solche Etappen vorfindet.

Kid Gore Shelter; kleiner Bach am Trail

In gewohnt stetigem Bergauf und Bergab geht es nach Vermont hinein, vorbei am kleinen Sucker Pond und durch sehr dicht bewachsene Wälder mit viel Unterholz.

Es gibt nicht viele Aussichtpunkte, die sich erst bei der Porcupine Ridge einstellen, wo man auf Glastenbury Mountain einen Feuerturm besteigen kann, von dem aus sich Panoramen der Gegenden vor und hinter einem bieten. Porcupine Ridge hat ihren Namen nicht von ungefähr: die salzliebenden Tiere sind in der Gegend sehr aktiv, was man recht bald an den angeknabberten Holzbrettern der Shelterplattformen bemerken wird. Rucksäcke sollten über Nacht vom Boden weggehängt werden.

Einen guten Tagesmarsch weiter nördlich steigt man auf Stratton Mountain hinauf, der wieder mit einem Feuerturm zu Rundum-Aussichten einlädt, während sich unter einem die bewaldeten Bergrücken wie ein grüner Teppich in alle Richtungen ausbreiten.

An der Nordflanke des Bergs kommt man an Stratton Pond vorbei, der schon gute Seengröße hat.

In dieser Gegend heißt es, soll Benton MacKaye zum allerersten Male die Idee zum Appalachian Trail und seinem Konzept gekommen sein, als er sich zu einer Wanderung in den Bergen Vermonts aufhielt und eine Pause machte, in der er in aller Ruhe den Blick auf die Landschaft vor seinen Augen genoss.

Weitere dreizehn Meilen nördlich geht es auf den Gipfel von Bromley Mountain hinauf, der im Winter als Skigebiet genutzt wird. Es gibt zwar auf der Südflanke etwa eine Meile unterhalb bereits ein Shelter, aber das sollte man nur dazu nutzen, sich mit genügend Wasser einzudecken, denn vom Gipfel aus bieten sich neben Panoramaaussichten bei schönem Wetter auch hervorragende Gelegenheiten, Sonnenauf- und Untergänge genießen zu können.

Aussicht vom Stratton Mountain Firetower

Bei beiden Thru-hikes hatte ich Glück mit dem Wetter und konnte auf meinem Northbound eine schöne Mittagspause mit Aussicht und ein Jahr später herrliche Abend- und Morgenstunden dort oben verbringen.

Außerdem steht am Gipfel eine unverschlossene Skipatrolhut, in der man seine Schlafsachen ausrollen und übernachten kann. Daher der Wasservorrat.

Bei meinem Southbound habe ich ganz allein dort oben bei schönster Naturstimmung mein Abendessen gekocht und das herrliche Bergpanorama vor meiner Nase genießen dürfen.

Besser konnte es gar nicht werden!

Vermonts Wälder; Aussicht von Bromley Mountain

Die Gegend um Peru Peak und Griffith Lake acht Meilen weiter nördlich ist ein recht schönes Bergwaldgebiet mit See, allerdings auch sehr beliebt bei Tagesausflüglern und Wochenendwanderern, weswegen die Shelter und Campstellen dort kostenpflichtig sind. Es gelten besondere Einschränkungen für das Gebiet, sodass nur auf extra ausgewiesenen Campstellen übernachtet werden darf, wobei Ridgerunner eingesetzt sind, zu kontrollieren, dass die geltenden Regeln eingehalten werden. Mit den Campgebühren und dem Verbot, wild zu campieren, soll vermieden werden, dass es zuviel Publikumsverkehr mit seiner negativen Folgen gibt.
Außerdem fließen die Gebühren in den Erhalt der bereitgestellten Campstellen.
AT Thru-hiker sehen das in Bezug auf den Appalachian Trail etwas anders, denn die Nutzung des AT und seiner Campstellen ist für Hiker eigentlich gratis.
Eigentlich. Denn leider bildet nicht nur Vermont an einigen Stellen eine Ausnahme, auch in New Hampshire muss man einen richtigen Wanderlimbo veranstalten, damit man als AT Thru-hiker nicht ständig zur Kasse gebeten wird.

Diese Sache sorgt für viel Missmut in der Thru-hiker community, der allerdings auch verständlich ist. Man findet schließlich nichts anderes vor als das, was es an den anderen Campstellen entlang des AT auch gibt.
Daher meidet man üblicherweise die entsprechenden Shelter und Campstellen und wandert weiter bis zum nächsten kostenfreien Camp oder bis außerhalb der Zone, in der wildes Campieren verboten ist.
Wenn es darum geht, die Arbeit zum Erhalt des Appalachian Trails zu unterstützen, bin ich

Aussicht
von Bromley Mountain

eher dafür zu haben, das Ganze zentral über die Appalachian Trail Conservancy laufen zu lassen, als nur hin zu einem bestimmten Standort.
Es versteht sich von selbst, dass mit allem Enthusiasmus und aller freiwillig geleisteter Arbeit der Trail selbst nicht dauerhaft erhalten werden kann, daher habe ich mich im Laufe meines Southbound Hikes dazu entschlossen, Mitglied der ATC zu werden. Seither kann ich auf diese Weise etwas zurückzugeben und dazu beitragen, dass auch andere Hiker am Appalachian Trail noch Freude haben können.

Griffith Lake folgt nicht weit entfernt der Aufstieg zu Baker Peak mit den zugehörigen *cliffs*, auf denen sich ein herrlicher Ausblick zur Bergwelt gen Westen bietet. Schönes Wetter dort oben vorausgesetzt, ansonsten kann es auf dem felsigen Trailstück, auf dem man eine Zeit lang ausgesetzt wandert, unangenehm werden.
Weiter geht es wieder auf und ab bewaldeter Bergrücken, deren Baumbestand längst von Nadelbäumen dominiert wird. Ein völliger Gegensatz zum Süden. Es gibt seit Delaware Water Gap in Pennsylvania keine Rhododendrondickichte mehr, in Massachusetts kamen dafür erste Mountainlaurelbüsche am Trailrand wieder auf, die man nun wieder häufiger antrifft, außerdem sieht man in feuchten Niederungen immer öfter größere Bestände an Birken, deren weiße Rindenteile gelegentlich wie ein teilweise aufgerolltes Stück Papier auf dem Trail zu finden sind.
Einige Auf- und Abstiege weiter nördlich bringen einen über den sehr felsigen Button Hill, vor dessen langgezogenem Fuß auf der Nordseite sich das Minerva Hinchey Shelter befindet.
Bei meinem Northbound war der Abstieg über diesen 'Hügel' so rutschig, dass ich dreimal auf den blanken, etwas feuchten Felsen dort ausrutschte und auf dem Hintern landete. Das hatte

damit zu tun, dass sich mein Profil mit Matsch von vorherigen Trailabschnitten vollgesaugt hatte, der nun in den Rillen festsaß und so das Profil wohl auf der rutschigen Nordseite nicht mehr richtig griff. Ich war stinkwütend, denn meine Wanderstiefel waren relativ neu. Ich hatte sie mir erst in Great Barrington, im Süden Massachusetts' gekauft, weil meine guten Lowa Lederstiefel beim Hineinwandern in den Ort so gut wie kein Profil mehr hatten. Dennoch haben diese Bergstiefel mich noch sicher über die rutschigen, felsigen Nordflanken der Taconic Range gebracht, ja, hatten von Georgia bis nach Neu-England hervorragende, verlässliche Dienste auf wechselvollem Terrain und mit allerlei Wettereinflüssen geleistet, und nun hatte ich ein fast nagelneues Paar Bergschuhe von The Northface an den Füßen, die einzige Marke, die ich in Great Barrington auftreiben konnte, und diese Dinger versagten an einem felsigen Hügel in Vermont!

Das war natürlich alles andere als prickelnd mit Hinblick auf noch weitaus anspruchsvollere Wanderstrecken wie den White Mountains und ganz Maine am Horizont.

Bis Hanover, New Hampshire, musste ich mit den Stiefeln wohl oder übel noch aushalten, aber dann zusehen, dass ich andere fand. Zwar hatten diese Stiefel Vibram Sohlen wie andere ordentliche Bergstiefel auch, aber die Dinger taten ihren Job nicht.

Da es im Lauf eines AT Thru-hikes ohnehin unumgänglich ist, sich unterwegs neue Bergschuhe zulegen zu müssen, kann ich hier auf einiges an Erfahrungen mit diversen Marken zurückgreifen.

Die amerikanische Marke Merrell ist hervorragend. Ich hatte insgesamt zwei verschiedene Bergschuhtypen dieser Marke, einmal festere Lederstiefel ab Hanover New Hampshire, das andere Mal leichtere Wanderschuhe bei meinem Southbound, und beide Male stieg ich in die nagelneuen Schuhe hinein und konnte sofort loswandern, ohne Blasen oder sonstige Probleme. Die Schuhe griffen zuverlässig auf jedem Terrain, egal ob nass oder trocken.

In Damascus, Virginia, hatte ich das Paar leichtere Merrell-Schuhe endgültig aufgearbeitet, das mich von Pawling, New York, bis dorthin gebracht hatte, was von Wegstrecke und Terrain sehr beachtlich war, und wurde anschließend mit einem Paar Montrail Bergstiefel glücklich, die mich problemlos bis Georgia, anschließend noch ein drittes Mal durch Massachusetts und Connecticut gebracht haben und danach noch drei Wochen durch die San Juan Mountains im Südwesten Colorados.

Bei allen Schuhen gab es neben dem täglichen Einsatz wechselnde Wetterverhältnisse mit Nässe und allem was dazugehört, das Montrail-Paar bekam zusätzlich nassen Schnee mit Frost über Nacht ab.

Neben den bereits genannten Marken hatte ich bei meinem Southbound ein Paar LL Bean's

Lederstiefel, die insgesamt gar nicht schlecht waren, allerdings bei den schwülwarmen Temperaturen der Mid-Atlantic-States im Juli für viel zu heiße Füße sorgten, sodass ich in Pawling, New York, auf die leichteren Merrell-Schuhe umstieg.

Nachteilig ist, dass man nicht darauf zählen kann, Schuhe seiner bevorzugten Marken in einem Ort mit Sportgeschäft zu finden, weshalb man zwangsläufig mehrere Marken ausprobieren muss. Schickt man sich dagegen ein Ersatzpaar Schuhe in einer Bounce-box am Tail entlang, kann es einem so ergehen, dass das neue Paar bei Bedarf nicht mehr passt, weil einem die Füße während eines Thru-hikes etwas anschwellen, sodass Bergschuhe, die man vor seinem großen Trek zwar vorbereitend eingelaufen hat, nun zu eng sitzen. Wer also nicht ultra-light auf dem Trail unterwegs ist und leichte, turnschuhartige Trailrunner vorwiegend aus dehnbaren Meshmaterialien trägt, läuft hier ein gewisses Risiko. So oder so – ob man sich Ersatz am Trail entlangschickt, oder eben bei akutem Bedarf neue Schuhe kauft.

Beim Minerva Hinchey Shelter verbrachte ich auf meinem Northbound eine Pause und traf dort auf einen Trupp junger Pfadfinder mit ihrem Gruppenleiter.
Nachdem der Mann seinen etwa elf- bis zwölfjährigen Schützlingen erklärt hatte, was Thruhiker auf dem Appalachian Trail tun und woher ich also zu Fuß gekommen war, sah mich ein braunhaariger, junger Pfadfinder zunächst mit ernstem Gesichtsausdruck an, dann sprudelte es völlig fassungslos aus ihm heraus: " *– aber das ist ja total irre!*"
Man konnte deutlich sehen, wie er im Geiste die Strecke Georgia-Vermont in etwa überschlug und nicht fassen konnte, wie man so etwas nur zu Fuß laufen könne.
Auf meinem Southbound kam ich zum Übernachten an dieses Shelter, wo ich auf vier junge Frauen aus der Gegend traf, die beim Shelter den vierten Juli, Amerikas Nationalfeiertag, schon einmal mit *smores* am Campfeuer vorfeierten. Smores bestehen aus Keksen, Schokolade und über dem offenen Feuer angerösteten Marshmallows, was man zusammen aufgestapelt isst.
Kommt man als Thruhiker zu einem *Fourth of July picknick* hinzu, wird man meist eingeladen, egal, wo man sich am Trail befindet.
In nullkommanix hatte ich einen mit smores gefüllten Bauch und erfuhr, dass erst kürzlich ein Elch mitten auf der Hauptstraße durch das Zentrum von Rutland, einer Kleinstadt in der Nähe gewandert war, sodass der gesamte Verkehr zum Erliegen kam und die Polizei anrücken musste, um das Tier dazu zu bewegen, zurück in die Bergwälder zu trotten. Allein, der Elch hatte es nicht besonders eilig, seinen aktuellen Aufenthaltsort zu verlassen, sodass sich das Ganze noch eine Zeit lang hinzog, bis das Tier sich tatsächlich wieder trollte.

Bevor mit VT 103 eine Landstraße erreicht wird, kommt man an der Clarendon Gorge vorbei, einer herrlichen Schlucht mit reichlich Badegelegenheiten, wo sich bei schönem Wetter viele Leute aus der Gegend tummeln.

VT 103 hat eine Meile westlich vom Trail einen Eiscremeverkauf, außerdem eine weitere knapp halbe Meile westlich davon einen kleinen Laden, in dem es unter anderem gekühlte Getränke gibt.

Nachdem in nächster Zeit nicht recht viele Einkehrmöglichkeiten anstehen, sind die beiden Stellen so kurz aufeinander an derselben Straße hochwillkommene Anlaufpunkte.

Ein sehr felsiger, etwas abenteuerlicher Anstieg führt nördlich der Landstraße wieder in die Bergwälder hinein und nach einigen Meilen, bei denen man auf kurzen Etappen an grasigen Wegstücken entlangwandert, geht es schließlich über vier Meilen auf Mount Killington hinauf, dessen Gipfel über einen kurzen, steilen Seitentrail vom AT aus erreichbar ist und sich in jedem Fall lohnt: grandiose Aussicht in alle Richtungen von Vermonts zweithöchstem Berg, dessen Flanken auf östlicher Seite gelegen ein bekanntes Skigebiet haben.

Beim Abstieg kommt man im Bergwald an einer Reihe von kunstvoll errichteten Steinmännchen vorbei, die einzeln oder in Gruppen entlang des Trails stehen.

Weiter unten schließlich, vom Fuß der Nordflanke des Bergs ausgehend, breitet sich ein wahrhafter Ozean an hüfthohen Brennnesseln aus, die den etwa 50 cm breiten

Aussicht von den Baker Cliffs; Trail durch Wälder und Wiesen und Seitentrail zum Gipfel von Mount Killington

Trail auf gut zwei Meilen von beiden Seiten flankieren. Der AT schlängelt sich genau durch diese Plantage hindurch, dessen einzelne Pflanzen handtellergroße, gezackte Blätter haben, so sehr gedeihen sie an dem Berg.

Als ich mich auf meinem Northbound nichtsahnend diesem 'Ozean' näherte, standen mir augenblicklich alle Haare zu Berge – Brennnessel sind wohl *der* Schrecken aus Kindertagen, aber die Nesseln meiner Kinderzeit waren wenigstens nicht so groß!

Hinzu kam, dass ich mit kurzärmeligem T-Shirt und knapp über dem Knie endenden Wanderrock bekleidet war, also reichlich Angriffspunkte für die brennenden Nesseln bot. Außerdem kann man auch in den Bergwäldern gelegentlich mit einer Brise rechnen.

Zwar passte ich mitsamt Rucksack auf den 50 Zentimetern Wegbreite mittlerweile bequem durch, ohne links oder rechts etwas zu touchieren, aber nicht auszudenken, wenn ausgerechnet beim Durchqueren dieses kilometerlangen Brennnesselparcours' mit einem Mal eine Brise einsetzte, die diesen grünen Ozean in Wallung brächte ...

Ich schickte daher Stoßgebete gen Himmel, den lieben Herrgott darum ersuchend, sich bitte wie ein Gentleman zu verhalten und bloß keine Brise aufkommen zu lassen, während ich hochkonzen-

Aussicht vom Gipfel von Mount Killington; Steinmännchen im Bergwald

– die helle Freude: Brennnessel an der Nordflanke von Mount Killington, Juli 2008

triert, extra langgestreckt und aufrecht durch diese Wegstrecke navigierte, darauf bedacht, bloß nicht auszurutschen oder gar zu stolpern und am Ende noch in dieses reizende Dickicht hineinzufallen ...

Was man vorher mit Ausnahme von einigen Pflanzen bei Pochuck Mountain in New Jersey überhaupt nirgends vorfinden konnte, war hier in einem Ausmaß vorhanden, dass einem beim bloßen Anblick schon der kalte Schweiß den Rücken hinunterlief. Auch bei meinem Southbound standen die Pflanzen schon wieder ziemlich hoch, allerdings 'nur' knapp einen Meter, während sie mir bei meinem Northbound sogar streckenweise bis zur Taille reichten, bei einer Körpergröße von ein Meter fünfundsechzig.

Beide Male kam ich ungeschoren davon.

Da, wo der Nesselbewuchs schließlich wieder aufhört, ist nach Queren der Landstraße US 4 die Maine Junction in Willard Gap erreicht, wo sich Long Trail und Appalachian Trail teilen. Auf dem AT folgt man in Richtung Gifford Woods State Park, wo es einen Campingplatz gibt, bei dem man eine längst fällige Dusche im Waschraum nehmen kann, dessen Duschen mit 25 Cent Münzen betrieben werden.

Danach folgt ein angenehmes Wegstück entlang Kent Pond zu einer Etappe bei Ottauquechee River, die zwischen 2007 und 2008 eine sehr lohnenswerte Wegverlegung erfahren hat, denn bis 2007 musste man hier noch an einigen Straßen entlanglaufen, schließlich eine Unterführung passieren, bevor es weiter auf Quimby Mountain hinaufging.

kleinere Bäche entlang des Trails und ein regnerischer Kent Pond 2008

Das Jahr darauf lief ich bei meinem Southbound längs die neue Route, die in der Nähe des Flusses verläuft und eine ansprechend angelegte Boardwalk-Etappe am Fuß des Bergs bietet. Ähnlich wie in New Jersey zwischen den Pochuck und Wawayanda Mountains, geht es dort durch ein kleineres Feuchtgebiet hindurch, das man bequem auf Holzbohlen durchwandert.

Mit der Strecke von Quimby Mountain bis zum Pinnacle kurz vor Wintturi Shelter werden die letzten größeren An- und Abstiege in Vermont bewältigt, danach geht es zwar weiterhin auf und ab, aber in kürzeren Etappen.
Es folgen regelmäßige Wechsel zwischen bewaldeten und offenen, grasbewachsenen Wegstücken, auf denen man als Northbounder durch herrliche Wildblumenwiesen wandert, die hüfthoch stehen. In regelmäßigen Abständen folgen kleinere Landstraßen, bei denen sich gelegentlich die Möglichkeit bietet, Abstecher zu nahegelegenen Farmshops zu machen, die köstliche Fruit pies und anderes verkaufen.
In den Waldetappen wandert man entlang Resten von alten Farmwällen aus Stein, wie man sie vereinzelt schon in Massachusetts hat antreffen können. Diese letzten 26 Meilen sind vom Terrain her sehr angenehm zu laufen und bei schönem Sommerwetter einfach wunderbar.

Es geht zunehmend durch hügelige, hübsche Farmlandschaften, dann wieder in kleinere Waldstücke hinein. Diese Etappen sind etwas für's Auge und für den Bauch, denn es geht an Orten wie der Cloudland Road vorbei, wo es eine Farm gibt, die hausgemachtes Soda und Eis

Aussicht von The Lookout Cabin; Birkenwaldstücke, The Lookout Cabin; Boardwalk-Etappe bei Quimby Mountain und alte Farmer-Steinmauer im Wald, dekoriert mit allerlei Gegenständen

verkauft, das mit Milch von den eigenen Kühen hergestellt wird. Die hügelige Graslandschaft, in der die Farm sich befindet, ist einfach traumhaft.

In West Hartford schließlich, einem sehr kleinen Ort an einer Landstraße, der aus nur einer Handvoll Häusern besteht, gibt es einen kleinen General Store in einem hübschen, rostroten Holzgebäude, wo leckere Sandwiches zubereitet werden.

Überall entlang der Wiesen und Straßen blühen Blumen wild in üppiger Pracht.

Acht Meilen weiter nördlich erreicht man die hübsch herausgeputzte Kleinstadt Norwich, die am Connecticut River liegt, an dessen gegenüberliegendem Ufer sich bereits das Collegestädtchen Hanover, New Hampshire, befindet.

Norwich hat die für Neu-England typischen weißgestrichenen Holzgebäude, ein eigenes Postamt, eine Bücherei und – *Dan & Whit's*.

Dessen Motto am Ladeneingang sagt bereits alles: *"Was wir nicht haben, brauchen Sie nicht!"*.

Dan & Whit's ist ein Gemischtwarenladen, der auf drei Verkaufsebenen, wo es vom Platz her nur irgend möglich schien, vom Boden bis hoch unter die Decke mit hohen Regalen versehen ist, in denen sich ein Sammelsurium an Waren aus allen Sortimentsbereichen stapelt – von den Rasenmähern draußen bei den Eingangstüren über diverse Kleidungsstücke, bis hin zu Lebensmitteln, Haushalt, Drogerie, Gartenbedarf und Krimskrams aller Art.

Vermont Countryside ...

Cloudland Road und Bunker Hill

Dieser Laden ist ein einzigartiges Erlebnis in einer Welt, die zunehmend von exakt gleichen, gähnend langweiligen Filialen diverser Kaufhausketten geprägt ist; so erfrischend original und anders, dass man die Gelegenheit nicht verpassen sollte, nachdem man ohnehin nur noch gut zehn Minuten von Hanover entfernt ist, wo man auf jeden Fall Station macht.

Hier lässt es sich nach Herzenslust stöbern und entdecken – mit einer Lust, die einem mit den modernen Supermarktketten schon längst abhanden gekommen ist, weil es in ihren stereotypen Ladenlayouts schlichtweg keinen Spaß mehr macht, sich länger als unbedingt nötig mit Einkäufen zu beschäftigen. – Ein Hoch also auf Dan & Whit's!

In Norwich, Vermont, gab es außerdem bis ins Jahr 2010 einen bedeutenden Bezug zur deutschen Geschichte: dem Widerstand im Dritten Reich.

Hier lebte Freya von Moltke, die Witwe von Helmuth James Graf von Moltke, der die Widerstandsgruppe des Kreisauer Kreises mitbegründet hatte, die in Kontakt zu der Gruppe um Claus Schenk Graf von Stauffenberg stand. Vom Volksgerichtshof wurde von Moltke wie sehr viele andere couragierte Deutsche in diesen Zeiten zum Tode verurteilt und am 23. Januar 1945 in Berlin-Plötzensee hingerichtet.

Freya von Moltke war selbst im Widerstand tätig und unterstützte ihren Mann aktiv bei seiner Arbeit. Mitte 1943 wurde von den Alliierten millionenfach das sechste Flugblatt der Weißen Rose über Nazideutschland abgeworfen, das über Helmuth von Moltke nach Skandinavien und von dort nach England gekommen war. Es trug den Titel: *Ein deutsches Flugblatt – Manifest der Münchner Studenten.*

In der Zeit seiner Haft vom August 1943 bis zur Vollstreckung des Todesurteils führte von Moltke mit seiner Frau Freya einen engen Briefwechsel, der allein 1600 Briefe aus seiner Hand umfasst.

Bis Kriegsende blieb Freya von Moltke zunächst noch auf dem Familienlandsitz der von Moltkes in Kreisau/Schlesien, übersiedelte dann nach der Flucht mit ihren beiden Söhnen nach Südafrika und ab 1960 schließlich nach Norwich, Vermont, wo sie bis zu ihrem Tod lebte.

Nach 1990 setzte sie sich sehr dafür ein, dass der Landsitz in Kreisau zu einer Begegnungsstätte für deutsch-polnische und europäische Verständigung wurde.

Damit verlassen wir die Kleinstadt Norwich und es geht über den Connecticut River hinüber nach Hanover, New Hampshire, dem vorletzten Bundesstaat auf dem Appalachian Trail. Twelve States down, two to go: Good bye, Vermont – Hello, New Hampshire! 442,7 miles left to Katahdin.

West Hartford General Store, Norwich und Vermont Countryside bei West Hartford

Franconia Ridge, the White Mountains

> "This is New Hampshire, exactly as the Indian gods planted her:
> raw, beautiful, strong."
> ~ Theodore Vrettos
> ["Das ist New Hampshire, genau wie es die Götter der Indianer angelegt haben:
> rau, wunderschön, erhaben."]

> "~~Whining~~"
> ["~~Jammern~~"]
> Plakat im Red Barn Hostel in Gorham, NH

– 12 –

New Hampshire (NH)

Beim Terrain in New Hampshire zeigt sich, was man bisher vom Appalachian Trail als verinnerlicht mitgebracht hat: die langen, steilen An- und Abstiege North Carolinas/Tennessees und der sehr lange grüne Tunnel Virginias fürs Durchhaltevermögen; das Felsenmeer-Training in Pennsylvania für Knöchel und Balance, außerdem matschige Trailetappen in Massachusetts und Vermont als Einstimmung auf weitere Strecken dieser Art.

Auf den nächsten gut 160 Meilen durchwandert man atemberaubend schöne Etappen oberhalb der Baumgrenze, zu denen man aber stets von tiefgelegenen Talschneisen (ab jetzt: *Notch*) auf sehr steilen Wegen hinaufwandern muss. Es hat seine Berechtigung, dass bei Überschreiten der Grenze nach New Hampshire das Motto gilt, man habe zwar 80 % des Appalachian Trails geschafft, aber erst 20 % der Anstrengung für den gesamten Trail geleistet.

Die kleine Collegestadt Hanover ist sozusagen das Einstiegsportal zu den White Mountains, die demnächst anstehen. Zwar gibt es nach wie vor kein Hostel in der schön angelegten Stadt, aber das hiesige Dartmouth College gestattet AT Hikern, im Wald hinter ihrem Fußballfeld zu campieren, was zum einen in nächster Nähe zum AT Richtung Norden liegt und zum anderen günstig in Spazierweite zu einem Supermarkt.

Hanover; Trail bei Regen und Baker Pond

Mittlerweile ist man ja gewohnt, in den Trailtowns einige Strecken zurückzulegen, daher ist die Campstelle für Hiker sehr ideal.

Beim Fußballfeld standen 2007 und 2008 einige Dixie-Toiletten, sodass dieser Teil der sanitären Versorgung gewährleistet war. Außerdem ist es für Thru-hiker mittlerweile August und damit Hochsommer mit entsprechenden Temperaturen, sodass man die fehlende Duschgelegenheit recht einfach lösen kann: in Drogerien und Supermärkten gibt es ganz günstig Riesenkanister stilles Wasser zu kaufen. Davon habe ich mir beide Male beim Zwischenstopp in Hanover welche zu meinem Zelt gestellt und mir damit Haare und Körper gewaschen. Das war a) mit Unterholz im Wald und b) mit den wirklich warmen Außentemperaturen kein Problem.

Voraussetzung ist natürlich, dass man so etwas wie eine Miniausführung von Waschzeug im Rucksack hat.

Für meine Körper- und Camphygiene habe ich mich bereits während meines Northbound-Hikes auf zwei Seifenarten eingeschossen, die ich sehr gut fand: eine Mini-Flasche *Dr. Bronner's liquid peppermint soap* und eine all-in-one Shampooseife der Firma Lush.

Dr. Bronner's Seifen gibt es auch in anderen Duftrichtungen (Hanf, Teebaumöl etc.) und sie kommen als Konzentrat, weshalb man davon nicht viel verbraucht und sich eine mittelgroße Flasche davon in seine Bounce-box geben kann, von der man bei Bedarf während seines nächsten Stadtaufenthalts in seine kleine Flasche vom Rucksack Vorrat nachfüllt. Doc Bronner's war stark verdünnt meine Campseife zum Abspülen und für die Körperreinigung. Diese Flüssigseife ist zwar eine Seife für alles, aber bei meinen Haaren wollte ich dann doch lieber etwas haben, das speziell nur für Haare gemacht ist, denn ich habe langes, feines Haar, wo ungeeignete Seifen zu ganz schönen Filzknäueln führen können. Daher also eine spezielle Shampooseife der Firma Lush, die es in diversen Varianten je nach Haarbeschaffenheit zu kaufen gibt.

Zu den Seifen kommen ein Bandanna als Waschlappen und ein Camphandtuch in DIN-A-4-Größe hinzu, das aus einem leichten, saugenden Microfasermaterial besteht, und fertig ist das Hiker-Waschkabinett.

Beim Zahnputzzeug reicht eine Minitube Zahnpasta, die man in größeren Städten leicht ersetzen kann. Es gibt Hiker, die den Stiel der Zahnbürste aus Gewichtsgründen abschneiden. Damit konnte ich nichts anfangen, denn ich hatte keine Lust, mir am Ende mit meinen dreckigen Fingern im Mund herumzufahren, damit der Bürstenkopf noch einigermaßen bewegt werden kann. Meine Lösung waren Kinderzahnbürsten, von denen ich sowieso nicht recht viele benötigt habe, denn wie bereits erwähnt, wurde Zahnpflege in den Tagen auf dem Trail recht schnell zu keinem Thema mehr, wenn das Ganze nicht durch Kaugummi zu bewerkstelligen war. Für Northbounder kommt ganz bald schon im Süden am Trail der Punkt der Entscheidung, wenn es bei frostig kalten Temperaturen in der Früh mit steifer Brise heißt, sich eine eiskalte Zahnbürste in den Mund zu stecken und hinterher mit Wasser zu spülen, das bereits im Kochtopf festfriert.

Das war für mich die Grenze, ab der ich mein Zahnputzzeug in den Bergen weggepackt ließ. Danach wird alles zur Gewohnheit, wie eben das ständige Verklebt- und Verschwitztsein mit entsprechendem Geruchsfaktor; die strähnigen Haare und die klebrigen Finger in den Tagen auf dem Trail.

Dennoch gibt es einige wenige Unerschrockene, die auch dann noch ganz zivil ihre Zahnhygiene aufrechterhalten. Das muss man für sich selbst entscheiden, wie es einem taugt.

Ich habe es so gehalten, mich in den Städten und Hostels pflegetechnisch auf Vordermann zu bringen, am Trail selbst reichten mir die nötigsten äußerlichen Maßnahmen, damit der Schlafsack nicht zu speckig wurde.

In Hanover jedenfalls gibt es mehrere Dinge zu erledigen als üblicherweise, denn nun muss man seine Ausrüstung neu ordnen und sorgfältig durchsehen. Die Winterausrüstungsteile, die man sich von Damascus, Virginia, am Trail entlanggeschickt hat, werden nun wieder benötigt: Handschuhe, Mütze, dicke Socken, Extrafleecepulli, lange Hosen oder dicke Leggings, vollständiges Regenzeug als Windbreaker, die Outdoorjacke und gegebenenfalls ein anderer Schlafsack, wenn man zwischendrin zu einem leichten Sommerschlafsack gewechselt hat.

Außerdem gibt es in der Nähe von Hanover die letzte Gelegenheit bis Ende des Trails, in einem größeren Sportgeschäft Ausrüstung zu ersetzen oder Nachschubkartuschen und Brennwürfel für das Kochsystem zu kaufen.
Alles, was man noch bis Mount Katahdin an Ausrüstungsteilen benötigt, muss man sich je nach Bedarf von hier am Trail entlangschicken oder mitnehmen.

Aus Hanover geht es auf einer Etappe von 42 Meilen nach Glencliff, dem nächsten Stopover. Diese erste Teilstrecke kann man als Aufwärmstrecke betrachten, die noch nicht so weit nach oben führt wie die Etappen danach, aber es folgen schon sehr felsige Trailstücke, und die Auf- und Abstiege legen immer weiter zu.
Man überwandert dabei die Moose- und Smarts Mountains, passiert knapp unterhalb des Gipfels Mount Cube, wo es bereits recht felsig wird und schließlich noch den kleineren Mount Mist, nach dem man zu einer kleinen Landstraße hinuntersteigt, die knapp eine halbe Meile östlich in den winzigen Ort Glencliff führt.
Dort gibt es ein supergemütliches, uriges Hikerhostel, das *Hikers Welcome Hostel*, und ein kleines Ein-Mann-Postamt, bei dem der dort tätige Postbeamte extra für Hiker Paketaufkleber, Kugelschreiber, einen Sharpie (das ent-

Mount Moosilauke ('der kahle Berg') von Glencliff aus gesehen; Hikers Welcome Hostel in Glencliff und Gipfel von Mount Moosilauke bei schlechtem Wetter mit den typischen Steinpyramiden der White Mountains am Trail

spricht den Stiften der Marke edding), einen Klebestift und einen Klebefilmabroller bereitgestellt hat, damit man draußen auf der überdachten Veranda seine Poststücke fertig machen kann.

Das sind wieder solche kleinen, netten Gesten am Rande, die so ungemein hilfreich sind, denn sonst müsste man sich das Zeug vorher kaufen und dann kaum genutzt an Ort und Stelle zurücklassen, denn was will man damit auf dem Trail? In Glencliff kommt noch hinzu, dass es gar keinen Laden in der Nähe gibt, wo man sich mit diesen Utensilien überhaupt erst eindecken könnte.

Das einzige, was Hiker immer dabeihaben, und zwar *das* Universal-Reparaturutensil schlechthin, ist silberfarbenes *Duct tape* oder auch *Ducktape* genannt. Diese Klebebänder gibt es sogar in schwarz oder olivgrün, aber die herkömmlichste Farbe ist eben das Silberfarbene, das als etwa fünf Zentimeter breites Klebeband auf einer großen Rolle überall erhältlich ist.

Duct tape wird am Trail einfach für alles genutzt: Rucksack scheuert an einer Stelle? – Duct tape über die Stelle kleben. Gamaschen haben ein durchgewetztes Loch? – Duct tape von innen draufkleben.

Zelt hat ein Loch? Schuhsohle macht sich an der Schuhspitze selbstständig? Zeltgestänge bricht an einer Stelle? Wasserblasen, aber Pflaster geht dauernd ab? Loch in

Aussicht von Mount Moosilauke bei schönem Wetter, Beaver Brook Falls neben dem Trail hinunter nach Kinsman Notch und unterste Trailetappe nach Kinsman Notch

Willkommen in den White Mountains!
Hiker auf dem Trail einige Meilen nördlich von Kinsman Notch, August 2007; ja, wir saßen *direkt* auf dem Trail zum Verschnaufen – das ist ganz typisches Terrain in New Hampshire!
Zweiter Hiker von links: *Matterhorn*, ist von Georgia bis Maine mit Teva-Sandalen gelaufen ...

Hose, Poncho, Rucksackcover oder Jacke? Man reißt sich in den Müllsack, der als zusätzlicher Nässeschutz den Rucksack von innen auskleidet, mitten am Trail ein Loch? Hüftgurt vom Tourenrucksack ist abgewetzt oder gar im Begriff, sich aufzulösen? – Alles ein Fall für Duct tape. Es gibt unzählige Situationen, bei denen einem dieses Klebeband sehr gelegen kommt.
Doch selbstredend schleppt man nicht die ganze Rolle im Rucksack mit, sondern nur einen Teil. Gewöhnlich wickelt man sich einen großzügigen, mehrlagigen Ring davon unterhalb der Griffe um jeden Teleskopstock, denn die Stöcke hat man ohnehin immer in den Händen.
In Hostels gibt es meist eine Rolle davon, wo man sich wieder neu eindecken kann, wenn man sein Tape unterwegs verbraucht hat. Ansonsten wird man auch in den Hikerboxen fündig. Es ist mir auf beiden Thru-hikes nicht passiert, dass ich einmal ohne Duct tape dagestanden hätte. Bei besonders hartnäckigen Reparaturfällen unterwegs können Nadel und Zahnseide (ungewachst und ohne Geschmack) in Verbindung mit Duct tape Wunder wirken.

Nach dem angenehmen Verschnaufer im Hostel, das wieder einer dieser originellen und extrem schwer zu verlassenden Orte ist, wird es ernst: Mit dem nächsten Anstieg geht es in den White Mountain National Forest hinein und damit in die als die White Mountains bekannten Bergketten New Hampshires, auf deren Terrain man in seiner bisher gewohnten Tagesmeilenzahl wieder deutlich zurückfallen wird.
Außerdem treffen über dem Gebiet dieser Berge drei Wettersysteme aufeinander, was zu extremen Verhältnissen mit raschen Temperatur- und Wetterwechseln führt. Deshalb braucht man dort auch im Sommer seine Winterausrüstung.

Mount Moosilauke steht unmittelbar bevor und damit ein Anstieg von fünfeinhalb Meilen, wovon die untersten zwei angenehm verlaufen, der Rest aber sehr steil nach oben führt.
Der Gipfel ist baumfrei, man hat die Baumgrenze überstiegen und daher bei schönem Wetter phantastische Bergpanoramen um sich herum; bei schlechtem Wetter aber ist dort oben eine nasskalte, dichte Waschküche, bei der man knapp einen Meter weit sehen kann. Deshalb gibt es oberhalb der Baumgrenze zur Orientierung ab jetzt sogenannte *cairns*, das sind pyramidenförmige Steinhaufen mit gelber Trailmarkierung, damit diese auch bei Schnee zu erkennen ist. Ich habe Mount Moosilauke bei beiden Wetterlagen erlebt – beim Northbound mit strahlender Sonne nach zwei gewittrigen Tagen, und bei meinem Southbound mit zugezogenem Gipfel, wo es oben in der dichten Nebelsuppe zog und ungemütlich nasskalt war, sodass ich mich nicht recht lange dort aufhielt.
Für Northbounder kommt der richtig pikante Teil der Überwanderung aber erst noch: der Weg auf der Nordflanke hinab in die Kinsman Notch. Davon ist die letzte Meile auf sehr felsigem und feuchtem Trail extrem steil.
Als ich bei meinem Northbound in einer losen Gruppe befindlich dort hinunterstieg, hatten wir sowieso schon eineinhalb Tage im Hostel abgewartet, weil mehrere Gewitter über die Gegend zogen und keiner große Lust darauf verspürte, bei solchen Wetterbedingungen in die White Mountains hineinzuwandern.
Wie es endlich Sonnenschein gab, stürmte daher ein ganzer Pulk Hiker aus dem Hostel, um Mount Moosilauke anzupacken. Was wir nicht ahnen konnten - obwohl wir natürlich damit rechneten, an der Nordflanke beim Abstieg extrem rutschige Verhältnisse vorzufinden, bei denen mit großer Sorgfalt konzentriert gelaufen werden müsste - waren Trailausbesserungsarbeiten, genau an der steilsten Stelle, die neben dem Wasserfall verläuft, der kaskadenartig ins Tal stürzt und wo der Trail über blanken Granit verläuft, der von den Regenfällen der letzten beiden Tage feucht und glitschig war. Gewöhnlich befinden sich an dieser Stelle auf dem Granit befestigte Trittölzer, auf denen man praktisch wie auf einer Leiter hinuntersteigen kann.
Als unsere Gruppe dort ankam, wo es fast vertikal hinuntergeht, war gerade Mittagszeit und die Trailmaintainer hatten zwar ihr Arbeitswerkzeug am Rand der Stelle zurückgelassen, aber sämtliche Holztritte von der oberen Hälfte abmontiert, sodass wir vor dem blanken Fels standen, bei dem es keinen Ausweg gab, als geradeaus über diese rutschige, steile Etappe hinunter oder nach links in den Wasserfall hinein.
Es gab in Reichweite nichts zum Einhalten – die Sträucher und Bäume waren zu weit weg von dem breiten Granitstück, über das wir wie die Schildkröten auf allen Vieren hochkonzentriert und unter Einsatz von Fingernägeln und ganzen Handflächen nach unten krochen, bis wieder Holztritte zur Verfügung standen.

So still war es in einer Gruppe Hiker noch nie am gesamten Trail gewesen.
Man hörte das Wasser nebenan lebhaft rauschen und die Vögel in den Bäumen zwitschern und schwitzte angespannt auf Knien und Händen stillschweigend vor sich hin.

Unten schließlich angekommen, passierten wir ein Schild auf dem die Trailarbeiten für diejenigen Wanderer angekündigt waren, die aus der Notch kamen, außerdem kommt man ohnehin an einem orangefarbenen Holzschild des Dartmouth Outing Clubs vorbei, der die Wanderwege von Hanover bis zu Kinsman Notch unterhält.
Der Trail, auf dem der Appalachian Trail von Kinsman Notch hinauf zu Mount Moosilauke verläuft, ist gleichzeitig der Beaver Brook Trail. Mit dem Schild wird man eindringlich davor gewarnt, diesen steilen Trail zu nutzen, wenn man nicht erfahren genug und trainiert ist, denn es kann angesichts der Nähe zu dem Wasserfall recht gefährlich werden ... – na, recht vielen Dank auch, dass man das im Nachhinein noch erfährt!
Als wir einer nach dem anderen über den steilen Granitfelsen auf allen Vieren hinunterkrochen, hat bestimmt keiner den Ernst der Lage unterschätzt, soviel darf schon einmal als gesichert gelten.

Das ist übrigens New Hampshire: Wanderwege führen nicht selten etappenweise geradewegs steil bergauf und auf der anderen Seite wieder schnurgerade steil bergab, weil diese Etappen über blankem Fels oder über felsiges Gebiet verlaufen, wo man keine Wegkehren anlegen kann, es sei denn, man sprengt extra welche dort hinein.
Bei trockener Witterung ist das noch relativ problemlos, abgesehen von zwickenden Muskelpartien, die dabei überansprucht werden. Bei schlechtem Wetter allerdings, womöglich noch mit Schnee oder Eisregen ... – da hört sich der Spaß auf. New Hampshires Staatsmotto heißt: *'Live free or die'* und der Beiname dieses Bundesstaats ist *'The Granite State'*. Somit dürfte alles weitere geklärt sein.

Weiter geht es ab Kinsman Notch über Mount Wolf mit zwei Gipfeln, gefolgt von den Doppelgipfeln des Kinsman Mountain, von dem man zu Lonesome Lake hinuntersteigt, einem sehr schön gelegenen Bergsee mit Ausblick zur Franconia Ridge, auf der man sich dann demnächst in die Presidential Range hineinbewegen wird.
Am See kommt man zur ersten der Berghütten, die in den White Mountains vom Appalachian Mountain Club (AMC) betrieben werden. Von Aussehen und Bau her nicht unähnlich alpiner Hütten in Europa, werden sie jedoch anders geführt, als man das von den Alpen her gewohnt ist.

Lonesome Lake
mit Franconia Ridge im Hintergrund

Es gibt in jeder Hütte Übernachtungsmöglichkeiten in einfachen Stockbettenlagern, Waschräume mit kaltem Wasser und WC, außerdem einen großen Gemeinschaftsraum zum Aufhalten. In der Saison sind je nach Hüttengröße vier oder mehrere Personen eingesetzt, die sich um die Hütte kümmern und dort ihre täglichen Aufgaben erledigen. Das ist die 'Croo', meist Studenten von College oder Universität, die oft entsprechende Studiengebiete wie Botanik, Geologie, Wildbiologie und ähnliche Fachrichtungen haben.

Diese Croo bereitet zwei Mahlzeiten pro Tag zu, Frühstück und Abendessen, kümmert sich um Hüttenbetrieb, -reinigung und die Abwicklung der Übernachtungen, außerdem müssen zweimal pro Woche auf Holzkraxen sämtliche Lebensmittel vom Tal in die Hütte geschafft und auf selbem Weg der anfallende Hüttenmüll (kein Hikermüll – wie auch in den Alpen gilt hier: *pack it in, pack it out!*) hinuntergetragen werden.

Mit Ausnahme von der Lakes of the Clouds Hut, zwei Kilometer unter dem Gipfel von Mount Washington, bei der man eine Riesenhütte vorfindet, in der neunzig Leute übernachten können. Dort gibt es eine entsprechend größere Croo und die Lebensmittel werden über die Fahrstraße auf Mount Washington gebracht, müssen dort aber von der Croo zur Hütte geschafft werden.

Es gibt in den Hütten wie schon angeschnitten keinen Alkohol, auch sonst recht wenig Auswahl an Getränken, abgesehen von Tee, Trinkwasser und aus Pulver angerührter Zitronenlimonade. Ansonsten kann man dort oben Snickersriegel kaufen oder andere Schokoriegel, die in den jeweiligen Hütten gerade vorrätig sind. Die zu festen Zeitpunkten gereichten Mahlzeiten selbst gehören zur Übernachtung, bei der man Abendessen und Frühstück erhält, wobei die Gerichte für alle Übernachtungsgäste gleich sind.

Franconia Ridge, the White Mountains

Wenn man allerdings in der Früh bei einer Hütte vorbeikommt, nachdem die Übernachtungsgäste bereits gegessen haben und von Kuchen, Porridge oder Pfannkuchen noch etwas übrig ist, kann man sich recht günstig etwas davon kaufen.
Mit den genannten Dingen kann man sich insgesamt noch locker arrangieren – andere Länder, andere Sitten.

Nun kommt jedoch der Haken an der Geschichte: eine Übernachtung in einer der AMC-Hütten in den White Mountains kostet zwischen 98 und 118 US Dollar – je nach Tag, Hütte und ob man Mitglied des AMC ist oder nicht. Das Ganze nochmal in Worten: achtundneunzig bis hundertachtzehn Dollar!
Das sind je nach Währungsstand knapp hundert Euro und mehr. Und die Preise werden alle paar Jahre weiter nach oben angepasst. Doch es gibt ganz offensichtlich sehr viele Amerikaner, die bei einer mehrtägigen Wanderung in den White Mountains dazu bereit sind, solche Preise ohne einen Mucks zu bezahlen, ansonsten wären die Hütten dort ja nicht immer so voll.
Aus diesem Grunde, und das kann ich sehr gut nachvollziehen, wird der Appalachian Mountain Club gerne der Appalachian Money Club genannt.
Es ist außerdem eine Sache, von diesen Preisen lediglich zu wissen (und dabei schon leichte Anflüge von Schnappatmung zu verspüren), aber nochmal eine gänzlich andere, so eine Summe auch tatsächlich zu bezahlen …
Vorausgeschickt sei hier, dass ich zwei Mal nicht umhinkonnte, als meine Kreditkarte wohl

Franconia Ridge, the White Mountains

oder übel für den vollen Übernachtungspreis über den Holztresen einer AMC Hütte zu schieben. Das Gefühl dabei, angesichts dessen, was für eine Summe da gerade den Besitzer wechselt, *und für was*, ließ mir augenblicklich die Spucke wegbleiben – und ich bin nun wirklich keine dieser Personen, denen der Geldbeutel zu fest in der Tasche säße (mein geplagter Ehemann kann ein Lied davon singen!).

Mein Tipp hier ist wirklich, wenn es zu diesem äußersten Fall kommt, mit Kreditkarte zu bezahlen, da sieht man zwar die Höhe der Summe als Ziffer, aber man blättert nicht den Geldwert in Scheinen auf den Tresen, was in dieser Situation wohl noch schockierender wäre.
(– Und das auch noch ohne Beruhigungsschnaps hinterher!)

Zu den Luxuspreisen der AMC Hütten kommt, dass im gesamten Gebiet der White Mountains strenge Campingregeln gelten, wonach man nur auf extra ausgewiesenen AMC-Campstellen zelten darf; diese Campstellen aber sind allesamt auch kostenpflichtig, ebenso am AT.

Es ist verboten, oberhalb der Baumgrenze zu campen, wozu auch Bereiche mit Baumbestand unter acht Fuß Höhe (etwa 2,5 Meter) zählen, außerdem darf man nicht im Umkreis von einer viertel Meile (400 Meter) von Hütten und offiziellen Campstellen zelten, darüber hinaus nicht näher als 200 Fuß (gut 71 Meter) zum Trail oder bei aller Art von Straßen. Es sind Caretaker und Ridgerunner eingesetzt, deren Aufgabe es ist, zu überprüfen, dass diese Backcountry-Regeln eingehalten werden und die dazu autorisiert sind, empfindliche Geldstrafen zu verhängen, wenn jemand erwischt wird, der dagegen verstößt.

Das landschaftlich äußerst attraktive Gebiet der White Mountains ist ein Naturschutzgebiet, in das es üblicherweise sehr viele Wanderer zieht, bei Vegetation, die ab der Baumgrenze sehr empfindlich ist und in ihrem Erhalt geschützt werden soll. Daher gibt es die strengen Regelungen für dieses Gebiet.

Franconia Ridge, the White Mountains

Was die Bereiche oberhalb der Baumgrenze betrifft, habe ich noch volles Verständnis, denn die Pflanzen dort müssen ohnehin unter harschen Bedingungen wachsen und leben, sodass man nicht noch wilde Campstellen haben muss, durch die mehr zerstört würde als man sich vorstellen möchte.

Aber einige andere Punkte sind schon ärgerlich, darunter, dass ausnahmslos auch jede offiziell eingerichtete Campstelle kostenpflichtig sein muss.

Und da es auch bei den Campstellen nur begrenzte Plätze gibt, kann man auf der landschaftlich sehr schönen Etappe durch die White Mountains ganz schön unter Stress geraten, sich für die kommende Nacht einen 'erlaubten' Platz zu sichern, während man viel Konkurrenz von anderen Wanderern hat, die Wochenend- oder Mehrtagestouren machen.

Es ist ja nicht so, dass man als AT Thru-hiker nur zwei, drei Nächte in den White Mountains verbringt – Northbounder dürfen mit mindestens sieben Tagen rechnen, die sie in diesen Bergen unterwegs sein werden. Und da wird das Ganze schon etwas knifflig, wenn man einen Run auf freie Zeltplätze oder zu Hütten veranstalten soll, oder aber ein legales, kostenloses 'Stealthcamp' finden muss.

Bei meinem Southbound wäre ich zwar konditionsmäßig leicht in der Lage gewesen, in den White Mountains über zwanzig Meilen als Tagesetappe zu schaffen, aber ich geriet beim Einstieg in eine Gewitterlage, die sich tagelang über gut zwei Drittel der Strecke hinzog, sodass ich tatsächlich nur von Hütte zu Hütte kam, mit entnervend kurzen Tagesetappen, ausgebremst durch die gefährlichen Wetterverhältnisse. Damit muss man dort leider auch rechnen.

Die Etappe durch diese wirklich sehr schöne Bergwelt wird daher etwas kostspielig werden, das ist die saure Seite davon.

Mizpah Spring Hut und *work for stay* mit der Croo: Kristin, Johannes (– yep, hat bayerische Wurzeln, Papa ist Bayer), *Alpine Strider* (ich), Erin und R.D.; (von links, am 23. Juni 2008)

Genau deshalb empfiehlt es sich, bei der Einkehr in Hanover die Strecke durch die White Mountains genau mit Karten und Guidebook anzuschauen, die Etappen zu planen und sich alle infrage kommenden Stellen zu suchen und zu markieren, in denen wild campen möglich ist, dabei aber unbedingt zu bedenken, dass man in diesen Bergen normalerweise nicht mehr als plus/minus 15 Meilen am Tag vorankommt.
Dann hat man wenigstens nicht ständig den Umstand, bei jeder vermaledeiten Übernachtung, zu der man sein eigenes Zeug mitgeschleppt hat, blechen zu müssen.

Für AT Thru-hiker gibt es allerdings noch die Möglichkeit, in den Hütten oder an den Campstellen nachzufragen, ob eine '*work for stay*' Option besteht. In den Hütten werden üblicherweise bis zu zwei Hiker pro Tag akzeptiert, an den Campstellen einer, mit Ausnahme der Lakes of the Clouds Hut, die etwas größer ist und bis zu vier Hiker zu dieser Option bleiben lässt.
Der Deal ist dieser: man verrichtet am Abend und/oder am Morgen hüttentypische Arbeiten, die insgesamt ein bis zwei Stunden Aufwand bedeuten, darf dafür aber im Gemeinschaftsraum unter den Tischen seine Schlafmatte ausrollen und umsonst in der Hütte übernachten.
Außerdem kann man Essen erhalten, das vom Dinner oder vom Frühstück übrigbleibt. Ob es an einem Tag eine work for stay Option gibt, entscheidet die Croo der jeweiligen Hütte, denn es muss ja geeignete Arbeit vorhanden sein, die im Austausch für den kostenlosen Aufenthalt verrichtet werden kann.
Was diese Arbeiten bei einem Camp sind, kann ich nicht sagen, denn ich habe nie eine dieser Stellen angesteuert.
Bei den Hütten dagegen übernachtete ich während meines Southbound-hikes zwei Mal per work for stay Option. Dabei hatte ich beim ersten Mal in der Mizpah Spring Hut abends die

Aufgabe, Ofenbleche zu reinigen, den Backofen und den Herd, und anschließend den Herd mit Alufolie auszulegen, die um die Gasköpfe drapiert wurde, damit überlaufende Speisen den Herd nicht zu sehr verschmutzten. Das war alles. Insgesamt dauerte das Ganze keine vierzig Minuten, und die nette Croo fütterte mich abends und am Morgen noch so mächtig heraus, dass ich meine Müsliriegel gleich im Rucksack stecken lassen konnte.

Das Schöne an der Mizpah Spring Hut ist, dass es dort eine Galerie gibt, in der sich eine Hüttenbibliothek befindet, wo ich schlafen durfte. Normalerweise ist in den Hütten abends ab zehn Uhr Nachtruhe, da wird das Licht ausgeschaltet. Für Thru-hiker ist das allerdings schon recht spät, sodass ich sehr froh war, nicht im Gemeinschaftsraum warten zu müssen, bis Zapfenstreich war, damit ich meine Schlafmatte ausrollen kann, sondern oben auf der Galerie schon längst in meinem Schlafsack lag und schlafen konnte.

Beim zweiten Mal blieb ich in der Zealand Falls Hut, wo ich abends noch keine Aufgaben bekam, dafür aber am Morgen, nachdem alle mit dem Frühstück fertig waren, die beiden Schlafräume, den Waschraum und den gesamten Gemeinschaftsraum auskehrte, was insgesamt etwas länger dauerte, aber noch immer im zeitlichen Rahmen war, der für solche Arbeiten bei work for stay veranschlagt wird.

Vom Frühstück war sehr viel Porridge und etwas Kompott übergeblieben, mit dem die Croo von der Zealand Falls Hütte mich anschließend mästete. Ich glaube, ich hatte gut zwei Liter Haferflockenbrei im Bauch, wenn das überhaupt ausreichte, als ich schließlich meinen Rucksack schulterte und weiterwanderte. Doch diese Haferflocken hielten lange vor und brachten mich an diesem Tag weit über zwanzig Meilen voran.

Bei work for stay ist es üblich, dass man, während die regulären Übernachtungsgäste ihre Mahlzeiten einnehmen, draußen vor der Hütte bleibt. Die meisten Hütten haben eine Art überdachte Veranda, wo man sich derweil aufhält.

Beim Abendessen ist es sowieso kein Problem, denn da bereitet man sich sein eigenes Essen vor und isst derweil selbst. Während des Frühstücks packt man draußen seinen Rucksack zusammen und bereitet alles vor, dass man abmarschfertig ist, sobald die Croo einen offiziell entlässt. Der Nachteil ist, dass man ziemlich spät erst wieder auf den Trail kommt, zwischen halb neun und viertel nach neun Uhr, was für Thru-hiker tatsächlich recht spät ist. Die meisten Hiker sind üblicherweise ab sieben Uhr früh wieder auf den Beinen.

Doch man kann eben nicht alles haben.

Zwei Mal war ich in den Hütten als zahlender Übernachtungsgast; das erste Mal bei meinem Northbound, das zweite Mal bei meinem Southbound und beide Male in der Madison Spring Hut.

Auf die bereits eingedeckten, langen Holztische wird das Essen üblicherweise in großen Schüsseln gestellt, die reihum herumgehen. Es gibt lecker zubereitete Speisen, die kohlehydratreich und sättigend sind.

Das zweite Mal war es eine üppige Gemüse-Käselasagne mit reichlich Bechamelsauce und Käse; beim allerersten Mal kam ich erst an der Hütte an, als das Abendessen vorbei war, aber da hatte ich sowieso keinen Hunger mehr, denn ich hatte auf Mount Washington eine ausgiebige Rast von mehreren Stunden eingelegt, weshalb ich hinterher so spät dran war.

Geschlafen wird in mehrstöckigen Holzbetten, wo je zwei Wolldecken und ein überzogenes Kopfkissen bereitliegen.

Bei meiner ersten Übernachtung in der Madison Spring Hut habe ich mich auf die Wolldecken alleine verlassen, doch mir wurde nachts dann ziemlich kalt, denn draußen pfiffen starke Winde, die wohl durch kleinste Ritzen in den Steinwänden in den Schlafraum hineinkamen, wo es recht kalt wurde.

Deshalb übernachtete ich beim zweiten Mal dort mit meinem Schlafsack und hatte diesmal mollig warme Temperaturen.

Das bekannte Übel mit nächtlicher Unterhaltung kehligen Ursprungs trifft einen natürlich auch in den Hüttenschlafräumen; umso heftiger, da ja viel mehr Leute im selben Raum schlafen als in einem Hostel oder Shelter.

Das hatte ich also beide Male inklusive, in Stereo und Dolby-Surround – für schlappe hundert Dollar ...

Galehead Hut; Madison Spring Hut und zugehöriger *bunkroom*

Beim Frühstück sitzt man wieder gemeinsam an den bereits gedeckten Holztischen, auf die wie gehabt in großen Schüsseln angerichteter Porridge, Grits (Graupen), Pfannkuchen und Kompott herumgereicht werden. Es gibt außerdem Kaffee, Tee, Cranberrysaft, Rühreier und Blechkuchen.

Insgesamt kann ich mir bereits im Geiste vorstellen, wie sich so manchem das Gesicht verzieht bei einigen der Gerichte. Dazu muss ich aber sagen, dass es genau solche Dinge wie Haferflocken und Graupen sind, die einem eine Mordsenergie zum Wandern geben und dabei auch noch lange vorhalten.

Man muss dabei bedenken, dass Sauerteigbrot, wie wir das gewohnt sind, in Amerika nicht so verbreitet ist. Wenn, dann wird weißer Toast gegessen, der einem für die körperliche Betätigung in den Bergen nicht viel bringt.

Amerikaner essen außerdem typischerweise Haferflocken, Graupen oder Pfannkuchen mit Ahornsirup in der Früh. Es kommen zwar auch Spiegelei, Würstchen, gebratener Speck und Bratkartoffeln dazu, nur kann ich mich nicht mehr daran erinnern, ob das auch Bestandteil des Frühstücks in den Hütten war.

In *Shaw's Boarding House* in Monson, Maine, ist das jedenfalls beim Frühstück auf dem Teller. Während man frühstückt, gibt es von der Croo die aktuellen Wettermeldungen mit Vorhersage für den Tag; außerdem Informationen zu der umliegenden Gegend, was den Erhalt, die Schutzmaßnahmen betreffen und was jeder Einzelne dazu beitragen kann, dass nichts unnötig zerstört wird. Die Gäste werden dabei auf unterhaltsame Art dazu angewiesen, ihren Müll wieder ins Tal zu tragen und eben ihren Teil dazu zu tun, die Bergwelt mit ihrer Natur zu erhalten.

Zurück zu Lonesome Lake. Von dort wandert man hinunter in die Frankonia Notch, wo man über einen steilen Anstieg bis über die Baumgrenze hinauf auf die Frankonia Ridge steigt, die bei schönem Wetter ein atemberaubendes Wandererlebnis bietet. Man bewegt sich auf dem Rückgrat dieser Bergkette, hat 360 Grad Panoramen in eine beeindruckende Bergwelt, deren einen Grat man gerade überwandert.

Dabei geht es über Mount Lincoln und Mount Lafayette – hier wird klar, weshalb das gesamte Gebiet von Frankonia Notch bis zu Pinkham Notch auch die Presidentials genannt wird, nachdem dort einige der Berge nach US Präsidenten benannt sind, deren höchsten Gipfel man ohnehin noch besteigen wird.

Beide Male hatte ich unverschämtes Glück auf der Frankonia Ridge, dass ich phantastische Aussichten bei Sonnenschein genießen konnte. Allerdings erfuhr ich bei meinem Northbound am eigenen Leib, wie schnell sich das Wetter dort oben ändern kann und welche krassen Temperaturstürze damit einhergehen.

Ich war noch in der losen Gruppe Hiker dabei, die alle an jenem Morgen das Hostel in Glencliff zwecks Aufstiegs zu Mount Moosilauke verlassen hatten. Nachdem es so schönes Wetter gab und oben auf der Frankonia Ridge angekommen linkerhand zum AT nur ein kurzer Anstieg zu einem weiteren Berg möglich war, dem Mount Liberty, sind wir alle noch auf diesen Berg zusätzlich gestiegen, bevor es wieder zurück zum AT ging.

Es war recht warm, sodass ich in kurzen Shorts und T-Shirt unterwegs war. Kein Wölkchen am Himmel – echtes Kaiserwetter, also. Zweieinhalb Meilen später, auf Mount Lincoln, war auch noch alles fein, allerdings wurde es leicht diesig am Horizont. Von den Temperaturen aber war kein Unterschied zu bemerken.

Auf der nächsten Meile zu Mount Lafayette zogen wie aus dem Nichts kommend dichter werdende Nebelschwaden auf und eine kühle Brise setzte ein.

Auf dem zugezogenen Gipfel waren bereits andere Wanderer, die dort rasteten, als wir einer nach dem anderen vor Ort eintrudelten. Ich schaffte es gerade noch, den Rucksack abzustellen und mit bereits klammen Fingern so schnell es unter diesen Umständen ging, warme Klamotten aus dem Rucksack zu reißen und förmlich in sie hineinzuspringen, so kalt war mir mit einem Mal. Ich fror so stark, dass mir die Knie zitterten und die Lippen ganz taub wurden.

Das passierte von einem Augenblick auf den anderen.

Oben am Gipfel von Mount Lafayette stehen noch steinerne Reste eines Fundaments von einem Gebäude, das es längst nicht mehr dort gibt. An die Mauer dieses Fundaments kauerte ich mich, um mir Arme und Beine warmzureiben, die mittlerweile in einem Fleeceanzug, in Fleecesweater mit Kapuze und Regenjacke steckten. Außerdem hatte ich Mütze, Stirnband und Handschuhe an. Die Temperatur war von 20 Grad Celsius in kürzester Zeit auf elf Grad mit kaltem Wind gefallen. So etwas hatte ich dermaßen rasch noch nicht erlebt.

Ich wurde wieder einigermaßen warm, sodass ich nach einigen zusätzlichen Aufwärmübungen an den Gelenken weiterwandern konnte. Die dichte Nebelsuppe über dem Gipfel lichtete sich etwas, aber nicht vollständig.

Erst beim Abstieg, der nach dem Nordgipfel fast eineinhalb Meilen geradewegs steil nach unten führt, wurde es wieder etwas sonniger.

Obwohl ich diese Strecke ja von beiden Seiten kenne, kann ich nicht sagen, was nun schlimmer ist – dort hinabsteigen zu müssen, oder dort hinaufzuwandern.

Wenn es feucht oder gar rutschig nass ist, dann wird dieser Abstieg zu einem nervenaufreibenden Schuhsohlentest: es gibt nichts zum Einhalten, auch keine günstig gelegenen Felsvorsprünge, die als Tritt genutzt werden könnten, einfach nur dieses sehr lange, steile Stück breiten Granitfelsens, über den man hinunterkommen muss.

unterstes Stück der steilen Flanke von Mount Lafayette und Trail zwischen Mount Lafayette und Galehead Hut

Bei den Hikern, die um mich herum wanderten, war eine Hikerin aus Connecticut dabei, die das Jahr zuvor die ganze Strecke von Georgia bis zu dieser Nordflanke von Mount Lafayette gekommen war, wo sie unglücklich ausrutschte und sich beim Sturz den Fuß brach. Sie kam das Jahr darauf wieder nach Georgia, um erneut einen Thru-hike in einem Stück in Angriff zu nehmen. Der Abstieg von Mount Lafayette war verständlicherweise ihr höchstpersönliches Waterloo, das sie mit extrem angespannten Nerven anpackte. *April Showers* schaffte es diesmal ohne Sturz hinunter und sie bestieg zwei Tage nach mir zusammen mit *Cy Montréal* Baxter Peak. An dem Tag, dem 9. September 2007, war ich mit beiden auf Katahdin dabei.

Das sind diese Momente, die einem erst klarmachen, wie viel Glück zu einem solchen Unterfangen dazugehört, monatelang in Bergen unterwegs zu sein, ohne sich ernsthaft zu verletzen oder in andere Unglücke zu geraten. Und welchen Mut, welche Überwindung es kosten muss, wenn doch etwas schiefgeht, an den Ort zurückzukommen und sich zu trauen, es erneut mit dieser Stelle und/oder der Situation aufzunehmen.
Hier muss ich einräumen, dass ich auf beiden Thru-hikes persönlich nie an den Punkt kam, wo ich alles hinwerfen wollte. Ich hatte meine Momente, in denen mich der Trail oder die Umstände zwar nervten, bis hin dazu, dass ich Dampf ablassen musste, aber Abbrechen selbst war nie ein Thema.
Ob das nun so gut ist oder nicht, ist schwer zu sagen – denn damit habe ich auf den beiden Thru-hikes auch nie die Erfahrung gemacht, der andere Hiker sich sehr wohl stellen mussten:

aufzuhören oder weiterzumachen; und wenn man trotzdem weitermacht, diese mentale Herausforderung anzunehmen, obwohl man die Nase gestrichen voll hat.
Bei mir gab es auf meinem Northbound höchstens eine Etappe, die mich ziemlich entnervt hat, die wohl berühmteste Meile auf dem Appalachian Trail schlechthin – Mahoosuc Notch in Maine. Doch dazu mehr in diesem Bundesstaat.

Als Southbounder kommt man gerade von Mount Garfield und hat danach diesen steilen Anstieg über die Nordflanke hinauf zu Mount Lafayette, wo die Steigung so steil ist, dass man als normal beweglicher Mensch seine Fersen nicht auf den schrägen Granitboden absetzen kann, weil die Fußspitze der Steigung wegen so stark nach oben gedrückt wird. Es ist bei der Steigung auch nicht möglich, seitlich hochzugehen, man würde sofort zur Seite überkippen und den ganzen Granithang hinunterkullern. Der einzige Weg ist geradeaus stramm bergauf und ohne abzusetzen, denn es gibt nichts zum Rastmachen, wo man sich einhalten, oder seine Füße kurz auf ein ebenes oder zumindest weniger geneigtes Stück Fels sicher abstellen könnte.
Hält man mittendrin zum Verschnaufen an, läuft man Gefahr, hinterrücks überzukippen und den Hang hinunterzustürzen, weshalb man ständig auf seine Gewichtsverlagerung achten muss. Daher ist eine Verschnaufpause unter solchen Umständen alles andere als angenehm, nachdem man unablässig angespannte Muskelpartien hat.
Für Mount Lafayette empfiehlt es sich als Southbounder, gut gedehnte Achillessehnen zu haben. Gut gedehnt heißt, dass man sich im Stehen nach vorne zu seinen Füßen hinunterbeugen und dabei die Handflächen bequem flach auf den Boden legen kann, während man mit durchgestreckten Knien steht und seinen Oberkörper davor hält.
Das ist ein Nebeneffekt von Ballett, dass man sehr viel Zeit in seine Dehnung investieren muss, also auch die Achillessehnen sehr dehnbar sind. Daher konnte ich mit durchgedrückten Knien und auf ganzer Fußsohle die felsige Nordflanke von Mount Lafayette hinauflaufen, die auch so noch anstrengend genug ist, da man sie ja in einem ununterbrochenen Rutsch gehen sollte. Aber unterwegs bin ich an Wandernden vorbeigekommen, die mit gebeugten Knien dort hochsteigen mussten, weil sie ihre Beine wegen der Steigung nicht mehr durchstrecken konnten, und an anderen, die weinten vor Schmerz, weil die Sehnen so zogen, dass es unerträglich war, weit und breit aber kein Fels zum Ausrasten und Ausschütteln der Beine kam und sich dazu die immer unangenehmer werdende Belastung der gebeugten Knie und der Beinmuskulatur gesellte. Außerdem hatten alle natürlich schwere Tourenrucksäcke am Rücken.
Mir taten diese Leute wirklich leid, und es gab noch nicht einmal etwas, was man hätte tun können, um zu helfen. Man kann sich auch nicht einmal auf den Boden legen, weil man sonst hinunterrutscht. Auch hinsetzen geht nicht. Es ist schlichtweg zu steil dafür.

Crawford Notch

rechts: Lakes of the Clouds Hut; Waschküche in den White Mountains und Gipfelbild vom selben Tag, mit etwa 90 Minuten Zeit zwischen beiden Photos: August 2007, Mount Washington

Am Fuß des Anstiegs gibt es noch einige Felsen, an denen man sich verpusten und vor allem die Beine entlasten kann, danach aber kommt über eine lange Strecke nichts mehr dergleichen. Ich habe meine Zeit gestoppt, die ich für dieses Granitfelsstück benötigte: nach knapp vierzig Minuten stetigem, strammen Hinauflaufens hatte ich es geschafft; allerdings konnte ich mit durchgestreckten Beinen und ganzer Fußauflage dort hochsteigen, was ja ein gewaltiger Vorteil war.

Für Northbounder geht es nach dem steilen Hang von Mount Lafayette über Mount Garfield, an dessen Nordflanke wieder ein abenteuerliches Felsengekraxel wartet. Zwar diesmal über einzelne Felsbrocken hinab, nicht über eine langgezogene, einzelne Granitflanke, aber doch so, das man gelegentlich an 60 bis 70 Zentimeter hohen Felsstücken steil bergab steigen muss.
Es gibt zumindest Baumwurzeln, an denen man sich einhalten kann, oder eben die Felsen, die man gerade hinuntergestiegen ist. Bei meinem Northbound kam allerdings hinzu, dass sich ein kleiner Gebirgsbach den Trail als Flussbett ausgesucht hatte, sodass alles rutschig und nass war, während ich mit dem herabstürzenden Wasser zusammen den Weg nach unten stieg.

Danach, auf der Strecke zwischen Mount Garfield und der Kreuzung mit Gale River Trail, vor dem nächsten Anstieg, muss man die Augen aufhalten, denn dort scheinen die Bäume hoch genug zu sein, dass es für eine wilde Campstelle reicht.
Mit einem Camp dort hat man am nächsten Tag eine gute Wegetappe, die am Morgen in die Nähe der Galehead Hut führt, wo man eventuell vom Frühstück übrig gebliebene Gerichte günstig kaufen kann, bevor es weiter hinauf zu South Twin Mountain geht und von dort über die Zealand Ridge hinunter zur Zealand Falls Hut, die sehr schön an einem Wasserfall liegt,

der dort in flachen Kaskaden hinabfließt, in deren Wasserbecken man seine Füße herrlich erfrischen kann. Dort ist in jedem Falle eine gute Gelegenheit, Pause zu machen.

Weitere siebeneinhalb Meilen, die für die Terrainverhältnisse der White Mountains recht angenehm verlaufen, bringen einen nach Crawford Notch, von der aus ein weiterer Anstieg bis über die Baumgrenze ansteht, nach dem es über den zweiten Teil der Presidentials geht.
Auf dem Weg hinauf kommt man an die Webster Cliffs, in deren Nähe ich bei meinem Northbound Cowboycamping gemacht habe. Es waren keine alpinen Pflanzen in der Nähe, meine Schlafmatte lag auf steinernem Untergrund und eine herrliche Aussicht hinüber zum südlichen Teil der Presidentials und hinunter zu Crawford Notch war auch dabei. Es geht weiter über Mount Webster und Mount Jackson, zu Mizpah Spring Hut für eine willkommene Frühstückspause, dann folgen Mount Clinton und Mount Franklin, wonach mittags in die große Lakes of the Clouds Hütte eingekehrt wird, bevor schließlich nach einem weiteren Anstieg von knapp zwei Kilometern der Gipfel von Mount Washington erreicht wird, mit 1.917 Metern der dritthöchste Berg in den Appalachen und der höchste im Nordosten der USA.
Dort oben gibt es eine Wetterstation, ein geräumiges Gipfelgebäude mit Restaurant und Souvenirshop, außerdem ein kleines Postamt. Eine geteerte Straße führt vom Tal

zu einem Parkplatz knapp unterhalb des Gipfels; auf der gegenüberliegenden Bergflanke zur Straße verläuft außerdem die Trasse der ältesten Zahnradbergbahn der Welt, die von Sylvester Marsh gebaut am 3. Juli 1869 in Betrieb ging und bis heute fährt.

Wie schon angeschnitten, herrschen über den White Mountains harsche und rasch wechselnde Wetterbedingungen, die damit zu tun haben, dass drei große Wettersysteme über diesen Bergen aufeinandertreffen. Es ist normal, wenn es unten im Tal noch einige Plusgrade über Null Grad Celsius hat, dass oben auf Mount Washington aber schon minus 40 Grad Celsius und darunter herrschen können.
Am 12. April 1934 wurde auf dem Gipfel die bis 1996 weltweit höchste Windgeschwindigkeit von 372 km/h gemessen: das ist eine Windstärke, die weit über Hurrikanstärke reicht. Der normale Durchschnitt liegt bei 56 km/h Windstärke auf dem Gipfel, wenngleich üblicherweise an mehr als hundert Tagen im Jahr Windgeschwindigkeiten von über 120 km/h gemessen werden. Der Gipfel des Berges ist an über 55 Prozent der Tage pro Jahr mit Wolken verhangen, und Wetterverhältnisse ändern sich extrem rasch dort oben.
Deshalb hängt im Gipfelgebäude eine Liste der 139 Todesopfer, die dieser Berg von 1848 bis 2006 gefordert hat. Menschen, die an Unterkühlung gestorben sind oder beim Hinauf- oder Hinabwandern verunglückten, weil sie die extremen Klimaverhältnisse um diesen Berg unterschätzten oder nicht die richtige Ausrüstung dabeihatten. Gründe für die Todesfälle gibt es viele – und sie reißen leider nicht ab.

Der Berg sieht von weitem recht harmlos aus; man möchte es gar nicht glauben, wie extrem sich dort die natürlichen Gegebenheiten auswirken.
Zweimal habe ich Mount Washington erlebt und dabei auf meinem Northbound, beim ersten Mal, alle Wetter am Gipfel, nur keinen Schnee. Aber Sonne, Nebel, Regen und starker Wind – und das in einem kurzen Wechsel aufeinander. Das geht ruckzuck dort oben.
Bevor ich mich nach meiner Rast wieder weiter auf den Weg machte, erlebte ich noch, wie erwachsene Besucher auf der Aussichtsplattform von plötzlich einsetzenden, starken Winden wohl dort hinuntergeweht worden wären, wäre da nicht ein hohes, stabiles Geländer gewesen. Die Leute mussten sich mit ihrem gesamten Körpergewicht gegen den Wind stemmen, um in Zeitlupe wieder von der Plattform herunterzukommen. Diese starken Winde hoben einen förmlich aus den Schuhen heraus; und arktisch kalt waren sie obendrein noch.

Der Appalachian Trail bleibt noch gut acht Meilen über der Baumgrenze im letzten Teil der Presidential Mountainrange, wo es auf felsigem Untergrund weitergeht, der mit unzähligen

Mount Washington
Cograilway

Flechten bewachsen schimmelgrün und grau aussieht. Hier folgt man den cairns mit der Wegmarkierung und quert dabei die Gleise der Zahnradbergbahn, während es einen Rundumblick auf die Bergketten gibt. Auf den losen Felsbrocken unter den Füßen macht sich die vorangegangene Übung in Pennsylvania bezahlt.

Über die letzten Jahre hinweg hat bei AT Thru-hikern eine Unsitte eingerissen, Fahrgästen, die per Zahnradbahn auf Mount Washington hinauf- oder hinabfahren, ein *'mooning'* angedeihen zu lassen – ihnen den blankgezogenen Hintern entgegenzustrecken, während sie mit dem Zug vorbeifahren.
Abgesehen davon, dass man sich wirklich fragen muss, was das Ganze soll, dürfen solche Hiker, die das tun, sich darauf gefasst machen, unten am Berg von der Polizei in Empfang genommen zu werden. Das ist 2007 acht Hikern passiert und wird auch weiterhin so gehandhabt. Im Zeitalter von Smartphones und Digitalkameras ist es ein Leichtes, Leute hinterher zu identifizieren, erstrecht Thru-hiker, die mit ihren Klamotten schon von weitem herausstechen, so abgenutzt und ausgeblichen diese bereits aussehen; ganz zu schweigen davon, dass es nicht viele Wege gibt, die von den Presidentials ins Tal hinabführen, sodass man in jedem Falle bereits mit Beweisphoto unten erwartet werden wird.

Vorbei an Mount Clay, Mount Jefferson und an Mount Adams führt einen der AT schließlich zur Madison Hut, der vorletzten AMC Hütte auf dem Appalachian Trail durch die White Mountains.
Ist man dort angekommen noch früh genug dran, um einen Platz per work for stay Option zu

Trail von Mount Washington hinunter zu den restlichen Bergen der Presidentials (beide links); Mount Washington im Rückblick (beide rechts) und Abendstimmung über der Presidential Mountainrange

ergattern, hat man Glück. Sind einem aber schon andere Thru-hiker zuvorgekommen, womit bei einem Northbound Thru-hike einfach gerechnet werden muss, da der strikten Campregeln wegen sich ja mehrere AT-Hiker zwangsläufig bei den Hütten oder Campstellen konzentrieren, beißt man entweder in den sauren Apfel und bezahlt eine Übernachtung, oder man weicht zu einer offiziellen Campstelle in der Nähe der Hütte aus, die deutlich weniger kostet.

Einen Tag später hat man noch den kurzen Anstieg hinauf zu Mount Madison, von dem aus ein spektakulärer Abstieg mit toller Aussicht hinüber zur Wildcat Range hinunter ins Tal gemacht wird.
Wieder im Wald befindlich wird nach fünf Meilen Pinkham Notch erreicht, in der es ein großes Besucherzentrum gibt, mit Joe Dodge Lodge, einem Souvenirshop mit Getränken und Snacks, außerdem einem Restaurant mit Buffet.
Dort habe ich beim Rasten von einem Einheimischen einen Supertipp bekommen, wie das Übernachtungsproblem auf der Wildcat-Carter-Moriah Range wunderbar zu lösen sei, ohne offizielle Campstellen der AMC ansteuern zu müssen. Die Wildcat Mountains, die als nächstes anstehen, haben oben am Gipfel E (es gibt fünf aufeinander folgende Gipfel) eine unverschlossene Skipatrolhut.
Die Wildcats sind im Winter ein beliebtes Skigebiet in New Hampshire. Dort oben steht eben eine solche Hütte, die unversperrt ist – zumindest war dies 2007 und 2008 der Fall.
Der Tipp war wirklich Gold wert! Denn von dort oben bleiben noch gut sechzehneinhalb Meilen zum Rattle River Shelter, das wieder wie vom AT gewohnt kostenfrei ist.
Man muss unterwegs ausreichend Wasser mitnehmen, dass man hinterher oben kochen und abwaschen kann, außerdem genug Trinkwasser für den Abend und den kommenden Morgen hat. Die Aussicht ist spektakulär – besonders am Abend und am Morgen.
Man hat die Presidential Range im Blickfeld, mit Mount Washington ganz vorne, den man beim Wandern von seiner Nordflanke aus nicht zu sehen bekommt.

Der Weg von Pinkham Notch zur Wildcat Range hinauf hat es allerdings in sich – nahezu zwei Meilen extrem steil bergauf. Wie man mittlerweile auf New Hampshire Terrain festgestellt haben dürfte, sind Leitern oder Haltevorrichtungen bei steilen Wegstücken gänzlich absent.
Das ist die Philosophie in Neu-England, denn die Berge sollen möglichst so naturbelassen wie möglich erhalten bleiben. Wenn Trailetappen umgeroutet werden, dann sollen nicht Eisenstangen, Leitern oder sonstige Haltevorrichtungen an den Felsen zurückbleiben, also werden sie gar nicht erst angebracht oder nur im alleräußersten Fall – am AT sind das genau zwei Stellen: bei Mount Moosilauke an der Nordflanke und auf der Etappe von Mount Hayes und

Cascade Mountain einige Meilen vor der Grenze zu Maine.

Deshalb muss man nicht nur in New Hampshire, aber auch in Maine selbst zusehen, wie man sich an solchen Stellen am besten festhält oder hochzieht.

Bei den Wildcats kommt im oberen Drittel eine Art spitz zulaufende Felsspalte, in der es gut drei Meter steil nach oben geht und wo man sich nur an den glatten Seitenwänden mit kleinen Vorsprüngen einhalten kann, außerdem an den Felsbrocken, die im spitzen Winkel in der Spalte eingeklemmt sind, sodass man vorsichtig hinaufklettern kann. Das Ganze funktioniert ganz gut; und zwar von beiden Richtungen – aber beim ersten Mal schluckt man schon zunächst recht nervös, denn in den Alpen hätte der Alpenverein dort schon längst zumindest Halteseile angebracht. Doch nun kommt der entscheidende Punkt: wir sind aber nicht in den Alpen sondern in den Appalachen.

Anfangs entsetzt, muss ich nun auch sagen, dass mir bereits im Laufe meines ersten Thru-hikes durch die Neu-Englandstaaten diese Philosophie zunehmend besser gefiel. Die Wege bleiben so natürlicher, es gibt nicht solche bleibenden Eingriffe an den Felswänden,

Kleiner Weiher in Pinkham Notch und kleine Kraxelstelle beim Auf- oder Abstieg von der Wildcat Mountainrange

die ja wirklich nicht schön aussehen.
Man muss an einer solchen Stelle eben vorsichtiger und konzentrierter sein, damit nichts passiert.

Die Skipatrolhut ist urgemütlich mit einem alten Sofa, auf dem man seinen Schlafsack ausrollen und bequem übernachten kann. Bei schönem Wetter gibt es abends und morgens die traumhaften Bergpanoramen dazu.
Am nächsten Tag kann man früh starten und erreicht nach dreieinhalb Meilen in der Carter Notch die gleichnamige Hütte, wo man mit etwas Glück günstig Gerichte vom vorherigen Frühstück kaufen kann – bei meinem Northbound 2007 gab es noch leckeren Schokoladenkuchen, von dem ich mir drei Stücke genehmigte.
Nach einer solchen Frühstückspause geht es gleich mit viel mehr Energie noch über die Carter und Moriah Bergketten hinüber, wo man immer wieder Ausblicke in den Südwesten hat, bis man letztendlich bei Mount Moriah einen langen Abstieg hinunter ins bewaldete Tal hat, wo das Rattle River Shelter recht günstig steht, damit man am nächsten Tag einen schönen Near-O-day in der Kleinstadt Gorham einlegen kann.

Vom Shelter sind es nur noch zwei Meilen zu einer Landstraße, auf der man bequem in die westlich vom AT gelegene Ortschaft trampt, die zwei gemütliche Hostels für Hiker hat und außerdem die komplette Infrastruktur, die man zu dem Zeitpunkt wieder dringend braucht: Supermarkt, Laundromat, Postamt, eine hübsche Bücherei mit Internetzugang, ein kleines Sportgeschäft und allerlei Restaurants und Fastfoodketten.
Nachts wird es etwas laut, weil Gorham direkt an Bahngleisen liegt, auf denen Güterzüge verkehren, die mit schrillem Sicherheits-Gebimmel durch den nacht-

Gorham; The Barn Hostel in Gorham

Aussicht mit Abendstimmung von der Wildcat Mountainrange

schlafenden Ort rauschen. Daher empfehle ich aus eigener Erfahrung das *Hikers Paradise Hostel* am westlichen Ende der Stadt, denn dort hört man diese Güterzüge kaum.
Beim anderen Hostel, das zwar recht urig in einem großen Barn (einer Scheune) untergebracht und vom Ambiente her wirklich supergemütlich ist, verlaufen leider direkt neben dem Holzgebäude die Gleise der Bahnstrecke, sodass es nicht nur sehr laut wird, aber auch das gesamte Gebäude beim Vorbeifahren der Züge erzittert.
Als ich bei meinem Northbound 2007 in den Ort kam, kehrte ich im Hikers Paradise Hostel ein, wo ich zwei ungestörte Nächte verbrachte. Das Jahr darauf blieb ich ebenso zwei Nächte in *The Barn*, doch dort war der nächtliche Güterverkehr so laut, dass ich jedes Mal aufgeweckt wurde, wenn wieder ein Zug daherkam. Da muss man leider einen festen Schlaf haben.

Von Mark Twain stammt die Bemerkung über das Wetter in Neu-England, das unglaublich unsicher sei und dabei nur ein Punkt gewiss wäre: man werde viel davon bekommen.
Das könnte nicht richtiger sein für die plötzlichen Wetterumschwünge in den Whites.
Als die lose Gruppe Nortbounder, in der ich mich im August durch diese Berge bewegt hatte, in Gorham eingekehrt war, hatten wir zwei Tage Gewitter mit starkem Regen. Kurze Zeit später erfuhr ich am Trail von *Pi* und *K'ache*, einem sehr angenehmen Thru-hiker Ehepaar aus Maryland, ihnen habe ein Ranger berichtet, dass diese Regenfälle in den White Mountains als Hagel und Eisregen niedergegangen waren, wo sie die felsigen Wege oberhalb der Baumgrenze in kurzer Zeit mit einer gefährlichen Schicht Blitzeis überzogen. Zu diesem Zeitpunkt waren gerade schätzungsweise 40 weitere Northbounder zwischen Franconia Notch und den Wildcat Mountains unterwegs.

oben: Seitenblicke zu den White Mountains von der Carter-Moriah Mountainrange aus

unten: einige Trailetappen nördlich von Gorham

rechts: Aussicht vom Trail auf der Etappe von Mount Hayes/Mount Success

Nördlich von Gorham geht es zurück am AT über Mount Hayes und Cascade Mountain auf streckenweise sehr felsigem Weg schließlich bis zu Upper Gentian Pond, der einen an die zahlreichen Gewässer gleicher Art erinnert, die man in Massachusetts und Vermont zu sehen bekam. Hier läuft man über einige Strecken auf langen Doppel-Holzbohlen durch sehr feuchtes Gebiet. Die Saison der stechenden Plagegeister ist im August zum Glück vorbei, sodass man hier unbehelligt wandern kann.

Danach wird noch Mount Success bestiegen, von dem es nur noch zwei Meilen bis zur Grenze nach Maine sind. Womit der letzte Bundesstaat auf dem Appalachian Trail erreicht wird: Thirteen States down, last one to go!

Bye, bye New Hampshire – Hello Maine!

281,8 miles left to Katahdin ...

Aussicht beim Abstieg von Bemis Mountain

"No rain, no pain, no Maine" – "Kein Regen, keine Mühe, kein Maine"
~ allgemeiner Hiker-Spruch zum AT in Maine

"Woah, someone needs to talk to mother Nature about this whole '30 degrees Fahrenheit in August' thing. It's supposed to be summer!"
~ *Uno & Dewey*, Baldpate Lean-to
["Boah, jemand muss einmal mit Mutter Natur über das ganze 'minus ein Grad Celsius im August' Ding reden. Es sollte Sommer sein!"]

"Everyone was looking forward to Maine. What we did not know at the time was that the first part of Maine was tougher than the Whites."
~ *Iron Toothpick*
["Jeder freute sich auf Maine. Was wir zu dem Zeitpunkt nicht wussten, war, dass der erste Teil von Maine härter ist die White Mountains"]

– 13 –

Maine (ME)

Auf einer kleinen Lichtung am Trail kommt man zu einem leuchtend blauen Holzschild an einem Baumstamm, auf dem in weißen Lettern zu lesen ist:

Welcome to Maine, the Way Life should be

– Maine. Nun ist es offiziell: mit Überschreiten der Grenze ist man im tatsächlichen Wortsinne von Georgia nach Maine gewandert. Der letzte Bundesstaat nach einer ganzen Reihe vorangegangener ist erreicht, nach gut 3.063 Kilometern!
Das ist so aufgeregt wie vor Monaten im April, als in Georgia die erste Grenze zu North Carolina erreicht wurde, nur, dass es diesmal gleichzeitig intensiver und abgeklärter ist.
Keine Aufregung mehr aus Unerfahrenheit und vor so vielem Neuen, das damals noch vor

einem lag, während man beständig dabei war, sein 'Trail-Handwerk' zu lernen. Nun weiß man längst, wie der Hase läuft und blickt mit mehr Erfahrung etwas gelassener auf die kommenden Dinge.

Inzwischen sind nicht nur Wochen sondern ganze Monate in den Bergwäldern vergangen, in denen man vom Frühling über den Sommer und Hochsommer durch alle Wetter gewandert ist und sich der Schwerpunkt vom gewohnten Leben in Städten langsam hinüber in die freie Natur der Berge verlegt hat.

Die umgebende Bergwaldlandschaft hat sich allmählich geändert – von den mächtigen Rhododendren in den Mischwäldern des Südens, die zusammen mit den Mountainlaurelbüschen die Vegetation sehr prägten, hin zu immer mehr Laubwald und weniger Rhododendron, bis schließlich auch die Laubwälder ab Vermont immer mehr den Nadelhölzern auf den Bergrücken wichen und mit zunehmendem Birkenbestand nur noch die Talebenen bestimmten.

Draußen spult sich unterdessen wie ganz selbstverständlich ein eingespielter Tagesrhythmus ab mit Aufstehen, Essen, Wandern und wieder schlafengehen, umgeben von den mittlerweile so vertrauten Geräuschen der Bergwälder und dem weiten Sternenhimmel darüber.

Die ersten Herbstboten werden bereits in der Früh und nachts mit deutlich frischeren Temperaturen spürbar, nun, wo die Augustmitte überschritten ist und man bereits auf Höhe der Stadt Montréal vom Nachbarland Kanada wandert. Auch die Tage werden wieder merklich kürzer. Und es geht noch weiter in den Norden hinein.

Die Strecke des Appalachian Trails in Maine wäre undenkbar ohne Myron Avery, der sich nicht nur darin durchsetzte, den Trail auch durch diesen Staat zu legen, sondern den Wegverlauf der damals 269 Meilen langen Etappe mit deren Campstellen auch plante, in Karten einzeichnete und persönlich mit einem Messrad vermaß, wie er es mit jedem Abschnitt des gesamten Appalachian Trails getan hat. Und zwar zu einer Zeit, als er beruflich bedingt seinen Wohnsitz in Washington D.C. hatte, was langes und häufiges Hin- und Herreisen in seiner Freizeit bedeutete.

An der Etappe in Maine wird schnell deutlich, dass hier jemand am Werk gewesen war, der in dieser Bergwelt praktisch zuhause war und den Trail so anlegen ließ, damit er von einem Höhepunkt zum nächsten führt. Zwar müssen diese Höhepunkte mit sehr viel Schweiß und stellenweise leichteren Hand-über-Kopf-Kraxeleinen erarbeitet werden, doch die Belohnung auf den Gipfeln macht das Ganze wieder wett.

Bei der heutigen Trailetappe ist man zu über 90 Prozent auf Averys Strecke unterwegs. Ihm ist es auch zu verdanken, dass Mount Katahdin zum nördlichen Terminus des Trails wurde, was

Welcome to Maine – the Way Life should be!

für Northbounder der Höhepunkt schlechthin sein dürfte, um einen Thru-hike von Georgia kommend mit einem wirklich atemberaubenden Finale zu vollenden.

Gleich nachdem man das Grenzschild passiert hat, steht die Mahoosuc Range als Wandergebiet an. Man übersteigt den kleinen Mount Carlo, dem auch bald eine Stelle folgt, bei der man durch einen abschüssige Felsspalte nach unten steigt, wo es gilt, sich seitlich an Felsvorsprüngen irgendwie einzuhalten, während die Beine sich unten in weit aufgespreizten Verrenkungen eine Trittstelle suchen – natürlich ohne Hilfsvorrichtungen zum Einhalten, und da man ja kürzlich erst aus einer Stadt herauskam, mit einem rappelvollen, unförmigen Tourenrucksack am Buckel.

Diese Stelle ist schon ein kleiner Vorgeschmack darauf, was einen gut fünf Meilen weiter nördlich erwartet, wenn Goose Eye Mountain mit seinen drei Gipfeln überstiegen ist und danach die Südspitze von Fulling Mill Mountain. Denn beim Abstieg geht es hinunter in die berühmteste und zugleich berüchtigtste Etappe des gesamten Appalachian Trails: Mahoosuc Notch.

Mahoosuc Notch ist eine sehr enge, schluchtartige Bergschneise, zwischen den steilen Felswänden von Fulling Mill Mountain und Mahoosuc Arm, in die über die Zeit große Felsbrocken aller Formen hineingestürzt sind. Es ist, als hätte jemand mit einer gigantischen Kehrschaufel einen mächtigen Haufen Riesengeröll dort hineingekippt. Durch diesen Felsenverhau also führt der Appalachian Trail für Northbounder auf etwas mehr als einer Meile leicht bergab von südwestlicher in nordöstliche Richtung.

Wobei von einem Trail nicht mehr die Rede sein kann, denn es ist dort gar nicht möglich, einen gangbaren Trail anzulegen: man muss unter, zwischen oder über Felsblöcke hinüber, die so groß sind, dass man sich im Verhältnis vorkommt wie ein Schoßhündchen.

Es gibt zwar hier und da wohlwollende Trailmarkierungen mit Pfeilen durch Felsritzen oder einige Lücken hindurch, doch mit Tourenrucksack kann man diese Strecken ganz schnell vergessen, wenn man nicht riskieren möchte mittendrin steckenzubleiben. Mit vollem Tourenrucksack muss man sich daher mit den bloßen Händen auf die feuchten, teilweise mit Moos bewachsenen Felsungetüme hochziehen, auf allen Vieren krabbeln und zusehen, ob man eine andere Route findet und sich dabei hoffentlich nicht versteigt, dass man alles wieder zurückkriechen muss.

Psychologisch ungünstig wirkt sich zudem aus, dass man ja ab und zu auf einem dieser Riesenfelsen steht, um zu schauen, wo es weitergehen könnte, wobei man aber auch sieht, dass die Felsungetüme noch viel weiter reichen, als man in dem Augenblick wissen möchte.

Unterhalb dieser Riesenfelsen hört man das Wasserplätschern des Shelter Brook, den man zwar nicht zu sehen bekommt, doch auch er bahnt sich seinen Weg durch die Notch.

Hinzu kommt, dass diese enge Schlucht eher schattig und feucht ist und dort unten eine Kälte herrscht, als habe jemand die Türe zu einem Rieseneisschrank geöffnet.

... und los geht's! >>>

Full Goose Shelterlog:
"8/12/07
In for water. Too early to stop. Will continue to notch & beyond.
~ sleeping bear
Changed my mind. Didn't fancy spending the night with a dead moose. ~ sleeping bear"

["12.08.2007

Bin hier wegen Wasser. Zu früh für's Camp. Werde weiterwandern in die Notch & dahinter.

Hab's mir anders überlegt. Bin nicht scharf drauf, die Nacht mit einem toten Elch zu verbringen."]

20. August 2007: The 'Carcass-Notch'/Die 'Kadaver-Schlucht'. Als ich um viertel nach sieben Uhr früh bei 5,3 Grad Celsius von Full Goose Shelter aufbrach, um zur Notch zu wandern, hatte es sich längst unter den

– Mahoosuc Notch –

Obere Reihe: dort muss überall wieder hinuntergestiegen werden; bei den anderen Photos wären
die Durchkriech-Stellen, die man wegen
Tourenrucksacks am Buckel
leider vergessen kann …

Happy Trails, Hikers!

Northboundern herumgesprochen, dass gleich am südwestlichen Ende ein totes Elchkalb liegt. Dort angekommen, kam es allerdings noch schlimmer: das tote Elchkalb lag mit zerschmetterten Gliedern an einer engen Stelle in einer Felskuhle am Boden, den Brustkorb weit offen, in dem es vor weißen Maden nur so wimmelte. Es stank ganz fürchterlich nach Verwesung.
Über der Stelle hatte jemand bunte tibetische Gebetsfahnen aufgehängt,
Genau oberhalb des toten Elchkalbs, das dort zu Tode gestürzt war, musste man an einer engen Felsenstelle vorbeikriechen, mit Blickwinkel auf das zerschmetterte Tier unter einem und dem überwältigenden Verwesungsgeruch in der Nase, von dem kein rasches Entkommen möglich war.
Das war genau das, was ich gleich in der Früh, als ich dort alleine zugange war, am allerwenigsten brauchen konnte. Ich kroch mit steifen Gelenken und klammen Fingern wie auf Autopilot langsam und vorsichtig auf dem Felsen vorbei, darauf bedacht, möglichst nicht abzurutschen und am Ende in die Felskuhle zu fallen, die vom verwesenden Elchskadaver ausgefüllt war.
So arbeitete ich mich hochkonzentriert Felsblock für Felsblock voran, mal hochziehend, dann seitlich daran abrutschend mit gelegentlichen, kurzen Laufstellen dazwischen, dann wieder hochziehen, krabbeln, irgendwo heruntersteigen und so weiter.

Diese Notch entnervte mich bei meinem Northbound völlig. Zweieinhalb Stunden brachte ich dort unten zu, bis ich mit überbordender Erleichterung endlich das andere Ende erreichte.
Nach etwa zwei Dritteln der Strecke durch den labyrinthartigen Felsenverhau war mir ein dynamisches Herrenduo entgegengekommen, das mit kleinen Tagesrucksäcken southbound wanderte und sichtlich Spaß hatte an dem Riesenzirkeltraining, das ihnen die Notch bot.
Einer der Männer rief begeistert zu mir hinüber: *"Aren't you having FUN???"*, was ich verbissen mit einem vernichtenden Gesichtsausdruck quittierte.
Tatsächlich hatte ich gerade so viel Spaß, dass ich ihm am liebsten einen gehörigen Haken in die Fresse gegeben hätte, so sehr lagen meine Nerven blank.
Zur Strafe verschwieg ich das verwesende Elchskalb am südwestlichen Ende der Notch.

Die Sache ist die: Nicht nur southbound, aber auch southbound *mit Tourenrucksack* ist Mahoosuc Notch einfacher zu bewerkstelligen.
Als ich das Jahr darauf wieder in die Nähe kam, machte ich mir im Vorfeld natürlich Sorgen. Doch es stellte sich recht schnell heraus, dass mir die Strecke bergauf und vom Norden her kommend leichter fiel, und das, obwohl ich an dem Tag kurze Regenschauer mit Sonnenschein dazwischen hatte, was die Felsen in der Notch noch rutschiger machte als sonst.
Dabei verstauchte ich mir zwar meinen linken Daumen, als der mir beim Hochziehen auf

einen der Felsblöcke umschnackelte, doch trotzdem war diese Etappe besser zu bewältigen als das Jahr zuvor. Am Ende der Notch lag noch immer das Elchskalb in seiner Felsmulde, teilweise von Schnee bedeckt aber diesmal geruchsneutral und ohne Maden.
Mit kleinem Tagesrucksack ist Mahoosuc Notch sicher ein Mordsspaß, allein schon, weil man sich viel leichter bewegen kann. Mit vollem Tourenrucksack allerdings geht das Ganze etwas schwieriger. Dazu gilt für alle Wanderer dort unten, dass das Risiko besteht, sich zu verletzen.

Am Abend desselben Tages, als ich Mahoosuc Notch das erste Mal durchquert hatte, las ich im Shelterlog von Baldpate Lean-to:
"8/16
Well, caught a hitch into Bethel on the advice of some other hikers. Glad I took their advice. Turns out my fall in the Notch resulted in a dislocated shoulder and a fractured humerus. Ah well ... I guess that means my dreams of working on the trapeze at the circus are over ...
~ Spartan"
["16.8.
Also, bin nach Bethel getrampt weil einige Hiker mir dazu rieten. Bin froh, dass ich ihren Rat befolgt habe. Es stellte sich heraus, dass mein Sturz in der Notch eine ausgekugelte Schulter und einen gebrochenen Oberarm zur Folge hatten. Nun ja ... ich schätze mal, das bedeutet, dass mein Traum, im Zirkus am Trapez zu arbeiten, vorbei ist ... "]

Humor ist ja bekanntlich, wenn man trotzdem lacht. Das also ist Mahoosuc Notch mit einem Appalachian Zirkeltraining der Extraklasse – ein Riesenspaß für die einen, eine entnervende Erfahrung für die anderen, mit Verletzungspotenzial für alle.
Wobei ich nicht umhin kann, mir Myron Avery dabei vorzustellen, wie er vermutlich mit lachendem Herzen beschloss, den Trail *genau da hindurch zu legen ...*

Im Anschluss an die Notch kommt ein sehr steiler Anstieg über Mahoosuc Arm hinauf zum Gipfel des gleichnamigen Bergs. Dieser Anstieg ist bei vielen Hikern sogar noch gefürchteter die Notch selber.
Es ist so, man geht dort auf tatsächlich extrem steilem Terrain über den blanken Granitfels hinauf, wobei man sich zwar im Bergwald befindet, aber die Erdschicht am Trail selbst schon längst komplett weggewaschen wurde. Dort ist der Trail auch gut zwei Meter breit und an beiden Rändern gibt es keine helfenden Sträucher oder Äste mehr, die man ergreifen könnte, um einen Sturz abzufangen.
Es helfen nur ein guter Gleichgewichtssinn, ordentliches Schuhprofil und eine Prise Glück, dass einem auf der Etappe von oben her nichts entgegengerollt kommt.

... bei Regen nahe Grafton Notch

Eine Crew junger Trailmaintainer bei Baldpate Mountain (alles Juni 2008)

Als ich allerdings aus der Notch herausstolperte, war ich so froh, meine Beine wieder auf normale Weise einsetzen zu können, dass ich die 1,4 Meilen Mahoosuc Arm hinauflief, als sei's nix – das hätte senkrecht hochgehen können, mir war das vollkommen egal. In 45 Minuten bin ich die 458 Höhenmeter mit Tourenrucksack am Buckel auf den Gipfel des Berges hinaufgerauscht.

Oben geht es über einen kurzen Abstieg hinunter zu Speck Pond, der dort in einer Bergmulde eingebettet recht hübsch liegt, und daran vorbei schließlich auf und über Old Speck Mountain, dem 777 Höhenmeter Abstieg hinunter nach Grafton Notch folgen.

Auf der anderen Seite der Notch folgt ein erneuter Anstieg von 670 Höhenmetern auf den Westgipfel von Baldpate Mountain. Der Name dieses Bergs ist Programm: oben am felsigen Gipfel ist er tatsächlich abgerundet und kahl wie eine Fliegenglatze, von der aus sich ein herrlicher Ausblick in die weit ausladende Berg- und Seenwelt Maines bietet, die wie unberührte Wildnis rings unter einem liegt. Die dünn besiedelte Landschaft hat nun deutlich nordische Züge, dass man nicht umhin kann, an Skandinavien zu denken.

Es gibt in den Talmulden viele Laubbäume, vor allem große Zahlen an Birken, besonders, je feuchter die Gegenden werden.

Auf den Bergrücken aber dominieren wie schon seit Vermont und New Hampshire Nadelhölzer in überwältigenden Mengen.

Aussicht beim Abstieg von Baldpate Mountain;

Margie Towne, *Honey*, vom Hostel *The Cabin* bei Andover

Dem zweiten, etwas höheren Gipfel, der nach einem Sattel überstiegen wird, folgt ein über fünf Meilen langer Abstieg mit Übersteigen von Surplus Mountain mittendrin hinunter in die nächste Talschneise zur East B Hill Road.

Dort geht es nach acht Meilen in östlicher Richtung zur Ortschaft Andover, in deren Nähe sich wieder ein echter AT Hostelklassiker befindet: *The Cabin* von *Honey and Bear*.

Das urgemütliche Hostel der Townes hat über die Jahre einen so guten Ruf in AT Hikerkreisen erworben, dass so mancher extra nach nur drei Tagen Wegemarsch von Gorham kommend in Andover einkehrt, um Zwischenstation bei Margie und Earle Towne machen zu können.

Tatsächlich ist das auch gar keine so schlechte Idee, denn so kann man mit bedeutend leichterem Rucksack die Mahoosucs überwandern, weil maximal drei Tagesrationen Proviant ausreichen; im Gegensatz zu sechs bis sieben Rationen bis zur nächsten Einkehr in Rangeley.

Bei meinem Northbound war Proviant bis Rangeley im Rucksack, daher wanderte ich weiter, zumal ich ja erst zwei Tage in Gorham verbracht hatte und nun einige Meilen zurücklegen wollte. Als ich southbound in die Gegend kam, wäre zwar vom Proviant her noch die Etappe bis Gorham möglich gewesen, aber diesmal wollte ich mir The Cabin nicht entgegen lassen. Außerdem hatten die Renauds von *The Appalachian Trail Lodge* in Millinocket mich bei den Townes angemeldet, sodass die beiden damit rechneten, dass ein Southbounder bei ihnen vorbeikommt.

Im Juni war die ohnehin nicht sehr befahrene East B Hill Road sogar noch mehr als ausgestorben – die Straße war praktisch hochgeklappt. Daher musste ich die acht Meilen zu Fuß bei Regen nach Andover marschieren.

The Cabin war's aber mehr als wert! Abgesehen von dem supergemütlichen, heimeligen Ambiente, bei dem man sich sofort pudelwohl fühlt, gibt es in den Hostelräumen zahlreiche Ordner mit Logbüchern zum Hostel, in denen sich wohl Tausende von strahlenden Hikern verewigt haben. Beim Thema Abschiednehmen war das Credo immer dasselbe: *"Please – you can't make me leave!!! ~ Chach"*

Das konnte ich mir sehr gut vorstellen, zumal ich *Chach* vom vergangenen Jahr her kannte – wir hatten auf Springer Mountain in Georgia nebeneinander gezeltet, uns dann erneut in Hot Springs, North Carolina, getroffen. Danach bekam ich über die Shelterlogs mit, dass sie mit drei weiteren Hikern *The Pain Train* bildete, denn die Gruppe hatte die schmerzhafte Neigung gemeinsam, fürchterliche Wasserblasen an den Füßen zu entwickeln.

Trotz aller Widrigkeiten erreichte auch *The Pain Train* Mount Katahdin. Doch dazu sind solche Hosteljuwelen wie *The Cabin* mit ihren warmherzigen Gastgebern überlebenswichtig.

Weiter geht es die langgezogene Bergkette aus Wyman- und Hall Mountains mit jäh abfallendem, steilen Weg hinunter in die Sawyer Notch, der Moody Mountain folgt, auf dem man die erste von insgesamt zwei Stellen am Trail in Maine findet, wo sogenannte *crowbars* in den Felsen hineingetrieben worden sind, an denen man wie auf einer Leiter nach oben oder hinabsteigt. Die zweite Stelle ist beim Aufstieg auf Mount Katahdin.

Moody Mountain soll nach einem Mann namens Moody benannt worden sein, der dort von einem Felsvorsprung abgestürzt ist und dabei zu Tode kam. Die An- und Abstiege über diesen Berg sind tatsächlich recht steil. Nach Moody Mountain folgt auf zwölf Meilen die Bemis Range mit Old Blue-, Elephant- und den vier Bemis Mountain Gipfeln, die mit Ausnahme von Elephant Mountain, an dessen Flanke der Trail entlangführt, in Achterbahnmanier überwandert werden. Auch Bemis Mountain bietet zum Norden hin sehr schöne Panoramen.

In den Shelterlogs wird man immer öfter Einträge in französischer Sprache vorfinden, denn es kommen Wandergruppen mit Jugendlichen aus der kanadischen Provinz Québec in die Gegend, von denen einige ganze Aufsätze in den Logs hinterlassen, in denen fröhlich en détail vom ganzen Tagesablauf plus Wetter berichtet wird. Die lassen sich da nicht lumpen. Nix da mit: *"in for water"*, oder noch kürzer: *"in for H_2O"*, was bei AT Hikern nach einer gewissen Zeit am Trail einreißt.

Die Bemis Range endet schließlich nach dem Abstieg in eine weitere Talschneise, in der man Bemis Stream quert. Mittlerweile dürfte aufgefallen sein, dass es in Maine bei fließenden Gewässern keine Brücken gibt, mit Ausnahme von einer Fußbrücke im südlichen Teil. Abgesehen davon, dem Fährservice am Kennebec River und Abol Bridge am nördlichen Ende der Hundred Mile Wilderness, über die eine sehr breite Forststraße für den Schwerlastverkehr der

Aussichten bei und auf Bemis Mountain

örtlichen Holzindustrie führt, wird in Maine durch alle Flüsse, Ströme und Bäche gewatet. Definitiv vorbei sind die Zeiten, wo es vom Süden bis nach Vermont hinein extra Fußbrücken über Gewässer gab. Nun geht es mitten durchs Wasser!

Es folgt eine 13 Meilen lange Etappe durch feuchtere Gebiete mit reichlich matschigem Trail und streckenweisem Plankenlaufen, wie man es schon in New Jersey, Massachusetts und Vermont kennengelernt hat. Dabei geht es am kleinen Moxie- und Long Pond vorbei, gefolgt von Sabbath Day Pond und weiter zu Little Swift Pond, wo mitten auf der Strecke direkt am Trail ein Privy mit Shelterlog steht. Schließlich kommt noch South Pond am Wegrand, nach dem zwei Meilen weiter nördlich eine Landstraße erreicht wird, die neun Meilen westlich in die hübsche Kleinstadt Rangeley führt.

Dort gibt es einen schönen alten General Store, in dem man wunderbar stöbern kann. Zum Glück hat der Ort auch ein Postamt, für die an Sicherheit grenzende Wahrscheinlichkeit, dass man Souvenirs findet. Im Geschäft hängt außerdem deutlich sichtbar beim Kassenbereich ein herrliches Schild, das ich mir in Deutschland in jedem Einzelhandel wünschte, und zwar mit prompt folgenden Konsequenzen: *"Unattended children will be given lots of cappuccino and a free puppy."* Unbeaufsichtigte Kinder bekommen viel Cappuccino und einen gratis Welpen –

am besten gleich die XXL-Thermoskanne mit zuckersüßem, trinkfertigem Cappuccino bereitstellen, das dürfte fürs erste schon reichen, um rücksichtslose Eltern zu erziehen ...

In der Nähe von Rangeley gab es bis 2008 eine herrlich gelegene Einkehrmöglichkeit in Bob O'Briens *Gull Pond Lodge*, die idyllisch im Grünen direkt am Gull Pond lag, der tatsächlich die Größe eines bayerischen Voralpensees hat.

Die Lodge selbst war ein schmuckes, zweistöckiges Holzgebäude mit weißen Fensterrahmen, wie sie von Baustil her typischerweise in Neu-England vorkommen. Es gab drumherum einen großen Garten mit Wiese, eine Grillgelegenheit und einen Privatsteg in den Pond, wo auch ein Kanu zum Paddeln bereitstand.

Bob O'Brien war ein ungemein angenehmer, älterer Herr mit einer sehr feinen Art, bei dem die Bezeichnung *Gentleman* seine Person passender trifft, und der außerdem einen köstlichen Humor hatte.

Als er uns Hiker durchs Haus führte, kamen wir im Eingangsbereich beim Wohnzimmer an einer großen Couch vorbei, auf der seine braune Labradordame es sich gerade gemütlich gemacht hatte.

Ohne den Ton zu wechseln, bemerkte Bob im Vorbeigehen: "*And this is Gwendy. You can see how well trained she is in keeping off the furniture.*"

Mooselookmeguntic Lake; Rangeley und Rangeley General Store

Gull Pond, von Bob's Garten aus gesehen; Bob O'Brien (re.) und Hiker

[Und das ist Gwendy. Man sieht wie gut sie erzogen ist und von den Möbeln wegbleibt.]
Im Treppenhaus hingen Photos von Bob's Enkelkind im Krabbelalter, das auf dem Steg am Pond überraschend Bekanntschaft mit einem Elchkalb gemacht hatte. Beide, ein fröhlich strahlendes Kleinkind und ein neugieriger Elch mit langgestrecktem Hals, beschnupperten sich auf den Photos gegenseitig hochinteressiert.
Oben in den Zimmern, die Bob vermietete, lagen auf den weißbezogenen Kopfkissen je ein in durchsichtiger Zellophanfolie verpacktes Pfefferminzbonbon: rotweiß-gestreift und rund, genau so, wie das Bonbon, das ich im April in North Carolina erhalten hatte.
– North Carolina! Meine Güte, was schien das lange her!
Bob O'Brien ist in jüngeren Jahren selbst den Appalachian Trail gewandert, weshalb er sich nicht nur mit der Umgebung um Rangeley auskannte, zu der er Shuttledienste hin zu verschiedenen Traileinstiegen anbot, er wusste natürlich auch, was AT Hiker bei einer Einkehr zu erledigen haben.
Es wird einem sehr oft entlang des Trails auffallen, dass manche Hostels oder andere Unterkünfte von Leuten betrieben werden, die selbst AT Thru-hiker sind. Das Schöne dabei ist, dass nicht viel erklärt werden muss, was benötigt wird; der Service wird unkompliziert organisiert.

Auf dem Appalachian Trail geht es nach dem Abstecher in Rangeley weiter über die Saddleback Range, einer Gebirgskette von drei Berggipfeln, bei denen es über längere Etappen hinweg herrliche Panoramaaussichten gibt. Diese Range muss man unbedingt bei schönem Wetter

wandern, denn das Erlebnis ist absolut schön.

Nachdem es bis Katahdin nur noch 220 Meilen sind, ist es ratsam, schlechte Witterung besser in Rangeley auszusitzen, als diese Etappe in einer Waschküche aus Regen und Nebel zu laufen – vorausgesetzt, es geht von der Zeit her nicht schon auf Ende September zu, sodass man zusehen muss, Katahdin rechtzeitig zu erreichen.

Bei meinem Northbound war das Wetter unbeständig, mit einem Wechsel aus Sonne und Bewölkung. So habe ich die Saddleback Range in einem Wettermix erlebt. Das Jahr darauf gab es strahlenden Sonnenschein, was die Wanderung dort zu einem tollen Erlebnis machte.

Der Saddleback Range folgt natürlich eine weitere Gebirgskette mit den Lone-, Spaulding- und Sugarloaf Mountains, wo man erneut Aussichtsgelegenheiten in die umgebende Bergwelt erhält.

Sugarloaf Mountain hat im Winter ein populäres Skigebiet, von dessen Pisten man beim Wandern auf dem AT nichts mitbekommt, denn der Trail biegt unterhalb des Gipfels westlich ab und führt ins Caribou Valley hinunter. Beim Abstieg ist die letzte halbe Meile so steil, dass man konzentriert mit Hilfe von Felsen, Wurzeln und Baumstämmen steigen muss, bis man unten Carrabasset River erreicht, der anschließend gequert wird.

Saddleback Range und Thru-hiker, 2007

Ist der Fluss gequert, kommt schon der nächste Anstieg über die beiden bewaldeten Crocker Mountain Gipfel, die voneinander durch eine Sattelmulde getrennt sind.

Vom nördlichen Gipfel geht es auf gut 850 Höhenmetern in die nächste Talschneise hinunter. Beim Abstieg hat man im oberen Drittel immer wieder einmal eine herrliche Aussicht zum Westen hin, bevor es wieder durch geschlossenen Bergwald ins Tal geht.

Auf den nächsten sechzehn Meilen folgt die Bigelow Range mit den 'Großen' und den 'Kleinen' Bigelows. Ein Anstieg von 853 Höhenmetern über mehrere Berggipfel vorbei an The Horns führt hinauf auf den freien Westgipfel von Bigelow Mountain und nach einer engen Sattelmulde schließlich noch auf Avery Peak, der 1953 zu Ehren von Myron Avery umbenannt wurde. Dort oben steht ein Aussichtsturm, doch man hat auch so einen atemberaubenden Blick auf die Landschaft um einen herum und den herrlich gelegenen Flagstaff Lake, dessen gewaltige Ausmaße von Avery Peak aus erst richtig zu sehen sind. Es ist ein traumhafter Anblick!

Aussicht nach Osten von Crocker Mountain und nach Westen beim Abstieg auf der Nordseite; die Bigelow Range und Avery Peak, dahinter die Kleine Bigelow Range

Die Kleine Bigelow Range und Flagstaff Lake, von Avery Peak aus gesehen; Flagstaff Lake

Beim Abstieg muss man noch über die bewaldete Kleine Bigelow Range hinüber, dann erreicht man die Talschneise und das Ufer von Flagstaff Lake.
Dieser See hat einen schönen Strand, der viele Hiker dazu verführt, in unmittelbarer Nähe eine Campstelle für die Nacht zu suchen. Angesichts der Feuchtigkeit aber, die sich in der Nähe von Gewässern als Kondenstropfen an den Innenzeltwänden sammelt, war das nicht so sehr meine Sache. Etwas anderes ist es, wenn Shelter sich bei Seen oder Ponds befinden, denn die Körperwärme hält den Schlafsack trocken. Eine schöne Rastgelegenheit aber sind diese Seen allemal.

Die nächsten knapp 20 Meilen sind vom Wanderterrain her eher angenehm mit kleineren An- und Abstiegen. Außerdem geht es wieder durch feuchteres Gebiet mit vielen Ponds unterschiedlichster Größen und Beschaffenheit: einige sind echte Moorteiche, andere wieder wie Gebirgsseen.
Zunächst aber übersteigt man einen kleinen Berg, nach dem die geteerte Long Falls Dam Road erreicht wird. Auf diesem Backcountry Road steht genau an der Stelle, bei der der AT sie kreuzt, in der Mitte der Fahrbahn mit weißen Lettern: 2000 MI.
2000 Meilen Appalachian Trail! – Gut, eigentlich hat man die tatsächliche 2000-Meilen-Grenze bereits beim Aufstieg auf die Bigelow Range überschritten, doch ähnlich wie schon in Pennsylvania beim Halfway Marker dient diese Stelle als symbolischer Marker. Nun ist man von der gewanderten Wegstrecke her ein *2000 Miler*.
Appalachian Trail Hiker, die den gesamten Trail gewandert sind, werden offiziell *2000 Milers* genannt, da der AT seiner Umroutungen wegen einmal mehr oder weniger Gesamtmeilen hat, doch niemals unter die 2000 Meilenmarke fallen wird.
Das ist natürlich eine Stelle, an der die Kamera gezückt wird: 2000 miles, baby!

Bei meinem Northbound erreichte ich die Long Falls Dam Road gegen acht Uhr abends, als es bereits dunkel war. Wie ich meinen Rucksack auf der Straße knipsen wollte, kam aus westlicher Richtung ein Kombi, der sofort anhielt. Aus dem Wagen stieg ein sehr nettes, junges Ehepaar. Christian und Christine, wie sie sich sogleich bei mir vorstellten, boten mir ihre Hilfe beim Fotografieren an. Auf dem Rücksitz im Kombi lag friedlich schlummernd ihre kleine Tochter Christina in der Babyschale.

Es war so rührend, wie die beiden sich für mich freuten und schier aus dem Häuschen gerieten, dass ich es bis hierher geschafft hatte. Sie überlegten fieberhaft, was sie mir nur schenken könnten, um die Gelegenheit gebührend zu feiern. Als ich abwehrend auf meinen vollen Rucksack deutete, kam Christine vom Auto mit einem Becher selbstgemachtem, eiskaltem Eistee zurück, der absolut herrlich schmeckte.

Zum Abschied umarmten die beiden mich herzlich und wünschten mir alles erdenklich Gute für den restlichen Weg bis Katahdin.

Als ich im folgenden Jahr southbound unterwegs war, hielt wieder ein Auto an, während ich auf der Straße Photos machte. Diesmal entstieg ein älteres Ehepaar, das mir erfreut gratulierte und mir gleich einige Bananen für die Bigelow Range mit auf den Weg gab.

Diese Landstraße liegt in einer sehr entlegenen Gegend, in der sich praktisch Fuchs und Hase Gute Nacht sagen – da ist es schon ein Glücksfall, einmal ein Auto anzutreffen. Doch gleich zweimal hintereinander ein solches Glück zu haben, das ist doch ein Ding! Ganz zu schweigen davon, dass Leute mit Kleinkind im Auto bei Dunkelheit wegen einer unbekannten Hikerin anhalten, um beim Photoknipsen zu helfen.

Überhaupt: Es ist immer wieder überwältigend, welchen positiven Anteil Amerikaner einem als Thru-hiker entgegenbringen für die Leistung, die man in ihren Augen vollbringt. Sie freuen sich mit, ja, sind sogar richtig stolz auf das, was man da macht.

Derartig beflügelt wandert man gleich mit deutlich beschwingten Schritten weiter!

Es folgt eine kurze Wanderung über Roundtop Mountain und danach entlang am wildschön gelegenen West Carry Pond, der ein morastiges Ufer hat und sicherlich einige Biberpopulationen.

Weiter auf dem AT kommt man drei Meilen danach in das Arnold Sumpfgebiet, wo man mit einem Mal am Ufer eines größeren Moorweihers steht, der ringsum mit dichtestem Gestrüpp in sehr feuchtem und morastigen Boden bewachsen ist.

Durch diesen Weiher sind zu Beginn zickzackförmig Holzplanken gelegt, über die man zum anderen Ufer hinübergeht. Theoretisch.

Als ich dort im August 2007 ankam, waren die Planken mit dem torfbraunen Wasser des Teichs leicht überspült und schwammen sogar noch etwas wackelig unter dem Wasserspiegel, was ich zu meiner Bestürzung schnell herausfand, als ich probeweise mit dem Fuß ein Plankenende am Ufer auf seine Stabilität testete und das hintere Ende augenblicklich aus dem Wasser hochragte, während das Ende bei mir unterging.

Oh oh oh – was tun? Um den kleinen Moorweiher herumgehen ist absolut unmöglich: der einzige Weg führt über die Planken quer hindurch. Mit dem vollen Rucksack aber war ganz klar auch kein Hinüberkommen auf den überspülten Planken drin – am Ende wäre ich noch in dem morastigen Teich gelandet, bei dem man sowieso nicht abschätzen kann, wie tief er überhaupt ist.

Daher teilte ich den Inhalt meines Rucksacks in fünf Häufchen, testete anschließend die Strecke ohne Ausrüstung und kehrte dann zurück, um mein Zeug auf fünf Mal ans andere Ufer hinüberzutragen. Dort sah mir ein AT Hiker interessiert von seinem Zelt aus zu, der genau neben dem Trail campte.

Auf die Frage, wie er denn über die überspülten Planken zum anderen Ufer gekommen sei, erzählte er mir ungerührt, dass er die Strecke gestern bei Dunkelheit mit der Stirnlampe am Kopf gelaufen wäre und gar nicht bemerkt habe, was mit den Planken los sei.

Ah ja ...! – Harte Burschen da draußen am Trail, echt wahr!

Vor meinem Southbound erkundigte ich mich Ende Mai beim MATC (Maine Appalachian Trail Club) nach dem Zustand der Strecke, nicht, dass ich da ankam und alles wegen der Schneeschmelze und/oder vorangegangener Regenfälle hoffnungslos überschwemmt und unpassierbar sei.

Doch man versicherte mir, die Stelle sei in Ordnung, was sich auch tatsächlich als richtig herausstellte: diesmal waren sogar die Planken frei. Der Fußtest ergab, dass die erste Planke zudem stabil lag, sodass ich mit großem Vertrauen loslief und dabei möglichst schnell hinüberwollte. Kurz vor dem anderen Ufer kam die Zickzackstelle, an der ich durch meinen hastigen Schritt das Gleichgewicht verlor und mit einem Bein bis zum Knie im Moorteich landete.

Augenblicklich lief der Bergschuh mit dem torfbraunen Wasser voll. Zum Glück passierte das Missgeschick schon ziemlich in Ufernähe, sodass ich unter Einsatz meiner Teleskopstöcke mit dem rechten Bein noch auf der Planke und dem anderen im Morast zum Ufer hoppeln konnte. – Aber was für eine Schweinerei!

Flagstaff Lake; Long Falls Dam Road mit 2000 Miles Marker; West Carry Pond; Trail bei West Carry Pond und Arnold Swamps

Mein linkes Bein war vom Schuh aufwärts über die Gamasche bis unters Knie vollgekleistert mit einer dicken, schwarzbraunen Schlammschicht. Da half nichts als das Ganze mit dem braunen Wasser abzuwaschen, dass zumindest der Schlamm wegkam. Glücklicherweise klebte kein Blutegel an mir, denn die gibt es in einigen der Gewässer in Maine obendrein.

Als Northbounder läuft man nach den Arnold Swamps kurze Zeit später am East Carry Pond entlang, dann über die Bates Ridge und hinunter zu Pierce Pond, der idyllisch wie ein Waldsee liegt. Dort gibt es ein Lean-to direkt am Ufer.
Einige dieser 'Ponds', die ja recht riesig sein können, laden natürlich zum Schwimmen ein, denn viele haben tatsächlich auch Seencharakter mit klarem Wasser und Sandstrand.
Allerdings ist Vorsicht geboten, denn die Ponds in Maine haben Unterwasserblasen in denen sich deutlich kälteres Wasser mit einer Temperatur von 4,5 Grad Celsius hält. Das hat 2012 zu einem Todesfall geführt, als ein Hiker kopfüber in den Pierce Pond gesprungen ist, um sich im Wasser zu erfrischen und vom plötzlich wechselnden Temperaturunterschied einen Schock erlitt und ertrank.

Ferryman am Kennebec River

Von Pierce Pond, der bei Einheimischen ein beliebtes Ausflugsziel ist, wandert man etwa dreieinhalb Meilen zum Kennebec River hinunter.
Dort gibt es einen Fährdienst für AT-Hiker, den die ATC zusammen mit dem MATC eingerichtet hat und unterhält.
Der Kennebec River sollte auf keinen Fall zu Fuß gequert werden, denn flussaufwärts wird der breite und oberflächlich ruhig fließende Fluss von einem Elektrizitätswerk aufgestaut, wo die Schleusen zu unregelmäßigen Zeiten geöffnet werden. Befände man sich da gerade mitten im Flussbett beim Queren, käme mit einem Mal eine Wassermenge daher, die einem von unten die Füße wegreißt, dass man gar keine Chance hat, das sichere Ufer rechtzeitig zu erreichen. Der Kennebec River hat zudem einige Stromschnellen unter Wasser, die ein Durchwaten gefährlich machen.

1985 ist ein Hiker dabei ertrunken, als er den Fluss zu Fuß queren wollte; einige andere sind gerade noch so davongekommen.

An beiden Ufern gibt es an einem Baum eine Tafel mit den Fährzeiten und eine Flagge, mit der man dem Fährmann auf der anderen Seite signalisieren kann, übergesetzt zu werden. Der kommt daraufhin mit einem Kanu herübergepaddelt, man erhält eine Schwimmweste und unterschreibt einen Disclaimer, dass im Falle von Kentern oder Ausrüstungsverlust beim Übersetzen nicht die ATC oder der MATC in die Verantwortung genommen wird.

Das ist völlig in Ordnung so, denn der kostenlos eingerichtete Fährservice erspart einem einen Umweg entlang des Ufers zu einer Autobrücke und wieder zurück.

Außerdem hatte ich bei den beiden Malen, die ich mit dem Kanu übergesetzt wurde nicht den Eindruck, dass der Fährmann sein Handwerk nicht beherrschte. Die Überfahrt ist schon ein Erlebnis, aber leider sehr kurz, denn der Fährmann weiß genau, wo und wie lange er gegen Stromschnellen anrudern muss und wann er sie ausnützen kann, um mit wenig Kraftaufwand zur anderen Seite zu gelangen. Für Puristen unter den AT Hikern gibt es extra die white blaze Trailmarkierung auf dem Boden des Kanus.

Vom anderen Ufer des Kennebec sind es angenehme knapp sechs Meilen durch Bergwälder hinauf zu Pleasant Pond, der sehr herrlich eingebettet am Fuß von Pleasant Mountain liegt und in Ufernähe ein Shelter mit Campstelle hat.

Der Pond selbst hat wieder eher Seenqualität, in dem es sich prima zum Erfrischen waten lässt. Im Juni 2008 war das sogar die einzige Möglichkeit, den Blackflies zu entkommen, die am Ufer unerträglich umtriebig waren. Bis zu den Oberschenkeln im Wasser ließ es sich dann einigermaßen sicher aushalten. Am Ufer traf ich einen jungen Holländer in Badehose, der sich am Strand zum Sonnen hinlegen wollte. Der Arme bemerkte schnell, dass das keine gute Idee war, denn die beißwütigen Blackflies setzten auch ihm überall zu. Da ist man ruckzuck wieder in seinen Kleidern, wenn einem soviel Natur auf den Leib rückt!

Nach Pleasant Pond kommt ein zäher Anstieg auf Pleasant Mountain, der nach dem Gipfel treppenartig mit kleinen Anstiegen über jeweils vier weitere Gipfel wieder hinunterführt, allesamt bewaldet, was insgesamt etwas anstrengend ist, auch wenn es von der Karte her gar nicht so aussieht. Man wundert sich hinterher und hat keine Erklärung dafür. Sowas soll vorkommen. Auf der anderen Seite kommt man zum Moxie Pond hinunter, einem riesigen, länglichen Gewässer, das eher ein See sein könnte. Auch hier hat man einen herrlichen Rastplatz, bevor man knapp 520 Höhenmeter hinauf zum Gipfel von Moxie Bald Mountain steigt.

Dieser Gipfel ist komplett frei und felsig mit traumhafter Panoramaaussicht. Auch hier kann

Aussicht von Moxie Bald Mountain; Bald Mountain Pond am Abend

man in vollen Zügen diese wildschöne, nordische Landschaft genießen, die so dünn besiedelt ist, dass man sehr oft den Eindruck hat, in einer totalen Wildnis zu sein, wären da nicht die geteerten Straßen, die in den Talschneisen gekreuzt werden.

Wenn man in Maine unterwegs ist, trifft man vielleicht an einem Shelter noch andere Hiker; in jedem Falle in den Städten entlang der Etappe, aber den Trail selbst hat man bis auf seltene Ausnahmen fast für sich alleine.

Das macht die Wanderung durch Maine für Northbounder umso intensiver.

Von Moxie Bald Mountain aus sieht man schon Bald Mountain Pond am Fuße, zu dem es nun hinuntergeht. Dort gibt es eine schön gelegene Campstelle mit Shelter, wo man abends in der Dämmerung damit Glück haben kann, den eindringlich klagenden Ruf einzelner Loons zu hören. Wenn es ein Geräusch gibt, das einem die Schönheit und die Größe von Wildnis nahebringt, dann wohl der eindringlich-wehmütige Klang dieser Wasservögel, der als einzelner Ruf in der Nachtstille verhallt.
Da lauscht jeder ganz ergriffen.

Ein Tagesmarsch durch ungewohnt angenehmes Terrain, bei dem es allerdings zahlreiche Flüsse zu queren gibt, mit wiederholtem Schuheausziehen, in Campclogs (Crocs) wechseln, durchwaten, Füße abrubbeln, Socken und Schuhe wieder anziehen, bringt einen nahe Lake Hebron schließlich an eine Abzweigung nach Monson.

Monson General Store:
Proviant und Blue Grass

Mit Monson erreicht man seine letzte Kleinstadt in der Nähe des Trails bevor Baxter Peak auf Katahdin bestiegen wird.
Ein letztes Mal also stehen die üblichen Aufgaben in einem Ort an. Post, die von dort weggeschickt wird, nimmt man erst wieder in Empfang, wenn der Trail beendet ist. Auch Proviant wird zum letzten Mal eingekauft. Und ebenso geduscht wird erst wieder, wenn Katahdin bestiegen ist. Diese Gedanken haben eine leise Spur von Wehmut an sich, womit man sich gar nicht erst beschäftigen möchte.

In der Kleinstadt gibt es wieder einen Hostelklassiker, der sich wie schon das *Walasi-Yi*, *the Standing Bear Farm* und das *Kincora*, *The Place*, *Rusty's Hard Time Hollow*, *the Doyle Hotel*, das *Church of the Mountain Hostel*, *the Hiker's Welcome Hostel* und *The Cabin* seit langer Zeit einen Namen gemacht hat. Von Keith Shaw in den siebziger Jahren eröffnet, ist *Shaw's Boarding House* vom Appalachian Trail gar nicht mehr wegzudenken.
In Hikerherzen und -bäuche zugleich hat sich Shaw's Boarding House mit seinem herzhaften Frühstück etabliert, bei dem garantiert keiner hungrig die Stadt verlässt. Nach dem Tod von Keith Shaw ist das Hostel von wechselnden Eigentümern in seinem Sinne fortgeführt worden, wozu das legendäre Frühstück dazugehört.
Bratkartoffeln, gebratene Würstchen und Speck, Rührei und Pfannkuchen - und zwar die dicken amerikanischen! - mit Ahornsirup: *all you can eat*. Einzige Regel: alles, was man sich auf den Teller geben ließ, musste aufgegessen werden.
Was für ausgehungerte Thru-hiker, die von Georgia bis Monson gewandert sind, gar kein Problem darstellt, denn bei dem Appetit, den diese bis dahin entwickelt haben, könnten sie sich den Inhalt eines ganzen Kühlschranks direkt in den geöffneten Mund schütten.

Hundred Mile Wilderness: Bell- und Lily Ponds

Neben Shaw's Traditionshostel gibt es einen kleinen General Store in der Ortschaft.
Der Eigentümer, ein sehr freundlicher, musikliebender Mensch aus dem Bundesstaat Georgia hält jeden Freitag Abend in seinem geöffneten Laden eine Bluegrass Jam Session ab, zu der sich mehrere Hobbymusiker aus der ganzen Gegend einfinden, und dann wird gemeinsam mit Schmackes im Geschäft musiziert!
Die Leute aus der Gegend wissen bereits, wann dort Musik gemacht wird; sollte aber dennoch ein Kunde hereinschneien, wird der Satz zu Ende gespielt, die Kundschaft bedient, und weiter geht's mit der Musik. Das läuft alles ganz entspannt ab.
Langsam schließt sich der Kreis: Georgia - Bluegrass - Maine ...

Nach der letzten Stadteinkehr vor Ende des Trails steht nach drei Meilen, die man noch bis zum Highway 15 wandert, auf der anderen Straßenseite die Etappe durch die Hundred Mile Wilderness an.
Ob das Berg-, Wald- und Seengebiet, durch das der Appalachian Trail auf den nächsten 160 Kilometern hindurchführt, noch eine echte Wildnis im eigentlichen Sinne ist, darüber lässt sich streiten. Sicher aber ist dies: Diese 160 Kilometer führen durch das entlegenste Gebiet auf dem gesamten Trail. Abgesehen von einigen Forststraßen gibt es keinerlei Zufahrtswege, keine Ortschaften in erreichbarer Nähe und auch keine Einkehrmöglichkeiten unterwegs, wenn man vom *White House Landing* am gegenüberliegenden Ufer des Nahmakanta Lake absieht, der nur noch 26 Meilen vom nördlichen Ende der Hundred Mile Wilderness entfernt ist.

Das bedeutet, dass ausreichend Proviant für mindestens sieben Tage (fünf Tage Wilderness plus ein Tag Baxter State Park plus eine Reserve) mitgenommen werden muss. Zudem kontrolliert man in Monson noch einmal gründlich, ob mit der Ausrüstung alles in Ordnung ist, denn ist man erst einmal in der Wilderness, muss man mit dem, was man hat entweder bis zum Ende durchhalten oder nach Monson umkehren.

Wie bereits vom Appalachian Trail gewohnt, führt auch der Weg durch die Hundred Mile Wilderness durch ein riesiges, zusammenhängendes Bergwaldgebiet, das hier und da von einigen Aussichtspunkten und offen liegenden Etappen unterbrochen wird. Hauptsächlich aber wandert man durch Wälder.

Vorbei geht es an den hübsch gelegenen Spectacle-, Bell- und Lily Ponds, denen noch North Pond folgt, dann werden zwei Flüsse gequert, bis man nach den ersten fünfzehn Meilen mit leichteren An- und Abstiegen den Fuß der mächtigen Barren Chairback Range erreicht.
Die hohen, langen Auf- und Abstiege sind wieder zurück! Maine-Terrain in gewohnter Manier: ein langer Aufstieg über 600 Höhenmeter auf teilweise sehr felsbrockenlastigem Trail führt einen auf die lange Gebirgskette hinauf und hintereinander hinüber über mehrere Gipfel mit kleineren An- und Abstiegen, die man wie eine Achterbahnfahrt beständig hinauf- und hinunterwandert.

Birkenrinde mit Flechten und Bunchberry-Pflanzen;
Bunchberries und grünfarbene Baumpilze

Das Ende bildet Chairback Mountain, dessen Höhenprofil im Trailverlauf tatsächlich wie ein leicht nach hinten gekippter Stuhl mit Lehne aussieht, über die man zunächst auf die Sitzfläche hinabsteigt, wobei die 'gekippte' Stuhllehne noch zum Vorgänger Columbus Mountain gehört.
Als ich dort bei meinem Northbound hinunterstieg, kam ich mit der Ferse im Matsch an einer abschüssigen Stelle ins Rutschen. Wie ich im Schlittern noch versuchte, mich zu fangen, kippte ich schon nach hinten und kam mit dem Hintern genau auf einer kleinen Tanne zu sitzen, die sich sogleich nach unten bog, während meine Teleskopstöcke wild durch die Luft flogen. Alle Beteiligten haben diese überraschende Episode jedoch unbeschadet überlebt.

Wasserfall in der Hundred Mile Wilderness, 2007; peinlicherweise habe ich mir nicht gemerkt, wo ...

Ein Abstieg von drei Meilen bringt einen schließlich in eine Talschneise mit dem West Branch Pleasant River, den es zu queren gilt.
Dahinter beginnt eine sehr beliebte Wandergegend, in die viele Wanderer zu Mehrtagestouren strömen: the Hermitage mit der Gulf Hagas Region. Die Bergwelt dort ist wildschön mit einigen herrlichen Aussichtsgelegenheiten und anderen Wanderwegen, von denen einer zu spektakulären Wasserfällen führt.
Wenn man beim Hineinwandern in die Hundred Mile Wilderness schönes Wetter erwischt, ist es wirklich zu überlegen, sich einen Extratag für Gulf Hagas Mountain einzuplanen, wo es abseits vom Appalachian- auf dem Gulf Hagas Trail zu den Wasserfällen geht.
Bei meinem Northbound hatte ich zwar schönes Wetter, bin aber aus Unwissenheit daran vorbeigelaufen. Als ich die Gelegenheit das Jahr darauf nutzen wollte, regnete es Bindfäden.
Tja – c'est la vie!
Man bekommt nicht immer eine zweite Chance, Orte bei schönem Wetter zu sehen.

Die Route des Appalachian Trails führt in einer treppenartigen Abfolge von Auf- und Abstiegen zunächst auf Gulf Hagas Mountain, dann über den nächsthöheren West Peak und von

Blick auf Long Pond (2008); Sonnenuntergangsstimmung von White Cap Mountain aus gesehen (2007)

dort über den etwas höheren Hay Mountain, die allesamt bewaldet sind.

Zuletzt erreicht man auf den höchsten Gipfel der Bergkette White Cap Mountain, von dem sich eine herrliche Aussichtsgelegenheit in die Gegend nordöstlich und nordwestlich bietet.

Auf diesem Gipfel, knapp 73 Meilen vom Ziel entfernt, hat man bei wolkenfreiem Himmel beste Chancen, zum ersten Mal

einen Blick auf Mount Katahdin in der Ferne zu erhaschen.

Dies soll zwar schon an einigen Stellen weiter südlich möglich sein, doch dafür müsste man wohl im Winter oder Spätherbst wandern, wenn der Horizont klar ist und nicht mit den typischen Feuchtigkeitsdunstschleiern bedeckt, die über den Appalachen vom Frühjahr bis in den Herbst schweben.

Auf White Cap Mountain sah ich Katahdin zum ersten Mal wie hinter zarten Schleiern im Abendrot. Das Jahr darauf kam schlechtes Wetter durch die Gegend und der Himmel war wolkenverhangen. Selbst von White Cap Mountain waren keine weiten Aussichten mehr möglich.

Ein etwas längerer Abstieg über 730 Höhenmeter bringt einen hinunter in eine Talschneise, der nach zwei kleineren Bergen angenehmes Wanderterrain durch bewaldetes Gebiet mit mehreren Ponds und herrlich gelegenen Seen führt. Am Ufer von Nahmakanta Lake gibt es einen Baum mit einem Horn, in das geblasen wird, wenn man per Boot zu einer Einkehr in die *White House Landing Wilderness Lodge* auf der anderen Uferseite übergesetzt werden möchte.

Von Nahmakanta Lake sind es allerdings nur noch knapp 50 Meilen bis Baxter Peak auf Katahdin, was bereits einen spürbaren Sog ausübt.

Nach dem angenehmen Waldterrain der Gegend führt ein ungewohnt steiler Anstieg abrupt über Nesuntabunt Mountain hinüber, von dessen Gipfel sich unterhalb eine schöne Aussicht auf Crescent Pond bietet, mit den Rainbow Ledges dahinter und Mount Katahdin schon deutlich näher im Hintergrund.

Nahmakanta Lake

Es geht weiter am Rainbow Lake entlang und über die Rainbow Ledges, auf denen man genau mit Sicht auf Katahdin zuwandert, während es über ihre Felsen hinübergeht. Diese Etappe ist herrlich, mit etwas offenerer Vegetation im Gegensatz zu den dichten Wäldern, die zum Großteil dominieren. Hier erhält man erneut einen guten Eindruck von der wildschönen, nordischen Landschaft Maines.

Katahdin - *der größte Berg* - von Crescent Pond aus gesehen und Rainbow Ledges

Nach den Rainbow Ledges kommt ein letztes Stück durch dichtes Waldgebiet, bis man fünf Meilen danach aus der Hundred Mile Wilderness auf eine breite Forststraße herausstolpert. Abol Bridge, die hier über den westlichen Arm des Penobscot Rivers führt, ist erreicht.

Von hier sind es nicht einmal mehr fünfzehn Meilen bis zum nördlichen Endpunkt des AT. Abol Bridge hat einen privaten Campingplatz mit kleinem Campstore, wo man kleinere Käufe in letzter Minute erledigen kann, bevor es in Baxter State Park hineingeht.
Eis, kalte Getränke und allerlei Snacks sind nun in jedem Fall willkommen, während man bei guten Wetterverhältnissen von der Brücke aus einen schönen Blick auf Mount Katahdin genießt, der sich hier eindrucksvoll zu mächtiger Größe erhebt.

Der Name Katahdin ist abgeleitet aus der Sprache der Abenaki Indianer, die den Berg *Kette-Adene* genannt haben, was 'der größte Berg' bedeutet.
Und groß ist dieser enorme Berg mit seiner breiten, tafelartigen Südflanke tatsächlich: auf 1.605 Metern erhebt er sich mächtig aus einem ihn umgebenden Meer dichter Wald- und Seenwildnis am Boden als einziger, von weithin sichtbarer Granitblock bis weit über die Baumgrenze hinaus.
Katahdin ist der höchste Berg im Bundesstaat Maine, der europäischen Siedlern bereits ab 1689 bekannt war, als er in einem Reisebericht erstmals beschrieben wurde. Charles Turner gelang im Jahr 1804 die Erstbesteigung des Bergs, und am 19. August 1933 schließlich wurde Mount Katahdin Teil der AT-Geschichte: Shauler Philbrick, Albert Juckman und Frank Schairer stiegen hinter Myron Avery mit seinem Vermessungsrad auf Baxter Peak hinauf, wo

sie ein Schild mit Entfernungsangaben anbrachten und damit die Trailetappe offiziell eröffneten.
Avery kommentierte den Augenblick mit den Worten: "*Nail it up.*" – Mach's fest!

Heute befindet sich der Berg im geschützten Baxter State Park, der nach Percival Proctor Baxter benannt ist.
Der Mann war in den zwanziger Jahren des letzten Jahrhunderts Gouverneur von Maine. Er erwarb zwischen 1931 und 1962 stückweise das Land, das heute den 809 Quadratkilometer großen Naturpark bildet und vermachte es den Bürgern von Maine mit der Auflage, dass das Land geschützt und für kommende Generationen erhalten werde.

> "*Man is born to die. His works are short lived.*
> *Buildings crumble, monuments decay, wealth vanishes.*
> *But Katahdin in all its glory forever shall remain*
> *the mountain of the people of Maine.*"
> Percival P. Baxter

> ["Der Mensch lebt um zu sterben.
> Seine Werke sind von kurzer Dauer.
> Bauwerke zerfallen, Monumente vergehen,
> Reichtum verschwindet.
> Aber Katahdin in all' seiner Herrlichkeit
> soll auf ewig der Berg der Bürger von Maine sein."]

Keine zehn Meilen von Abol Bridge aus bringen einen auf weiterhin angenehmem Terrain vorbei an einigen Moorteichen und fließenden Gewässern zu den offiziellen Campstellen am Einstieg zum Berg.
Gleich nach Abol Bridge beginnt das Parkgebiet, in dem wild Zelten nicht gestattet ist. Der Park hat einige Regeln, die es zu beachten gilt. Alle offiziellen Campstellen sind gebührenpflichtig, was dem Erhalt des Parks zugutekommt.

links:
Shelterlife in der
Hundred Mile Wilderness
und Trailetappen
an deren nördlichen Ende

rechts:
West Branch of Penobscot River
bei Abol Bridge

Seit einiger Zeit ist es nun auch für Northbounder am AT Pflicht, sich vorab ein backcountry permit für den Park zu beschaffen, wobei weitere Änderungen hier noch zu erwarten sind.
Um Katahdin zu besteigen, muss man sich bei der Rangerstation am Fuß des Einstiegs über den Hunt Trail, auf dem der AT zum Gipfel führt, registrieren. Dort bezahlt man auch seine Campgebühr für die kommende Nacht.
Als Northbounder kommt man meist am frühen Nachmittag zur Campstelle im Park, sodass ein Aufstieg am selben Tag nicht mehr möglich ist. Bis zu Baxter Peak hinauf ist es eine Wegstrecke von etwas über fünf Meilen einfach, wobei 1280 Höhenmeter erstiegen werden.
Im September beginnt in Maine der Sonnenuntergang nach sechs Uhr; das schafft man in beiden Richtungen nicht mehr rechtzeitig vor der Dunkelheit.
An diesem Vortag vor dem großen Finale lässt man es daher gemütlich ausklingen und ruht sich im Park an der Campstelle aus, wo man sich ohnehin mit anderen Northbounern angeregt austauscht. Im September trudeln jeden Tag neue Nobos ein, die am Tag darauf ihre große Wanderung von Georgia nach Maine abschließen.
Noch kann es keiner so richtig fassen – bei einigen kommt erste Aufregung hoch, andere dagegen sind noch ganz entspannt; aber jeder hat die allerbeste Laune und freut sich auf den nächsten Morgen.

Als wir noch im Süden unterwegs gewesen waren und jedem erstmals dämmerte, welche Duftnoten man beim tagelangen Wandern ohne Dusche so entwickelt, hörte ich, wie *Robo* und *Turtle* in einem Shelter in North Carolina davon sprachen, was sie nach dem Ende ihrer Wanderung mit der Hikerkleidung anzustellen vorhatten:

Turtle: "*After I'm done in Maine, I will burn my hiking clothes.*"
Robo: "*I will bury them in my backyard.*"
Turtle: "*Yeah, and immediately a sign will pop up that says: superfundsite!*"

[*Turtle*: "Wenn ich fertig bin in Maine, werde ich meine Hikerkleidung verbrennen."
Robo: "Ich werde sie in meinem Garten vergraben."
Turtle: "Oh ja, und sofort wird ein Schild aufspringen, auf dem steht: Verseuchungsgebiet!"]

Als ich am 7. September 2007 vor dem Anstieg in aller Herrgottsfrühe aufwachte, hielt mich nichts mehr im Schlafsack. Ich packte leise zusammen, frühstückte und war dann startbereit. Am Einstieg von allen Wanderwegen auf Katahdin hängt ein Register, in das man sich sowohl beim Aufstieg als auch beim Herunterkommen einträgt, damit die Ranger wissen, ob sie ausschwärmen und jemanden suchen müssen, der oben am Berg womöglich verunglückt ist.
An dem Tag war ich die erste, die sich um 5 Uhr 30 im *Hiker Roster* des Hunt Trails eintrug. Der Aufstieg geht gleich sehr steil los über teils großfelsige Strecken, bei denen man mit den Händen mithelfen muss, um sich hochzuziehen. Etwas mehr als die Hälfte davon wird noch im Bergwald bewerkstelligt, bis man über die Baumgrenze hinaussteigt und sich nackter, wettergeformter Granitfels fast senkrecht vor einem auftürmt.
Dort gibt es zwei Eisenstreben im Fels, die genau so angebracht sind, dass man sie zuerst als Haltegriff und anschließend als Fußtritt nutzt, während man dort hochklettert. Spätestens an dieser Stelle, dem Wegabschnitt 'Hunt Spur' wird sehr deutlich, warum Mount Katahdin bei Schnee und Eis gesperrt ist. Auf den Photos, die den Berg in Ganzansicht zeigen, ist nicht zu sehen, wie gefährlich ein An- oder Abstieg unter solchen Konditionen zweifellos ist – nun, mit den blanken, steil abfallenden Felsen direkt vor einem, erübrigen sich weitere Fragen.
Die ausgesetzte Hunt Spur über den flechtenbewachsenen Granit mit gelegentlichen Kraxeleien führt etwas mehr als 380 Höhenmeter hinauf, bis bei The Gateway eine Art Tafelebene auf dem Berg erreicht wird. Vorbei an der Thoreau Quelle, benannt nach dem amerikanischen Naturschriftsteller Henry David Thoreau, der in den 1840er Jahren sein Glück mit Katahdin versucht hatte, ist es nicht mehr weit zu Baxter Peak und dem großen braunen Holzschild, das den nördlichen Terminus des Appalachian National Scenic Trails markiert.

Katahdin Stream Falls; Hunt Trail und Beginn der Hunt Spur nach der Baumgrenze mit Blick nach unten zur Landschaft am Fuß des Bergs

... letzte Etappen der Hunt Spur und Tablelands auf dem oberen Bergplateau – 01. Juni 2008

KATAHDIN
Baxter Peak - Elevation 5267 ft
Northern Terminus of the
APPALACHIAN TRAIL
A Mountain Footpath extending over
2000 Miles to Springer Mtn Georgia

Es folgt eine Reihe von südlich am AT gelegener Ziele. Dann als letzte Zeile:
Maine Appalachian Trail Club

Um exakt 9 Uhr 31 und 33 Sekunden berührte ich mit klopfendem Herzen das Holzschild. Vom Osten her ergossen sich goldgelbe Sonnenstrahlen über den felsigen Gipfel und die atemberaubend wildschöne Landschaft am Fuß des Berges, mit ihren dichten, schier bis ins Unendliche reichenden Wäldern und den zahlreichen Seen und Ponds.

Es hat sich unter AT Thru-hikern längst als Brauch etabliert, auf Springer Mountain einen kleinen Stein in den Rucksack zu geben und ihn die gesamte Strecke bis Katahdin mitzunehmen, wo man ihn dann auf Baxter Peak beim Holzschild ablegt.

Blick über das *Knife's Edge* von Katahdin nach Osten,
07. September 2007

Ich habe diesen Brauch etwas abgeändert und statt eines Steins eine kleine Kuhglocke im Rucksack getragen, an der eine Schleife mit bayerischen Rauten in weiß-blau befestigt war. Diese Kuhglocke habe ich am Fuß des Holzschilds auf Baxter Peak befestigt.
Dasselbe machte ich im Jahr darauf mit einer neuen Kuhglocke, die ich von Maine bis Georgia im Rucksack trug und auf Springer Mountain zurückließ.

Obwohl man genau weiß, dass man die letzte weiße Trailmarkierung des AT erreicht hat und damit jede einzelne Meile der gesamten Länge tatsächlich gelaufen ist, bleibt es doch wie zu Beginn der großen Wanderung unmöglich, sich diese Distanz von 3.500 Kilometern vorzustellen, sie gedanklich greifbar zu machen.
Die Luftlinie Oberstdorf im Allgäu bis Westerland auf Sylt beträgt 846,1 Kilometer, was 525,6 Meilen entspricht. Das Ganze mal vier genommen und man hat die Länge des Appalachian Trails – also zweimal von Südbayern nach Sylt und zurück auf direkter Linie.
Und trotzdem bleibt das Ganze nicht recht fassbar.

Ab jetzt macht es allerdings einen Unterschied, wenn man mit seinem Trailnamen unterschreibt und gewohnheitsmäßig dahinter oder darunter das Richtungskürzel angibt.
Was bis vor Baxter Peak lediglich eine bloße Richtungsangabe war, ist nun vollendete, vollbrachte Tatsache, gleich einer ehrlich verdienten Auszeichnung hinter dem Trailnamen:

GA – ME

Georgia nach Maine

Ab jetzt bedeutet dieses Kürzel, dass man die gesamte Strecke über 3.500 Kilometer von Georgia nach Maine tatsächlich und vollständig gelaufen ist:

auf einem Weg,
durch vierzehn Bundesstaaten hindurch
und mit fünf Millionen Schritten.

Epilog

Auf Baxter Peak (oder auf Springer Mountain, wenn man nach Georgia gewandert ist) wartet kein Topf aus Gold; es gibt auch kein plötzliches Ta-Daaah-Ereignis: aber dort oben begreift man, dass es die ganze Zeit über nicht nur um das Ziel gegangen ist.

Es sind von außen her alle Erlebnisse, Eindrücke, Etappen und Begegnungen unterwegs, die zu einem Teil des Ganzen geworden sind und die einen innerlich, ohne dass man es bemerkt hat, im Laufe der langen Wanderung verändert haben.

Dazu kommt noch etwas Ungreifbares, Unerklärbares, das in dieser Zeit hinzugekommen ist.

Man macht sich keinen Begriff, was während eines Thru-hikes unbemerkt im Hintergrund mit einem geschieht, während man meint, lediglich einen langen Wanderweg zu wandern, der einige Monate dauert.

Man hat noch nicht die blasseste Ahnung davon, wenn man zum ersten Mal aufgeregt mit neuer Ausrüstung und eingelaufenen Bergschuhen am Einstiegstrail steht und es kaum erwarten kann, dass das große Abenteuer losgeht, bei dem man natürlich glaubt, die nächsten Monate über einen langen Trail zu wandern und hinterher wieder nachhause zu fahren mit einem großen Erlebnis im Gepäck.

Aber man merkt es leise, wenn es auf die letzten hundert Meilen zugeht, wenn auf einmal der Punkt erreicht ist, an dem *zum letzten Mal* Proviant eingekauft, *zum letzten Mal* die gewohnten town-chores erledigt werden – da macht es sich bereits spürbar als ein ziehendes, wehmütiges Gefühl, das etwas verwirrend ist.

Denn davon war nirgends die Rede. Und so hat man sich das auch nicht vorgestellt.

Das Ende auf Baxter Peak oder Springer Mountain hat ein lachendes und ein weinendes Auge. Nachdem Katahdin bestiegen ist und am nächsten Tag in Millinocket der Adrenalinrausch des Vortages allmählich abklingt, wird es deutlich: der Rucksack steht seltsam leer neben dem Bett in der Lodge, es gibt keine weiteren Karten zu studieren, keinen Trailguide, mit dem die nächste Etappe geplant werden muss, keinen Proviantkauf –

Es ist vorbei.

Und genau das ist der Punkt, den man nicht ertragen kann.

Da krümmt sich innerlich ein starker Impuls auf, den Rucksack sofort wieder aufzuprovisionieren und schnurstracks zurück auf den Trail zu marschieren, hinein in die Bergwälder –
und wenn es sein muss, um die ganze Welt zu laufen.

Es gibt tatsächlich Leute unter den Hikern, die einen Weitwanderweg komplett abwandern und am Ende angekommen sagen, das sei alles in allem eine schöne Erfahrung gewesen, doch nun seien sie froh, dass die Wanderei zuende sei, der Rucksack in den Keller käme und sie wieder an ihr Leben zuhause anknüpfen könnten, was bei diesen Leuten auch tatsächlich nahtlos funktioniert.

Und dann gibt es die anderen, bei denen diese erste Weitwanderung innerlich etwas geändert, neu ausgerichtet hat, ohne, dass sie es bemerkt haben.
Aber sie spüren es spätestens am Ende der Wanderung, dass diese Wochen und Monate im Freien innere Weichen anders gestellt und einen unstillbaren Appetit auf mehr geweckt haben. Dabei kann noch nicht einmal an einem spezifischen Punkt festgemacht werden, was es eigentlich ist, das einen zurück ins Langstreckenwanderleben zieht.
Aber diese erste Weitwanderung hat alles verändert.

Genau diese unerklärliche Veränderung geschieht in mehr Hikern als man glaubt.
Das macht es extrem schwer, nach einer Weitwanderung ins 'alte' Leben zurückzukehren, wobei es nicht nur um eine leichte Verstimmung geht, oder um momentane Anpassungsschwierigkeiten.
Das, was diese Hiker mit voller Wucht trifft, wird als Post-hike Blues bezeichnet, der schon depressive Züge annehmen kann.
Hiker, die Post-hike Blues bekommen, werden zwangsläufig zu 'Wiederholungstätern', wenn es sich nur irgend einrichten lässt, denn da gab es etwas am ersten Mal Weitwandern, das sie nicht mehr missen möchten, was diesen Blues am Ende der Wanderung ja ausgelöst hat.

Der Trailguide, der 2007 unter Thru-hikern auf dem AT sehr beliebt war, stammte von Dan *Wingfoot* Bruce, einem AT Thru-hiker, der den gesamten Trail sieben Mal gewandert ist.
Ich kann mich noch so gut erinnern, wie wir anfangs in Georgia und North Carolina noch den Kopf darüber schüttelten, wie man nur sieben Mal einen solchen Thru-hike machen kann, wo so ein Unterfangen einmal vollbracht doch sicher für's Leben reiche.
– Tja, sowas sagt man, wenn man keine Ahnung hat.
Einen Tag nach Katahdin weiß man es dann besser.

Das sollte das Kleingedruckte, die Warnung auf dem Beipackzettel für Novizen einer Weitwanderung sein, wovon man sonst eher nichts erfährt, es aber hinterher dennoch deutlich zu spüren bekommt: wenn man zu denjenigen Hikern gehört, die, ohne es zu bemerken, tief verwurzeltes Gefallen daran gefunden haben, sich monatelang mit einem Tourenrucksack am Rücken in den Bergen aufzuhalten.

Das lässt sich nicht wieder ablegen.

Und noch etwas: Man ist verdorben für Kurzwanderungen. So, wie andere Leute einen Tag zu einer Hütte wandern und danach zufrieden wieder nachhause fahren, geht nun nicht mehr. Das ist viel zu wenig.
Eine lange Weitwanderung muss es sein. Mindestens.
Es ist, als wolle man auf's Oktoberfest gehen und wenigstens eine gepflegte Mass Bier trinken und bekommt ein Schnapsglas davon vorgesetzt – das soll die 'Mass' sein und ausreichen.
Genau so fühlt sich eine Tageswanderung für einen Thru-hiker an.
Das geht gar nicht.

Der Appalachian Trail ist nicht selten der Einstieg in weitere Long-distance Trails. Oft folgen Pacific Crest Trail (PCT) und Continental Divide Trail (CDT), dann andere Trails weltweit oder weitere Trails in den USA, wenn es sich finanziell irgendwie einrichten lässt.
Es gibt einige Thru-hiker, die ihr Leben hauptsächlich danach ausrichten, sich weitere Thru-hikes leisten zu können, weil sie das Trailleben draußen in den Bergen nicht mehr missen möchten. Thru-hikes von Weitwanderwegen sind teuer, auch wenn man am Trail selbst sehr spartanisch lebt. Aber wenn der Appetit auf dieses Leben erst einmal unstillbar geweckt ist, zieht es einen immer wieder auf solche Trails.

Das ist der Preis des Ganzen.

"All men die. Not all men live."
~ Buffalo Bobby
"Jeder stirbt. (Aber) Nicht jeder lebt."

"Maine lakes may still be observed during moments of soundlessness - in the pure luxury of quiet. Yet for those who long to hear those rare sounds once more, there is always the hope that there will be loons calling – breaking the silence with their wild arousing cries."
~ Lee Kingman
["Die Seen Maines können noch immer in Momenten der Geräuschlosigkeit erlebt werden - im puren Luxus der Stille. Doch für diejenigen, die sich danach sehnen, einmal mehr diese seltenen Klänge zu hören, gibt es immer die Hoffnung, dass Loons rufen werden – die Stille durchdringend mit ihren wilden, aufwühlenden Rufen."]

Bei meinem 2007er Thru-hike traf ich auf der Etappe durch North Carolina *Buffalo Bobby*, einen dieser seltenen Menschen, die man auf der Stelle sofort mag und bei denen man das Gefühl hat, sie schon ewig zu kennen.
Buffalo Bobby hatte bereits 2003 einen Thru-hike am AT gemacht, nun war er dabei, ein zweites Mal nach Maine zu wandern. Er war ein absolut liebenswürdiger Mensch, der wohl jedem sofort ein Lächeln aufs Gesicht zaubern konnte, einfach durch den bloßen Umstand, dass man ihn traf. Ich wüsste niemanden, der ihn kannte und nicht mit ihm auskam. Das gab's nicht.
In seiner Gesellschaft fühlte jeder sich sofort sehr wohl, denn der Mann war einfach ein durch und durch angenehmer und herzensguter Mensch.
Wenn es etwas gab, das ihn sehr in Erstaunen versetzte, kam unweigerlich der Ausruf: "*Holy Mackerel! – ...*" gefolgt von einer Nachfrage oder sprachloser Stille.
Diese Redewendung habe ich bei *Buffalo Bobby* zum ersten Mal gehört und zunächst unbemerkt von ihm übernommen, bis ich mich später bei einer rutschigen Stelle über ein felsiges Trailstück in Virginia mit einem Mal zu mir selbst 'Holy Mackerel!' murmeln hörte, damit ich beim Gehen dort aufpasste.
Von North Carolina an habe ich den freundlichen Mann immer wieder einmal am Trail oder in den Städten getroffen, wo es jedes Mal ein großes Hallo mit viel Freude gab, bis weit nach Zentral-Virginia hinein, als ich mit meiner Tagesmeilenzahl dann deutlich anzog.
Buffalo Bobby war einer der Hiker, die lieber einen gemütlicheren Rhythmus beibehielten, und so sah ich ihn bis Maine dann leider nicht mehr.

Über Hikerforen aber bekam ich dennoch ab und an mit, dass Andere auf ihn trafen und angenehme Erlebnisse in seiner Gesellschaft hatten, und auch, als er in den Jahren danach zu Section-hikes auf dem AT unterwegs war, denn verschiedene Hiker berichteten erfreut über ihn in ihren Online-Journalen.

Eines Tages leerte ich meinen Briefkasten, in dem die neueste Ausgabe der *AT Journeys* drinsteckte; das ist die Mitgliederzeitschrift der Appalachian Trail Conservancy.
Dort gibt es auf der letzten Seite eine Rubrik, auf der Leser einen Beitrag einsenden können, der mit dem Appalachian Trail und ihren Erfahrungen damit zu tun hat. Dort las ich bestürzt, wie ein AT Thru-hiker ein zwar rührendes und wundervoll in Worte gefasstes Portrait *Buffalo Bobbys* beigesteuert hatte, aber eben auch, dass dieser wunderbare Mensch, der so viele Hiker zum Lächeln gebracht hatte, der ein solch' angenehmer, liebenswürdiger Kamerad gewesen war, bei seinem dritten Thru-hike auf dem Appalachian Trail, kaum dass er Nesuntabunt Mountain in Maine überstiegen hatte, Ende September 2011 plötzlich zusammengebrochen sein muss und auf dem Trail an einem Herzinfarkt gestorben war.

Buffalo Bobby war 67 Jahre alt gewesen und er hatte den Appalachian Trail geliebt.
Er liebte es, dort draußen unterwegs sein zu können und sich auf seine unaufdringliche, liebenswürdige Art mit den Leuten am Trail auszutauschen. Es kam vor, dass er an einem Shelter Kaffee kochte und den Nächstglücklichen, der des Weges kam, mit einer Tasse erwartete.
Dieser rührende, so treffend geschriebene Nachruf auf *Buffalo Bobby* verfehlte seine Wirkung nicht.
Viele der Hiker, die ihn kannten und davon erfuhren, fielen aus allen Wolken, was ich sehr gut nachvollziehen kann, denn mir ging es nicht anders.
Ich versuche mich damit zu trösten, dass *Buffalo Bobby* an einem Ort gestorben war, der ihm sehr viel bedeutete und den er sehr liebte.

Seinen erwachsenen Kindern war es möglich, nach der Trauerfeier zusammen nach Maine zu reisen und zu Nesuntabunt Mountain zu wandern, von wo aus sie die fehlenden Meilen bis hinauf auf Katahdin liefen, um dort oben am Gipfel die Asche ihres Vaters zu verstreuen.
Ich denke, ein würdigerer Abschied im Sinne *Buffalo Bobbys* wäre kaum möglich gewesen.

Bless him in Heaven, bless his family
and may *Buffalo Bobby* hike on in bliss!

Glücklicherweise bewahrt das Internet einiges auf, das man dann finden kann, wenn man danach sucht, denn unvorstellbarerweise habe ich es oft versäumt, auch Photos von den netten Leuten um mich herum zu machen, als ich auf dem Appalachian Trail unterwegs war.

Und nicht nur das: auch Kontaktadressen habe ich nicht aufgeschrieben, weil ich überhaupt nicht daran gedacht habe, als ich mit den Hikern zusammen Spaß hatte.

Hinterher erst, als es längst zu spät war, fiel es mir dann ein ...

Das geklaute Photo unten zeigt *Kokopelli* und *Buffalo Bobby* genau so, wie sie treffender gar nicht abgelichtet werden hätten können.

Das Photo ist einfach perfekt: zwei echte Sonnenschein-Menschen durch und durch.

October 5, 2011

My life was made richer when I met Buffalo Bobby in '07 while hiking. We stayed in touch over the years & always at the top of his list was talking about his family. I had the pleasure of seeing him off on his '11 hike and we stayed in touch throughout the summer. He was the kindest, most genuine person & you always felt happy after a talk with him. We'll all miss you dearly.

Jill "Kokopelli" Pellerin

If you ever learn this, Kokopelli, I am awfully sorry for pilfering your splendid photo from the internet, but I couldn't help it: it's just so absolutely perfect! You guys are shown exactly the way you are in real life, or, as Buffalo Bobby is concerned, the wonderful way he just was. That photo is simply gorgeous, and it couldn't have been taken any better! (– Stupid me, it never ocurred to me asking for your email address to keep in touch – geez, really!)

Blick über gewittergeklärte Presidentials von Madison Spring Hut aus,
the White Mountains, New Hampshire
22. Juni 2008

Anhang

I: Bibliographie, Dvds und Internet

1) Bibliographie zum AT:

Appalachian Trail Conservancy: *The Appalachian Trail – Celebrating America's Hiking Trail*, New York, NY, 2012

Harrah, Andy: *Iron Toothpick – A Thru-hiker reveals Life, Legends and Oddities along the Appalachian Trail*, Oakton, VA, 2006

Lillard, David Edwin: *Appalachian Trail Names – Origins of Place Names along the AT*, Mechanicsburg, PA, 2002

Montgomery, Ben: *Grandma Gatewood's Walk – The inspiring story of the Woman who saved the Appalachian Trail*, Chicago, IL, 2014

Porter, Winton: *Just passin' thru – A vintage Store, the Appalachian Trail and a Cast of unforgettable Characters*, Birmingham, AL, 2009

Setzer, Lynn: *A Season on the Appalachian Trail*, Birmingham, AL, 2001

Shaffer, Earl Vincent: *Walking with Spring*, Appalachian Trail Conference, Harpers Ferry, WVA, 2004

2) Bibliographie zu angeschnittenen Themen in Teil I und Teil II:

Ball, Bonnie: *The Melungeons – Notes on the Origin of a Race*, Johnson City, TN, 1992

Herrero, Stephen: *Bear Attacks – Their Causes and Avoidance*, revised edition, Guilford, CT, 2002

Kennedy, Nigel Brent und Vaughan Kennedy, Robyn: *The Melungeons - The Resurrection of a proud People, An untold Story of ethnic Cleansing in America*, Macon, GA, 1997

Light, Frank G. (Hg): *Der alt Schuhlmeshter*, vol.1, Lebanon, PA, 1928

Okrent, Daniel: *Last Call – The Rise and Fall of Prohibition*, New York, NY, 2010

McPherson, James: *Battle Cry of Freedom – The Civil War Era*, New York, NY, 1988

3) Dvds zum Appalachian Trail:

Appalachian Impressions, by Mark Flagler,
Flagler Films 2004, 2 Dvd Set, in englischer Sprache, über www.flaglerfilms.com
Das ist noch immer die Top-Dokumentation zum Appalachian Trail mit Schwerpunkt auf das Thema Thru-hiking in allen seinen Aspekten. Witzig, sympathisch und absolut authentisch: so isses! Mark Flagler ist selbst Thru-hiker, der Mann weiß also, um was es geht.
Wenn ich Heimweh nach dem AT habe, lege ich mir die Dvds in den Player und bin sofort wieder am Trail. Diese Dokumentation ist phantastisch!
Der Filmtrailer dazu ist auf YouTube abspielbar.

Appalachian Trail by National Geographic, 2010, in englischer Sprache.
Da muss man im Internet etwas herumsuchen, denn auf einschlägigen Portalen werden Dvds zum AT zurzeit mit extrem verrückten Preisen angeboten. Lohnend ist diese 60-minütige Dokumentation aber allemal, denn man sieht die Appalachen und den Trail in herrlichen Luftaufnahmen, wie man diese Orte als Wanderer natürlich nicht zu sehen bekommt. Es ist wirklich schade, dass diese Dokumentation so kurz ist. Sie ist in voller Länge auch auf YouTube im Internet abspielbar.

2000 Miles to Maine, by Douglas Morse and Heide Estes, 2004, in englischer Sprache.
Das ist ebenso eine sehr gute Dokumentation zum AT und dem Alltag als Thru-hiker am Trail mit treffenden Landschaftsaufnahmen auch bei echtem 'Schietwetter', wie es am Trail tatsäch-

lich ist. Sehr authentisch und daher wunderbar geeignet, ein gutes Bild von dem Ganzen zu erhalten. Der Filmtrailer ist auf YouTube abspielbar

Neben den drei genannten Dokumentationen kenne ich noch andere zum AT, darunter eine deutschsprachige, aber diese empfehle ich erst gar nicht, denn sie sind bei mir allesamt durchgefallen, weil sie das richtige 'feeling' dieses Trails einfach nicht transportieren.
Mir geht es bei der Auswahl darum, nur Filme zu empfehlen, die den Geist des Appalachian Trails herüberbringen und nicht das, was sich ein Regisseur einbildet, was der AT sein könnte. Nach zwei kompletten Thru-hikes ist man sicherlich nicht der absolute Experte, aber man hat ein deutliches Gespür dafür, welcher Film den richtigen Geist einfängt und welcher nicht.

4) Internet:

Webadressen zum Appalachian Trail:

www.appalachiantrail.org – offizielle Webseite der Appalachian Trail Conservancy mit online-store zum AT

www.aldha.org – Appalachian Long Distance Hikers Association

www.whiteblaze.net – beliebteste Webseite mit Diskussionsforum zum AT

YouTube Videos:

BigTex: *Thru Hiking - What People Think It Is Like.......*
ein kurzes, absolut phantastisch gemachtes Video von einem britischen AT Thru-hiker zu den gängigen Vorstellungen, die sich Leute üblicherweise über einen Thru-hike machen und der Gegenüberstellung, was es tatsächlich ist. Wunderbar gemacht!

Reptar Hikes: *Appalachian Trail Thru Hike*
ein Kurzvideo mit herrlichen Landschaftsaufnahmen vom AT im Schnelldurchlauf.

Tandem Trekking: *An Appalachian Trail Movie - the good, the bad, the badass*
ein kurzes Video zum Thru-hike von *Pony Bear* und *Indy*, einem jungen Hiker-Paar, mit vielen Eindrücken vom Trail, die das 'Gesamtpaket' einer solchen Wanderung zeigen, wie es halt einfach so ist.

The Hiking Vikings: *Tips from the Trail*
ein witziges, sympathisches Thru-hiker Ehepaar aus Pennsylvania gibt in mehreren Folgen Tipps zu diversen Themen am Trail, die jeden Thru-hiker betreffen.

II: Thru-hiker Corner – *Hiker box*

1) Apps, Maps & Guidebooks

Apps:
Aktuell (Stand Februar 2017) gibt es eine brauchbare App zum Appalachian Trail für Smartphones von Guthook: *AT Hiker: Guthook's Guide*
mit diversen Kartentypen zum Download auf das Phone, einem Hikingguide des gesamten Trails, GPS-Funktion und dem Trailprofil der einzelnen Etappen. Zum Test ist die Etappe Amicalola Falls State Park bis Springer Mountain in Georgia gratis, an der man die App vorab ausprobieren kann, ob sie einem taugt. Sollte sie zusagen, empfiehlt sich, das Thru-hiker Paket als Ganzes zu erwerben, als die Etappen einzeln, weil es günstiger ist.

Aus eigener Erfahrung kann ich zu dieser App nichts sagen, denn beide Thru-hikes habe ich ohne Mobiltelefon gemacht und nur Karten und Handbücher zum AT genutzt.
Auch wenn es wie eine lästige, überflüssige Binse anmutet: man muss hier unbedingt bedenken, dass Mobiltelefone ausfallen können, kaputt gehen, keine Akkulaufzeit mehr haben, kein Netz vorhanden ist oder gar verloren gehen können, weshalb man zusätzlich zum Smartphone auch handfestes Material zum AT am Trail dabeihaben sollte.
Wie es um den Mobiltelefon-Empfang am AT bestellt ist, wäre in der Hiker Community unter *whiteblaze.net* zu klären, ebenso, welche Backup-Akkus die Hiker gewöhnlich auf den Trail mitnehmen, um ihr Smartphone unterwegs zu laden.
Zu beachten ist außerdem, dass bei kalten Temperaturen Batterien weitaus schneller leer werden als sonst. Geräte mit Akkus oder Batterien daher nachts unbedingt warm einpacken, wenn nicht gar ins Fußteil des Schlafsacks mit hineingeben.

Maps/Karten:
Bei der Appalachian Trail Conservancy erhältlich ist ein Gesamtset der einzelnen Etappen auf 37 Karten, die auf wetterbeständiger, robuster Plastikfolie gedruckt sind und extrem viel aushalten. Diese Karten gibt es mit einem kleinen Handbuch zum jeweiligen Abschnitt, aber auch ohne diese Handbücher.
Meiner Erfahrung nach braucht man die kleinen Handbücher zu den Abschnitten nicht; es reichen die Karten alleine, die man mit einem anderen Trailguide kombinieren kann.
Leider aber sind die Karten eine sehr kostspielige Angelegenheit.

Der Appalachian Trail ist für gewöhnlich sehr gut markiert, sodass man zur Navigation auf dem Trail die Karten eigentlich nicht braucht.
Eigentlich.
Das gilt im best case scenario, wenn alles glatt läuft und man lediglich seine Etappen wandert, wie man es sich so vorstellt. Wenn aber etwas passiert, sodass man mitten in einer Etappe so schnell es nur geht vom Berg herunterkommen muss, dann steht man mit einem Guidebook alleine ziemlich hilflos da.
Das ist eine Entscheidung, die jeder mit sich selbst abmachen muss, wieviel Sicherheit man persönlich unterwegs haben möchte.
Ich habe mir die Karten gekauft, denn das Risiko war mir zu groß.
Nachdem man die Karten zum Planen der ersten Etappe nicht unbedingt braucht, ist mein Tipp, sich das Set nicht nach Deutschland schicken zu lassen, sondern an das Hostel, in dem man seine erste Nacht in den USA verbringt, bevor es am nächsten Tag zum Trail geht.
Mit seinen Hostelgastgebern kann man diesbezüglich ausmachen, sich vorab zu deren Händen ein Päckchen zusenden zu lassen, und da man sowieso zu Beginn des AT seine Bounce-box packen muss, ist dieser Weg recht praktisch.
Denn diesen Kartensatz nach Deutschland schicken zu lassen bedeutet in jedem Fall Zoll, der obendrein fällig wird, und zwar nicht nur auf die Karten alleine, sondern auch auf die Versanddienstleistung Luftpostporto mit Tracking von den USA nach Deutschland. Das komplette Set wiegt fast zwei Kilo, was als nachweisbare Luftpostsendung von Übersee recht kostspielig wird, plus Kartenset um die 170 Dollar, und für beides wird Zoll erhoben.
Das muss nicht sein. Man kann sich zwar keine Waren im Wert von mehreren hundert Euro per Post zollfrei nach Deutschland schicken lassen, aber man kann aus dem Ausland nach Deutschland einreisen und hat diese Freimenge von mehreren hundert Euro, die man zollfrei einführen darf. Damit sind die Karten beim Zurückkommen in jedem Falle abgedeckt.

Alternativ zu den Karten der ATC gibt es seit 2016 ein Set von 13 Karten zum Appalachian Trail von National Geographic. Auch dieses Set ist ähnlich kostspielig, sodass meine Empfehlung bezüglich des Versands von oben gilt.

Alle Kartensets sind erhältlich unter *www.atctrailstore.org*

Guidebooks/Handbücher:
Bei den verschiedenen Handbüchern gab und gibt es immer wieder neue Ausgaben oder solche Handbücher, die eine Zeit lang sehr beliebt sind, aber dann doch wieder von einem anderen Trailguide überrundet werden.
So sind aktuell Handbücher erhältlich, die ich selbst nicht oder noch nicht genutzt habe, weil es sie noch nicht gab, oder weil sie 2007/2008 noch nicht in dieser Art auf dem Markt waren.

Appalachian Trail Thru-Hikers' Companion
jährlich neue Ausgabe von der ATC; das ist der Klassiker unter den Handbüchern, den es seit 2014 mit durchgängigem Trailprofil von Georgia nach Maine gibt.
Vorher war das leider noch nicht dabei, doch seit der 2014er Ausgabe hat man mit den einzelnen Trailabschnitten und deren Wegmarker eben auch die Profilgrafiken mit sämtlichen Sheltern, Campstellen, Wasserquellen und US-Straßen auf einen Blick. Diesen Trailguide, so, wie er jetzt ist, hätte ich gerne bei meinen Thru-hikes gehabt.
Das Handbuch hat selbstverständlich auch ausführliche Informationen, wie man zum Trail hinkommt und welche Hostels oder andere Unterkünfte einem in der Nähe der jeweiligen Trailendpunkte zur Verfügung stehen. Alle Serviceleistungen in Trailnähe werden von Georgia bis Maine aufgelistet, außerdem sind Stadtpläne der wichtigsten Trailtowns enthalten. Mit diesem Handbuch kann man von zuhause aus seine ersten Etappen am Trail wunderbar planen.

Appalachian Trail Data Book
wird ebenso jährlich neu von der ATC publiziert und ist auch ein Klassiker unter den Hikern, die es gerne so knapp wie nur irgend möglich haben wollen.
Auf 73 Seiten (ohne Cover und Seiten, die man vom Buchblock entfernen kann) wird der gesamte AT von Maine nach Georgia auf die absolut nötigsten Informationen zusammengestampft. Es gibt keine Wegprofile und auch keine ausführlichen Angaben zu den Städten oder Serviceleistungen in Trailnähe, nur die reinen Serviceleistungen als Code, der zu Beginn im Buch erklärt wird, die wichtigsten Wegpunkte und Postleitzahlen der Postämter in der Nähe des Trails.

Sowohl Data Book als auch Thru-Hikers' Companion sind mit dem Kartenset der ATC kompatibel.

Seit 2013 gibt es von der ATC herausgegeben das *Appalachian Trail Book Of Profiles*
mit Seitenperforierung zum Heraustrennen. Hier hat man den gesamten AT von Georgia bis

Maine als Profil, wie im Companion mit allen Sheltern, Campstellen, Wasserquellen und US-Straßen eingezeichnet.

Alle drei Bücher sind erhältlich unter: *www.atctrailstore.org*

Aus den *Appalachian Pages*, die 2008 als jeweils eigene Edition für Northbounder und Southbounder publiziert wurden, sind zwei neue Handbücher entstanden, wieder jeweils eines für Northbounder und Southbounder:
The A.T. Guide
publiziert von David 'Awol' Miller, die jedes Jahr neu herauskommen, auch als Edition mit losen Seiten und als pdf-download unter: *www.shop.theatguide.com* zu beziehen.
Ebenso hier gibt es Trailprofile, alle einzelnen Wegmarken und die Serviceleistungen in Trailnähe.

2) Hinkommen und empfohlene Startzeiten:

Allgemein:
Man benötigt ein B2-Visitor's Visa vom amerikanischen Konsulat oder der US Botschaft, das man aktuell vorab über Formulare auf zwei Webseiten online vorbereiten muss, damit man einen Interviewtermin beim zuständigen Konsulat vereinbaren kann.
In der Bundesrepublik Deutschland werden B2-Visitor's Visa derzeit nur an den Standorten Berlin, Frankfurt und München ausgestellt.
Kostenpunkt ist zurzeit 160 US-Dollar, die sich in Euro bezahlt auf 152 Euro belaufen.
Näheres zum Procedere, das etwas zeitaufwendig ist, unter:
https://de.usembassy.gov

Ein Tipp: Selbst, wenn beim Ausfüllen des benötigten DS-160 Formulars online der Photoupload glückt, das Passphoto von der Serversoftware als geeignet akzeptiert wird, muss man unbedingt zum Interviewtermin im Generalkonsulat oder in der Botschaft Geld mitnehmen (u.a. Banknoten zu EUR 5,--), damit man vor Ort die Photoautomaten nutzen kann. Denn das Serverprogramm prüft bei den upzuloadenden Photos eher die Pixelmenge und das Bildformat, aber nicht, ob das Passphoto den geforderten Spezifikationen entspricht, die die US-Behörden zur Visumsausstellung verlangen.

Hat man sein Visum im Reisepass, darf man nicht vergessen, zuhause noch eine Auslandskrankenversicherung für die Dauer der Wanderung abzuschließen.

Seit einiger Zeit ist es wegen der großen Hikerzahlen im Frühling in Georgia sehr ratsam, vorab bei der ATC einen Thru-hike anzumelden, damit man Stoßzeiten am Trailbeginn zu bestimmten Tagen vermeiden kann.
Näheres dazu auf: *www.appalachiantrail.org*

Northbound
Man benötigt ein Flugticket mit Hinflug nach Atlanta und Rückflug von Boston aus.
Für den Start in Georgia empfiehlt es sich unbedingt, nicht auf eigene Faust nach Gainesville oder Dahlonega weiterzureisen, sondern das Thru-hiker Special im A.T. Hiker Hostel von Josh und Leigh Saint zu buchen. (*www.hikerhostel.com*, hikerhostel@yahoo.com)
Mit der Buchung erklären einem die beiden, wohin man vom Flughafen in Atlanta weiter mit den MARTA Schnellzügen hinkommen soll, um abgeholt zu werden.
Es ist so, dass weder von Dahlonega, noch von Gainesville öffentliche Verkehrsmittel zum Einstiegstrail in Amicalola Falls State Park fahren. Man müsste sich von diesen Kleinstädten aus mit einem Taxi hinbringen lassen.
Nachdem man aber sowieso noch eine Reihe von Dingen vorzubereiten hat, wenn man erst einmal in Georgia angekommen ist, tut man gut daran, sich bei den Saints einzuquartieren, denn die beiden sind selbst Thru-hiker und kennen das Trail-Business von der Pike auf.
Man muss seinen kompletten Proviant vor Ort noch einkaufen (in die USA dürfen abgesehen von einigen Snacks keine Lebensmittel eingeführt werden), seine Bounce-box fertigstellen, wofür man Shuttles zum Supermarkt und zum Postamt braucht; die Saints haben außerdem die aktuellen Infos zum Trail, falls es zur Etappe in Georgia etwas zu beachten gibt, das nicht im Trailguide steht.
Man muss bedenken, dass man in Atlanta mit Jetlag aus dem Flugzeug steigt und ziemlich müde ist, wo man für jede Hilfe dankbar ist, die man vor Ort haben kann. Und die Saints sind einem eine sehr große Hilfe bei allem, was vor dem Start noch vorbereitet werden muss.

Meine empfohlene Startzeit für einen Northbound: April.
Auf keinen Fall früher. Es wird auch im April noch empfindlich kalt in den südlichen Appalachen, was vollkommen ausreicht, um einen Geschmack davon zu erhalten. Wer bereits im März startet, der ist bis weit nach Virginia hinein in kahlen Bergwäldern unterwegs, was keine Freude ist. Das würde ich auf keinen Fall machen.

Southbound
Hier benötigt man ein Flugticket nach Boston mit Rückflug von Atlanta aus.
Wer southbound wandern möchte, bucht sich vorab am besten in der Appalachian Trail Lodge in Millinocket bei Jaime 'NaviGator' und Paul 'OleMan' Renaud ein. Beide sind selbst Thru-hiker, kennen sich daher mit dem ganzen AT und seinem Drum und Dran aus und werden einem die entsprechenden Busverbindungen nennen, mit denen man von Boston über Bangor nach Medway kommt, von wo sie einen abholen.
Auch zu Baxter State Park gibt es keine öffentlichen Verkehrsmittel, deshalb ist man bei den Renauds gleich am richtigen Ort.
Und auch als Southbounder muss man seinen Proviant für die erste Etappe nach Monson erst noch einkaufen, seine Bounce-box einrichten und sich möglicherweise sogar ein Maildrop am Trail voranschicken. *www.appalachiantraillodge.com*

Meine empfohlene Startzeit für einen Southbound: Juni.
Am besten vorab schon mit den Renauds in Kontakt treten und nachfragen, wie es von den Schneeverhältnissen aussieht. Ob Katahdin bestiegen werden kann, hängt ja davon ab, ob der Berg schneefrei ist oder nicht.
Wenn man bei seinem Southbound schließlich auf Höhe NOC, dem Nantahala Outdoor Center in North Carolina ist, wäre dringend zu empfehlen, die Saints vom A.T. Hiker Hostel in Georgia (Kontaktdaten siehe oben bei Northbound) zu kontaktieren, um wegen eines freien Hostelplatzes nach Beendigung seines Hikes auf Springer Mountain nachzufragen, denn September/Anfang Oktober sind die beiden gut ausgebucht mit Radlern, die zu dieser Zeit in Georgia Saison haben.

3) 2,000-Miler Certificate:

Hat man die gesamte Wegstrecke des Appalachian National Scenic Trails als Thru-hiker von Georgia nach Maine, von Maine nach Georgia, als Flip-flop-hike (seit neuestem: Alternative) oder als Section-hike bewältigt, kann man dies der Appalachian Trail Conservancy in Harpers Ferry melden, um ein *2,000-Miler Certificate* mit dem *2,000-Miler-Rocker* zu erhalten und offiziell als Appalachian Trail Thru-hiker registriert zu werden.
Näheres dazu unter: *www.appalachiantrail.org* > explore the trail > thruhiking; dort die gesamte Seite herunterscrollen bis zum download 'application'

Das ist schon eine feine Sache, bei der es mir noch nicht einmal so sehr um die Urkunde ging, die man erhält. Für mich war es einfach die Registrierung beider Thru-hikes mit meinem Trailnamen und den zugehörigen Personendaten und dass man einen *2,000-Miler-Rocker* erhält, den man aufnähen oder aufbügeln kann.

Mein 2007er *2,000-Miler-Rocker* ist seither in einem Fach meines Geldbeutels ständig mit mir unterwegs. Ich hatte ihn sogar schon auf meinem Southbound das Jahr drauf dabei - dieser kleine, blaue Aufnäher war 2008 also die gesamte Strecke von Maine nach Georgia mit mir auf dem Appalachian Trail.

Einen Tipp zum *2,000-Miler-Rocker*:

Der kleine Aufnäher ist das Ergänzungsteil zu einem runden AT-Aufnäher, den man sich in Harpers Ferry unbedingt kaufen sollte, wenn man bei der ATC vorbeikommt.

4) *Leave No Trace Outdoor Ethics:*

In den USA gibt es selbstverständlich auch Regeln, die dabei helfen sollen, Flora und Fauna zu erhalten, nachdem immer mehr Leute sich an bestimmten Orten im Freien einfinden und das Ganze genießen wollen.

Es wird daher dringend empfohlen, sich an die sieben Leave no Trace Punkte zu halten, die wesentlich dazu beitragen, die Umwelt so zu erhalten, dass auch Nachfolgende noch Freude daran haben, außerdem Pflanzen und Tiere weiterhin leben und gedeihen können.

1: Plan ahead and prepare

Das betrifft ganz allgemein die Vorbereitung und Planung seiner Outdoortrips, etwa, dass man weiß, welche zusätzlichen Regelungen in einem bestimmten Gebiet gelten, das man aufsucht – ob ein Trailabschnitt geschlossen oder Campen an bestimmten Stellen verboten ist, etwa, weil dort Vegetation nachwachsen soll.

2: Travel and camp on durable surfaces

Hier geht es darum, bestehende offizielle Wege zu nutzen und keine neuen Abzweiger in den Boden zu trampeln, aber auch, dass man nicht zu Erosion beiträgt, indem man sensible Vegetation an ausgesetzten Stellen durch Campieren oder Abseitslaufen schädigt.

3: Dispose of waste properly

Gemeint ist nicht nur *'pack it in and pack it out'*, also, dass der eigene Müll wieder mitgenommen werden soll, sondern auch, dass man keinen Müll in den Feuerstellen verbrennt oder gar vergräbt, wo Wildtiere angelockt werden. Hierzu gehört ebenso, wenn man austritt, ein kleines Loch auszuheben, in dem die eigenen natürlichen Hinterlassenschaften vergraben werden, und wenn man einen Hund dabeihat, eben auch dessen Kot auf diese Weise zu versorgen. Beim Austreten darauf achten, dies nicht in der Nähe von Wasserquellen zu tun.

4: Leave what you find

Keine Pflanzen pflücken oder zerstören, was sich natürlich auch auf Campstellen oder historische Stätten im Freien bezieht, dass man sie so belassen soll, wie sie sind und nicht hergeht und sich vandalierend verewigt.

5: Minimize campfire impacts

Campfeuer sind zwar vielerorts erlaubt, führen aber in den USA immer wieder zu verheerenden Waldbränden, daher sollte man sich lieber auf seinen Campingkocher beschränken, diesen unter Kontrolle halten und auf offenes Feuer verzichten.
Wenn ein Feuer gemacht wird, darauf achten, dass es sich nicht ausbreiten kann und vor Verlassen der Campstelle wirklich vollständig erloschen ist.

6: Respect wildlife

Damit sind mehrere Punkte gemeint: keine Wildtiere füttern – gefütterte Wildtiere sind tote Wildtiere! Keinen Müll hinterlassen, der Wildtiere anzieht und falsch konditioniert (Bären!), außerdem Proviant wildtiersicher aufbewahren. Wildtiere nicht aufscheuchen oder stören, ihnen ihre Ruhe lassen.

7: Be considerate of other visitors

Mobiltelefone, Mobiltelefone, Mobiltelefone. Aber auch: Laute Radios oder anderen Krach, für den man verantwortlich ist, möglichst unterlassen. Außerdem kommt hier die übliche Etikette am Wanderweg hinzu.

Für weitere Informationen dazu: *www.lnt.org*

5) Tipps:

Bergschuhe versus Trailrunner
Auf dem AT empfehle ich aus eigener Erfahrung Bergschuhe. Ob diese nun fester oder leichter Art sind hängt davon ab, wieviel Stützfunktion man persönlich von seinem Schuh benötigt. Hochalpine Modelle sind nicht notwendig, aber ich würde in jedem Falle Bergschuhe nehmen und nicht die turschuhartigen Trailrunner.
Der AT ist stellen- und streckenweise sehr felsig, ganz besonders in Teilen North Carolinas, in Pennsylvania, New York und Connecticut; in Massachusetts und Vermont, New Hampshire und Maine. Wenn man ausrutscht, und das passiert sehr häufig, knallt man auch mit dem Fuß gegen Felsen - seitlich, frontal, mit der Ferse - ebenso beim Stürzen. Aber auch so stößt man unzählige Male mit dem Fuß gegen Felsen oder Wurzeln. Der Schutz, den einem Bergschuhe hier bieten, ist bei weitem besser als das leichte Mesh-Gewebe der Trailrunner, die ja nur von der Sohle her griffiger sind als normale Turnschuhe.

Bären
Die Situation am Trail und die nähere Umgebung über die ATC im Auge behalten. Es sind jährlich steigende Zahlen von Thru-hikern auf dem AT unterwegs, was sich in den ersten drei Trailstaaten von Georgia bis Tennessee ganz besonders auswirkt, auch wenn von den anfänglichen Massen später wieder mehrere Hiker den Trail verlassen.
In der Zeit, in der ich auf dem AT unterwegs war bis jetzt hat sich offenbar die Situation mit auffälligen Schwarzbären in Georgia, in Teilen North Carolinas und in Tennessee am Lake Watauga Shelter bis hinauf auf Iron Mountain verschlimmert, sodass Shelter gesperrt sind und schon ernsthaft angeraten wird, auf dem gesamten AT einen Bärenkanister mitzunehmen.
Dieser ist beim Campen auf der etwa drei Meilen langen Etappe von Jarrard Gap bis einschließlich Blood Mountain Shelter in Georgia sogar Pflicht gemäß US-Forstbehörden.
Dass es soweit hat kommen müssen, hat einzig mit verantwortungslosen Vorgängern zu tun, die ihren Proviant nicht bärensicher weggehängt haben, am Camp möglicherweise sogar Essensreste zurückließen oder dort halbwegs verbrannten - was auch immer, doch das hat hartnäckige Bären in die Gegenden gelockt, die man nun nicht mehr loswird.
Diese Bären können zu einer echten Gefahr für nachkommende Hiker werden.
Bärenkanister sind zwar vom Gebrauch her eine feine Sache, denn man stellt sie einfach etwas vom Camp entfernt auf den Boden und braucht sich weiter um nichts zu kümmern. Kein Bär bekommt einen BearVault Kanister auf oder kann ihn verziehen. Das Essen dort drin ist sicher. Aber so ein Kanister wiegt etwas über ein Kilo leer, zumindest die Größe, die man als Thru-

hiker in jedem Fall braucht, was kein Spaß ist, wenn man das jeden Tag zusätzlich auf dem Buckel herumschleppen muss.

Bärenkanister helfen auch nicht, wenn ein falsch konditionierter Bär ins Camp kommt oder sich einem am Trail nähert.

Wenn die Situation so, wie sie aktuell leider ist, sich nicht wieder beruhigt, ist zur eigenen Sicherheit ratsam, sich in den USA ein Bärenspray zu kaufen, für den Fall, dass es einmal zum Äußersten kommen sollte.

Man weiß einfach nicht, ob Leute vor einem leichtsinnigen Blödsinn mit Lebensmitteln gemacht haben, den man am Ende ausbaden muss; mit einem Taschenmesser oder Teleskopstöcken ist gegen einen aufdringlichen Schwarzbären nicht viel auszurichten.

Die Situation also im Auge behalten.

Chafing - Wundreiben

Es kommt am Trail bei Frauen und Männern recht häufig vor, dass Oberschenkel innen wundgerieben werden, was noch nicht einmal damit zusammenhängen muss, dass die betreffenden Hiker umfangreichere Beine haben. Es ist das Schwitzen in Verbindung mit freien Hautstellen, die aneinanderreiben, und schon ist es passiert.

Da muss man rasch handeln und die Shorts eben weglassen.

Radlerhosen bis zum Knie helfen, auch halblange Hosen bis knapp übers Knie. Oder aber dünne Damenseidenstrümpfe, die unterhalb des Knies einfach abgeschnitten werden. Das haben einige Hiker so gelöst, die mit Hiking-Kilts unterwegs waren und unter den Röcken ein Problem mit Wundreiben bekamen.

Dazu gab es im Dollar Store in Hot Springs, North Carolina, einen lustigen Vorfall, als ein Trio Hiker dort einkaufte und einer von den Jungs eben wegen seines Hikingkilts Damenseidenstrumpfhosen besorgte.

Die Kassiererin schaute schon ganz komisch, weil der junge Kerl drei Packungen Seidenstrumpfhosen am Band liegen hatte, worauf ihr der Hiker verlegen erklärte, dass er diese für eine Bekannte besorge. Daraufhin sein Kumpel verschwörerisch zur Kassiererin: *"Das sagt er jedesmal. Aber der steht auf Damenstrumpfhosen!"* – Knallharter Hikerhumor!

Duct Tape

Das ist das Universalreparaturutensil schlechthin auf jeder Weitwanderung. Damit man seinen kleinen Vorrat davon nicht im Rucksack irgendwo herumfliegen hat und bei Bedarf lange suchen muss, wickelt man sich zwei gute Ringe davon um seine Teleskopstöcke unterhalb des Griffs, wo es einen nicht stört.

Gamaschen
Ein Muss. Man braucht keine kniehohen Gamaschen wie im Schnee, es reicht ein kurzes, atmungsaktives und leichtgewichtiges Paar. Denn es geht hier darum, keine kleinen Kiesel, Ästchen oder sonstiges Zeugs beim Wandern zwischen Schuhschaft und Socken zu bekommen, was ohne Gamaschen leider ständig der Fall ist.

Hunde
Es gibt Hiker, die mit ihrem Hund auf dem AT wandern. Dabei gilt aber, dass im Great Smoky Mountains Nationalpark und in Baxter State Park keine Hunde mitgenommen werden dürfen, was bedeutet, dass man sich darum kümmern muss, in der umliegenden Gegend eine Hundepension ausfindig zu machen, in die man seinen Vierbeiner gibt, während man in diesen Parks unterwegs ist.
Hinzu kommt, dass in den meisten Hostels und Motels entlang des Trails keine Tiere gestattet sind, auch nicht in den AMC Huts in den White Mountains. Außerdem ist dieser Trail für die Tiere selbst sehr anstrengend. Nicht nur vom Terrain und der täglichen Meilenzahl, aber auch von den Temperaturen, wenn es warm wird.
Das ist kein Spaß für die armen Kerle. Daneben kommt es noch zu Zeckenbefall und wundgelaufenen Pfoten.
Ich würde keinen Hund auf den Trail mitnehmen, wenn die Wanderung ein Thru-hike sein soll. Man muss einfach bedenken, dass es nicht das Tier ist, das einen darum gebeten hat, 3500 Kilometer durch die Berge zu laufen, sondern man selbst derjenige ist, der dies tun möchte.

Isomatten
Ganz klare Sache: No way! Es gibt mittlerweile von Therm-a-rest eine superleichte, minimal zusammenfaltbare Trekkingmatratze zum Aufblasen, die viel bequemer ist und mehr Schlafkomfort bietet als eine Isomatte. Die *NeoAir X Lite* in der regulären Größe ist drei Jahreszeiten einsetzbar und wiegt 350 g bei einem Packmaß unter einem Liter Volumen.
Nach einem anstrengenden Trekkingtag - und alle Trekkingtage sind ausnahmslos anstrengend - möchte man nachts nur eines: gut schlafen. Die Böden sind felsig und von Wurzeln durchzogen, so dick kann eine Isomatte gar nicht sein, dass man das nicht trotzdem spürt. Selbst im Shelter ist eine Isomatte unbequem. Ganz abgesehen davon, dass einige Shelter noch diese baseballbat Rundbohlen am Boden haben, die man in jedem Fall durch die Matte zu spüren bekommt. Das muss man sich wirklich nicht geben.
Ich habe meinen Northbound mit einer extradicken Isomatte begonnen – bereits in Neels Gap kam sofort eine Therm-a-rest Matratze her.

Kamera

Auf dem Appalachian Trail bieten sich natürlich reichliche Gelegenheiten für Photos. Das Thema welchen Kameratyp man bereit ist, in diese Berge mitzunehmen, angesichts wechselnder Witterungsverhältnisse und der dampfigen Feuchtigkeit, insbesondere in den Mid-Atlantic-States, muss jeder für sich selbst entscheiden.

Man sollte aber nicht vergessen, auch Photos von den Hikern zu knipsen, mit denen man gerne zusammen war, denn der Augenblick kommt recht schnell, wo man sie nicht mehr wiedersieht, und vor lauter guter Stimmung womöglich total vergisst, die Leute zu knipsen. Dasselbe gilt für E-Mail-Adressen austauschen.

Mir ist es auf beiden Thru-hikes leider so ergangen, dass im richtigen Augenblick überhaupt nicht daran dachte, nach den Adressen zu fragen und Erinnerungsphotos zu machen.

Hinterher erst, als es bereits zu spät war, fiel es mir dann ein, dass ich gar keine Photos gemacht habe. Das ist sehr ärgerlich und schade obendrein. Am besten eine Post-it Gedächtnisstütze an die Kameratasche festkleben, dass man auch daran denkt.

Regenbekleidung

Abgesehen vom Beginn im Süden bis nach den Smokies und später wieder ab Hanover, New Hampshire braucht man keine Regenhosen. Sie sind schlichtweg nutzlos.

Das Wetter ist warm und das einzige, was man sich mit Regenhosen einbrockt ist, sich eine direkte Regenrinne vom Oberschenkel hinab geradewegs in die Schuhe zu schaffen, wo das Wasser einem dann ungehindert hineinläuft. Man wird in jedem Falle mit nassen Hosen, Trekkingröcken oder Shorts und klatschnassen Schuhen unterwegs sein, daran ist nichts zu ändern.

Eine Regenhose ist nur für die Gegenden mit kälteren Temperaturen gut, um sich vor Unterkühlung zu schützen, aber auch in diesen Gegenden wird man bei starkem Regen klatschnass werden.

Überhaupt Regenbekleidung: Eine einfache Regenjacke tut ihren Job. Egal, was einem diverse Outdoorhersteller so versprechen mögen – man hat genau zwei Optionen bei Regenwetter am Trail:

Entweder man wird von außen nass, weil die Regenjacke durchlässig ist, oder man wird von innen nass, weil die Regenjacke nicht durchlässig ist, man selbst darin aber so schwitzt, dass man nun in einer unangenehmen Oberkörpersauna unterwegs ist.

Pick your option. Es gibt keine andere.

Man kann sich das Geld für vermeintlich topfunktionierendes, feuchtigkeitsregulierendes, Gore-Tex-Pipapo-Zeugs und was es noch so alles an High-Tec-Wunderfasern geben soll, die einen angeblich atmungsaktiv und trocken halten, von vornherein sparen.

Es gibt keine Regenbekleidung, die einen bei Dauerregen und über mehrere Tage im Freien trocken und wohltemperiert hält. Das richtige Leben am Trail bringt es schnell zutage: alle Marken, egal ob teuer oder günstig, versagen langfristig, und mit 'langfristig' hat man es nun einmal am Trail zu tun.
Fazit: Man wird patschnass werden und hat das zu akzeptieren.

Rucksack
In den Rucksack kommt zuallererst ein großer Müllsack als Regenschutz hinein. In diesen Müllsack werden dann die anderen Gegenstände, die trocken bleiben sollen, nochmal jeweils in Plastiktüten verpackt hineingegeben.
Ein Regencover alleine hält den Rucksack und vor allem die darin befindlichen Dinge nicht trocken, denn es gibt eine gehörige Schwachstelle, die jedes Regencover betrifft: die ungeschützte Stelle zwischen Nacken und Rucksackträgern, wo einem bei starkem Regen der gesamte Rucksack von hinten ruckzuck vollläuft. Ist mir so in New Hampshire passiert, dass ich in kürzester Zeit gleich mehrere Liter Wasser im Rucksack drinhatte und mitschleppen durfte, während mir der Regen wie unter vollaufgedrehter Dusche überall in Strömen herunterlief.
Trotz Regencover hat sich der gesamte Rucksack vom Rücken her mit Wasser vollgesaugt und wurde natürlich klotzschwer. Daher empfehle ich einen dieser günstigen Einweg-Regenponchos, die man sich an der prekären Stelle über Kopf und Rucksack stülpt, darunter kombiniert mit der Regenjacke.
Sollte einem ein Rucksackcover abhanden kommen, kann man sich mit einer großen Mülltüte behelfen, die man an einer Seite mittig nicht bis ganz oben einschneidet, sodass der obere Teil noch über den Rucksack bis zu den Trägern gestülpt werden kann. Bei Windböen muss man die offenen Enden noch mit Duct Tape fixieren – fertig!

Schulterschmerzen
Anfangs haben viele Hiker Schmerzen an den Schultern von einschneidenden Trägern des Rucksacks; umso mehr, wenn er schwer ist. Ich habe dem mit extradicken Schwämmen zwischen Gurt und Schultern abgeholfen, und zwar solchen in Tafelschwammgröße. Kleinere helfen nicht viel. Wichtig ist, diese Schwämme vorher ordentlich zu spülen, denn in den USA werden sie gebrauchsfertig verkauft und haben bereits Reinigungsmittel in den Poren. Das muss vorher gründlich entfernt werden. Außerdem sollten sie nicht zu weich sein, damit die Auflagefläche an den Schultern breiter wird. Man muss mit Schweiß-Pickeln an den betroffenen Hautstellen rechnen und etwas rauer Haut, daher ist eine kleine Dose Hautcreme notwendig, die man sich bei jeder Einkehr in Städten wieder auffüllt. Wenn man den Rucksack gewöhnt ist, geht es ohne Schwämme.

Teleskopstöcke
Der Appalachian Trail ist so beschaffen, dass Wanderstöcke unverzichtbar sind. Nicht nur bei den steilen An- und Abstiegen wird man heilfroh darüber sein, wie einen diese Stöcke entlasten können, auch beim Flüssequeren in Maine hat man einige mit Wasser über Kniehöhe, wo Stöcke sehr hilfreich sind, die Balance zu halten, insbesondere bei den rutschigen Steinen im Wasser.

Trinksystem
Keine Wasserflaschen im Outdoorhandel kaufen. Sie haben aus hygienischen Gründen nur eine kurze Überlebensdauer auf dem AT. In den Flaschen entwickeln sich nach einigen Wochen Keime und glibberiger Schleim, den man auf Dauer nicht entfernen kann, egal, wie oft man die Flaschen reinigt und spült. Der US-Einzelhandel hat hervorragende PET-Getränkeflaschen für *Gatorade* oder Glacéau *Vitamin Water*, die sehr stabil sind und prima als kostenfreier Ersatz funktionieren. Bei jeder Stadteinkehr oder an günstig gelegenen Tankstellen werden neue Getränke gekauft und die alten Flaschen entsorgt. So können sich nicht lange Keime bilden und man beibt gesund.
Daher rate ich auch entschieden von diesen rucksackeigenen Wasserblasen mit Trinkschlauch ab. Zu unhygienisch und schwer zu reinigen. Man muss bedenken, dass ab Spätfrühling die Temperaturen sehr weit nach oben klettern, Trinkwasser bei weitem nicht immer aus kristallklaren Quellen kommt, sondern oft verfärbt ist, und selbst wenn man auf Getränkepulver verzichtet, das Wasser so trinkt, wie man es geschöpft hat, wird sich in Schlauch und Wasserblase irgendwann doch Glibberzeugs entwickeln, das einen krank machen kann. Also gleich zuhause lassen. Solche Dinge sind für kurze Trips geeignet, aber nicht für monatelange Thru-hikes. Apropos Wasser: Im April sollte man seine Wasserflasche fest verschlossen nachts in den Schlafsack ins Fußteil geben, damit das Wasser in der Früh nicht eingefroren ist.

Ziploc-bags
Diese durchsichtigen Plastikbeutel mit Verschluss sind in allen Größen nicht nur praktisch sondern auch unverzichtbares Trekkingutensil.
Ob Kamera, ipod, Batterien, Smartphone, Stirnlampe, Trailguide – alles, was nicht nass werden sollte, kommt in ein ziploc. In diesen Beuteln ist auch das Toilettenpapier, das Waschzeug, das Verbandszeug und der kleine Krimskrams an diversen Dingen griffbereit, die sonst in allen Tiefen des Rucksacks verschwinden.
Da das Rucksackgewicht am Trail eine Rolle spielt, ist es bei vielen Hikern üblich, sich vom Trailguide nur die einzelnen Seiten der nächsten Etappe in ein ziploc zu geben, während das restliche Buch in der Bounce-box zum nächsten Rastpunkt in einer Stadt vorausgeschickt wird.

Zusatzpackbeutel

Meist kommen diverse Ausrüstungsgegenstände in zusätzlichen Packbeuteln, manchmal mit Mesh-Einsatz, oft mit Reißverschluss oder Zugbändchen oder in Etuis mit Druckknöpfen. Wenn es nicht der Stopfbeutel für den Schlafsack ist, das Täschchen für die Kamera oder der Schutzbeutel fürs Zelt, das meist außen am Rucksack befestigt wird – weg damit! Alle diese zusätzlichen Beutelchen und Täschchen summieren sich zu überflüssigem Gewicht, das man am Rücken herumschleppen muss, obwohl man diese Täschchen gar nicht braucht. Die Gegenstände werden im Rucksack sowieso sehr kompakt gepackt – man sortiert sich sein System grob in ziplocs und dann in größere Leichtpackbeutel unterschiedlicher Farben, sodass die 'Abteilungen' beieinander sind. Um empfindliche Ausrüstung vor Stößen zu schützen, kann man sie auch in ein Stück Luftkammer-Verpackungsfolie aus Polsterbriefumschlägen wickeln.

Vermischtes:

Adressetikett beschriften für Maildrops oder Bounce-box
> postlagernd bei Postämtern des US Postal Service (wird maximal einen Monat aufbewahrt!)

> | Richtiger Name, nicht Trailname
> | please hold for AT Hiker, ETA: Monat/Tag/Jahr   ETA: estimated time of arrival
> | General Delivery
> | PLZ, Ort, Bundesstaatskürzel

zusätzlich muss man natürlich seine Absenderadresse von zuhause angeben.
Bei Versandart *priority mail* wählen – ist etwas teurer, aber dafür auch schneller.
Es ist ärgerlich, zu einem Postamt zu kommen, bei dem man ein Maildrop erwartet und das Ding ist noch nicht eingetroffen, daher hier lieber nicht sparen.

> zu Hostels, Motels (vorher mit den Leuten dort absprechen, ob sie Maildrops annehmen!)

> | Richtiger Name, nicht Trailname
> | c/o Name des Hostels/Motels etc.
> | please hold for AT Hiker, ETA: Monat/Tag/Jahr
> | Hausnummer und Straße
> | PLZ, Ort, Bundesstaatskürzel

Absenderadresse von zuhause angeben und per *priority mail* schicken

Last but not least ...
Die Webseite der ATC unbedingt auf updates zum Trail und zum Handbuch im Auge behalten, insbesondere zurzeit wegen der Wasserquellen im Süden.
Die südlichen Appalachen hatten im Jahr 2016 ein ungewöhnlich trockenes Jahr, wo viele Wasserquellen, auch bisher sehr zuverlässige, am Trail versiegt sind. Im Spätherbst kamen noch massive Waldbrände in Georgia, Teilen North Carolinas und Tennessees bis hinein nach Virginia hinzu, was insgesamt eine schwierige Situation an bestimmten Trailabschnitten zur Folge hat, bis sich das wieder erholt.

Weniger ein Tipp als eher ein Hinweis – Kosten eines Thru-hikes; das 'Kleingedruckte':

Bis in die neunziger Jahre hinein galt die Daumenregel "one Dollar per mile". Damit kommt man längst schon nicht mehr sehr weit. Vom Ausland mit Reisekosten, Visumsgebühr und Auslandskrankenversicherung kommend, wären vorab bereits mehr als die Hälfte der 2.200 Dollar aufgebraucht, bevor man überhaupt ein white blaze des Trails gesehen hat.
Mit diesen Kosten, dem Ausrüstungskauf und dem, was finanziell am Trail dann noch auf einen zukommt, an Proviant, Unterkunft in Städten, Postgebühren, Ausrüstungsersatz, Essen in den Städten und dem, was man halt außerdem unterwegs zwangsläufig ausgibt, sollte man mindestens mit 8.000 Euro rechnen, die einen das Ganze kosten wird.
Solche Kostenrechnungen sind natürlich immer eine individuelle Angelegenheit – die einen geben mehr Geld aus, andere dafür wieder umso weniger.
Die tatsächliche Endsumme hängt auch sehr davon ab, welche persönlichen Vorlieben man hat und ob man bereit ist, beispielsweise ein Motel mit 90 bis 100 Dollar zu bezahlen, wenn es in einer Stadt kein Hostel gibt, oder ob man eher sehr sparsam lebt und nach der Stadteinkehr für Proviantkauf sofort zum Trail zurückkehrt und eben nicht in der Stadt bleibt, dort übernachtet und in Restaurants zum Essen geht. Dann hängt es noch davon ab, wieviele Tage man in einer Stadt bleibt und deren Annehmlichkeiten nutzt.
Einen gewichtigen Posten dabei, den man nicht unterschätzen darf, betrifft die Lebensmittel. Man wird auf diesem Thru-hike sehr große Mengen zu sich nehmen – meine wöchentlichen Proviantkäufe in einer Stadt beliefen sich konstant um die 130 bis 170 Dollar. Das konnte ich selbst nicht fassen, welche Summen sich bei mir im Supermarkt jedes Mal amortisiert haben. Aber das war so mein Standard nur für Proviant. Hinzu kamen Extrakosten für Lebensmittel während der Stadteinkehr und die anderen Auslagen.

Vom Trailverlauf gibt es einen deutlichen Preisunterschied vom Süden zum Norden. Im Süden kommt man vielerorts noch günstiger weg, es gibt mehrere Hostels, und auch Restaurants in den Trailtowns sind preislich nicht so hoch. Im Norden, vor allem ab den Neu-Englandstaaten, klettern die Preise und entsprechend die Kosten spürbar nach oben. Es gibt insgesamt weniger Hostels als noch bis einschließlich Pennsylvania, sodass man auf Motels oder Inns ausweichen muss, die im Norden teurer sind als im Süden.

III: Trailjargon* und Glossar

Viele Ausdrücke und Bezeichnungen, die am Appalachian Trail längst üblich sind, haben sich vom AT aus auf die anderen Weitwanderwege ausgedehnt, wo sie übernommen wurden. Mit dem Appalachian Trail und seinen ersten Thru-hikern ist im Laufe der Zeit jener spezifische Wortschatz (gekennzeichnet mit *) entstanden, der seinen Ursprung auf diesem Trail hat.

*AT**: Appalachian Trail
ATC: Appalachian Trail Conservancy; gemeinnützige Dachorganisation, die sich um den Erhalt des AT kümmert, (früher: Appalachian Trail Conference)
Approach trail: Zugangswanderweg

Backpacking: mehrtägige Wanderungen mit Tourenrucksack
Back yard: Garten hinter dem Haus
Band aid: Pflaster, Heftpflaster
Bärenkanister/bear canister: ein stabiler, fässchenähnlicher Container zum Verschließen, worin alles über Nacht aufbewahrt wird, das Bären anlocken kann: Essen, Campseife, Toilettenartikel, Sonnencreme ...; BearVault ist eine bekannte Qualitätsmarke, es gibt aber auch Ursacks aus Kevlar, aber diese sind von den US-Forst- und Nationalparkbehörden nicht als sicher genehmigt, obwohl Ursacks auch recht widerstandsfähig und dazu leichtgewichtiger sind.
Die Crux ist, man riskiert Strafen, wenn man von Rangern mit einem nicht genehmigten Bärenkanister erwischt wird, wo ihr Einsatz verpflichtend ist. Daher: BearVault und schleppen.
Baseball bat: Baseball Schläger, runde Holzbohlen
Bear bagging: Proviant bärensicher verstauen oder weghängen
Bear cord: Bärenseil zum Weghängen des Proviants
Bivy: Biwaksack
Blisters: Wasserblasen
Blaze: Wegmarkierung
*White Blaze**: weiße Markierung des AT
*Blue Blaze**: blaue Markierung von Seitentrails zu Wasser, Campstellen, Sheltern oder Alternativrouten, manchmal auch zu Sehenswürdigkeiten in AT-Nähe
Boots, Hiking boots: Wanderstiefel, Bergstiefel
*Bounce-box**: Päckchen, das man sich am Trail von Etappe zu Etappe voranschickt und immer wieder nutzt

Maildrop*: einmalige Postsendung mit Proviant oder anderen Dingen, die zu einem Raststopp in der Stadt oder im Hostel geschickt wird
Bunkroom: Kojenlager, Bettenlager mit einfacher Schlafgelegenheit
Butt-kicking: sehr anstrengend, wörtlich: in den Hintern tretend

Camp chores*: Aufgaben, die im Camp zu erledigen sind: Camp aufbauen, Essen kochen, Abwasch, Wasser holen und ggf. aufbereiten, Bärenseil werfen, etc.
Caretaker: offizielle Aufsichtsperson an einer Campstelle oder Campeinrichtung
CDT: Continental Divide Trail
Chainlink fences: metallene Schiebezäune
Cowboy camping: mit Schlafmatte und Schlafsack unter freiem Himmel schlafen
Creature comforts: Annehmlichkeiten und Komfort, die man als Mensch so braucht
Crowbars: Eisenhalterungen am Trail, sonst Brechstange

Flip-flopper*/Flip-flop-hiker*: Hiker der den AT an einem Ende beginnt, irgendwo abbricht, zum anderen Ende fährt und von dort zu der Stelle wandert, wo er den Trail verlassen hat; oder: Hiker, der den Trail irgendwo im Verlauf beginnt, zum einen Ende wandert, dann zum anderen Ende fährt, um von dort aus zu der Stelle zu wandern, wo er begonnen hat
Front yard: Vorgarten

Gaiters: Gamaschen
Gap: Bergschneise, Talschneise

Hand sanitizer: desinfizierendes Handgel
Hiker: Wanderer
Hiker box: Schachtel oder Truhe in Hostels am Trail mit Dingen für Hiker
Hiker community: Gemeinschaft aus Wanderern und Wanderenthusiasten
Hiker trash*: Sammelbegriff für vom Trail total verdreckte, verklebte und ungewaschene Thruhiker
Hiking kilt: Wanderröcke für Herren, gibt es auch in echtem Schotten-Tartan mit Falten
Hillbilly: Trottel, Hinterwäldler
Hitch bitch*/Ride bride*: weiblicher Hiker, der männlichen Hikern das Trampen leichter macht
Holy mackerel!: Heilige Makrele! Ausruf des Erstaunens

Junk food: alles an Chips, Fertiggerichten, Fast food, Süßwaren; vulgo: ungesundes Essen

Laundromat: Münzwäscherei
Lean-to*: siehe Shelter*
Liner: Schlafsackschoner
Long distance hiker: Weitwanderer, Langstreckenwanderer

Mac'n'Cheese: Maccaroni und Käse; Sammelbegriff für Fertiggericht aus der Tüte
Maildrop*: siehe unter Bounce-box*
Moonshining: illegal Schnaps brennen in den Appalachen
Moonshine: illegal gebrannter Schnaps in den Appalachen
MUDS*: Akronym für mindless ups and downs – stumpfsinnige Auf- und Abstiege

Near-O-Day*: Rasttag nach wenigen Meilen auf dem Trail, 'Fast-Null-Tag'
Zero-Day*: Rasttag, 'Null Meilen auf dem Trail'
NoBo*/Nobos*/Northbounder*: Hiker, die den AT von Georgia nach Maine wandern, also nordwärts
Notch: Bergschneise, Talschneise

Offtrail: nicht auf dem Trail befindlich, außerhalb davon

Pack, Backpack: Tourenrucksack
Pack cover: Rucksackcover
PCT: Pacific Crest Trail
Poles, Hiking poles: Teleskopstöcke, Wanderstöcke
Predatory behaviour: Jagdverhalten mit Verfolgen
Privy*: Plumpsklo bei Campstellen am AT
PUDS*: Akronym für pointless ups and downs – sinnlose Auf- und Abstiege
Purist*: Hiker, der sich strikt an die offizielle, weißmarkierte Route des AT hält

Redneck: Prolet, Hinterwäldler, Ewiggestriger
Ride bride*: siehe hitch bitch*
Ride into town: Mitfahrgelegenheit in eine Stadt
Ridgeline walking: auf einem Berggrat oder vegetationsoffenen Bergrücken wandern
Ridgerunner: Person, die offiziell Wanderwege zur Kontrolle abgeht
Roadkill: überfahrene Tiere auf der Straße
Roadwalking: auf der Straße mit Rucksack und Bergstiefeln marschieren

Seam sealer: Paste zum Versiegeln der Nähte
Section hike*: abgeschlossene Wanderung eines Trailstücks
Shelter*/Lean-to*: dreiseitige Hütten für Hiker am AT und LT
Shelter log*: Logbuch vom Shelter
Slackpacking*/Slackpacker*: Hiker, die den Tourenrucksack im Hostel lassen und Etappen mit Shuttleservice und Tagesrucksack wandern
SoBo*/Sobos*/Southbounder*: Hiker, die den AT von Maine nach Georgia wandern, also südwärts
Socializing: sich mit anderen Hikern austauschen, zusammen sein
Southern Hospitality: sprichwörtliche Gastfreundschaft in den Südstaaten
Stealth camp: inoffizielle Campstelle, wilde Campstelle
Switchbacks: Wegkehren

Tarp: Zelt aus einer Plane ohne Boden, Leichtzelt
Thru-hike*: abgeschlossene Komplettwanderung eines Weitwanderweges, oder solche, die gerade gemacht wird
Thru-hiker*: Wanderer der dabei ist, einen Weitwanderweg von einem Ende zum anderen in einer Saison zu wandern, oder dies bereits geschafft hat
Town chores*: Erledigungen/Aufgaben bei einer Stadteinkehr
Trail: Wanderweg
Trail Angel*: Leute, die Hikern Gutes tun
Trail Magic*: die guten Dinge und Hilfeleistungen, die Hikern am und um den Trail von *Trail Angels* widerfahren
Trail town*: Stadt, durch die der AT hindurchführt oder in deren Nähe er verläuft
Trail head: Einstieg zum Wanderweg
Tyvek: sehr leichtes, plastikartiges Material, das in den USA zur Wärmedämmung beim Hausbau eingesetzt wird und als Folie erhältlich ist. Damit werden Zeltböden oder die Bodenplanen vom Zelt ersetzt

White blaze*: siehe unter Blaze

Yellow blazing*: per Anhalter fahren und Trailabschnitte auslassen

Zero-Day*: siehe unter Near-O-Day*
Ziploc bag: durchsichtige Plastikbeutel mit Verschluss

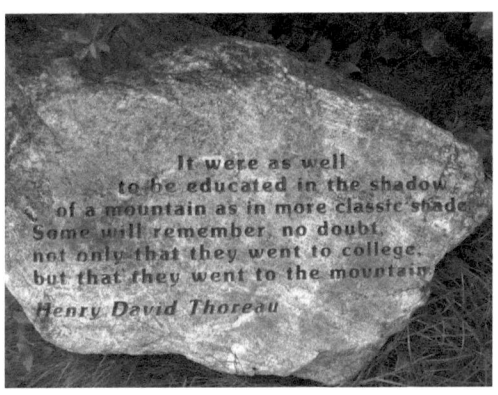

"Es wäre gleichviel, seine Bildung im Schatten
eines Berges zu erhalten
als nur im klassischen Rahmen.
So mancher wird sich zweifellos nicht nur daran erinnern,
dass er auf einer Hochschule war,
sondern auch,
dass er zum Berg ging."

Henry David Thoreau

am Gipfel von Mount Greylock, Massachusetts